文字烛照未来

TopBook

长安：丝绸之路的起点

朱鸿长安文化书系

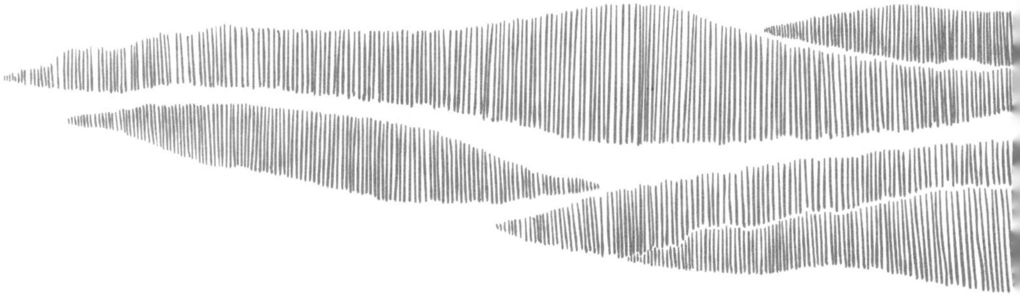

朱鸿——著

陕西新华出版传媒集团
陕西人民出版社

TopBook
饕书客

图书在版编目（CIP）数据

长安：丝绸之路的起点／朱鸿著. —西安：陕西人民出版社，2022. 8
ISBN 978-7-224-14436-9

Ⅰ. ①长… Ⅱ. ①朱… Ⅲ. ①散文集—中国—当代
Ⅳ. ①I267

中国版本图书馆 CIP 数据核字(2022)第 036798 号

出 品 人： 赵小峰
总 策 划： 刘景巍
出版统筹： 关 宁 韩 琳
策划编辑： 王 凌 张启阳
责任编辑： 王 倩 武晓雨
封面设计： 邵 婷

长安：丝绸之路的起点

作　　者 朱 鸿
出版发行 陕西新华出版传媒集团 陕西人民出版社
（西安市北大街 147 号 邮编：710003）
印　　刷 陕西隆昌印刷有限公司
开　　本 950 毫米×1280 毫米 1/32
印　　张 10. 5 印张
字　　数 200 千字
版　　次 2022 年 8 月第 1 版
印　　次 2024 年 3 月第 2 次印刷
书　　号 ISBN 978-7-224-14436-9
定　　价 69. 80 元

朱　鸿

长安朱鸿，散文作家。30余部散文集行世，具代表性的有思想求索类散文集《夹缝中的历史》、文化表现类散文集《长安是中国的心》、心灵倾诉类散文集《吾情若蓝》和长安叙述作品《朱鸿长安文化书系》。作品录用于中学语文教科书和高职语文教科书，见诸语文试卷，入选百余种散文版本。《西部心情》一书进入希望书库，是中国青少年素质发展论坛工作委员会推荐读物、中国青少年读写大赛指定读本；《夹缝中的历史》教辅版一书进入上海著名中学师生推荐书系——影响我高中时代的一本好书。获首届冰心散文奖、第二届老舍散文奖、首届陕西图书奖和陕西高等学校人文社会科学研究优秀成果奖。大型学术著作《中国散文通史》对其置有分论。中国民主促进会陕西省委员会副主委，陕西省作家协会副主席，陕西师范大学长安笔会中心主任、文学院教授。

通序

中国文化的本质是什么？它有什么特点？中国人是怎么形成的？中国人的心理和性格如何？

我，一个中国人，此刻想表达的意思就并未完全表达出来，仿佛一瓶水，本当让其尽流，意思才更清楚，更明白，但我却由于某种唯我知道的原因守口不言。为什么如此？还不仅如此，也许我有一个幽隐的精神之泉，是生要带来，死要带去的，并会谨防外泄。这个精神之泉，难免要泛起一些微波细澜，包括戒备、不安、盲从、猥琐、圆滑、虚荣、伪善、冷漠、苟活、自保、祭神欺神或脚踩两只船，为什么呢？当然日光也照我，月光也照我，我也有自己的璀璨。

长安是中国文化的一个标本，它蕴含着中国人的价值取向和审美意识。多年以来，我一直通过长安透视中国文化，以了解它的本质和特点。我以为长安文化是中国文化的象征，中国文化是居于长安文化之中的，长安文化绝非简单的地域文化。

长安在雍，当然属于中华，不过中华与夷狄同在。雍西面夷狄，雍北也面夷狄，夷狄到雍来吃一吃，喝一喝，是再平常不过的事了。周人与羌人虽然分属两个部落，不过彼此通婚，遂能合作克商。周人弃雍而去，无非是夷狄入侵，不可在雍行礼作乐了。周人吩咐秦人对付夷狄，也是因为秦人与夷狄长期共处，在形体上、习惯上，跟夷狄近似。以夷狄治夷狄，似乎是从周人开始的。崤山以东诸国之人皆骂秦人如虎狼，是指其野蛮，见利便不顾一切，甚至不顾亲戚，而夷狄之俗则正是如此。

汉人与匈奴人相争，不过彼此也和亲，凡此四百年左右。刘姓当是汉人，然而刘姓也有匈奴人。公元1世纪，匈奴人拆帐而去，鲜卑人遂自大兴安岭南迁大泽，占据了匈奴人的草原。留下的匈奴人与徙来的鲜卑人便连缀游牧，凡此四百年左右。至公元5世纪，鲜卑人再南迁，以洛阳为国都，自上而下，努力向汉人学习，计有两代，其加速了民族融合。隋人和唐人便是从民族融合之腹孕育而出的。

中国文化在这样一个过程演变和发展，从而生成了它的本质和特点。中国人创造了中国文化，中国文化也创造了中国人。

10世纪以前，长安为国都多矣！汉人在此即皇帝位，诏命天下，匈奴人、氐人、羌人和鲜卑人也曾经在此登基并班政。历史是宽容的，都给了他们以正统的地位。1703年，清圣祖玄烨巡狩陕西，遣官祭华岳，又遣官祭周文王和周武王，这当然有追求正统的意思。满族人发于长白山以北，康熙在北京即皇帝位，不过长安是圣地，到此拜一拜周才感到踏实吧！

唐太宗曾经说："自古皆贵中华，贱夷狄，朕独爱之如一。"长安自有胸怀和气魄，胜者便可做主。

这个角度也能反映中国文化，并为分析中国人的产生、中国人是怎样的心理和性格提供线索。

在宗教信仰方面，长安一直都是开放的。汉长安置有种种巫祠，以满足臣民的通灵需要。唐长安有道教、景教、袄教、摩尼教、伊斯兰教和佛教，不仅是臣民，即使是西域诸国之人，也可以从事他们高兴的精神活动。中国汉传佛教的宗派共有八家，唐长安独有六家，其祖庭赫赫在焉。实际上，氐人、羌人和鲜卑人在佛教的信仰上似乎更热情、更积极。唐长安的六个祖庭，也是从四世纪以来，经十六国、北朝及隋的积累，臻于唐长安的。

宗教信仰显然是中国文化的要义，它也深刻地影响了中国人。

不过汉字、汉语、汉医、天人合一之理念、阴阳五行之观点，尤其是儒家思想，此乃中国文化的主脉和主干，中国人之所以是中国人，这种文化的影响才是主要的。这种文化多由汉人创造，它对汉人的影响遂起决定性的作用。这种文化当然也影响了其他民族的人，那些在长安做皇帝的匈奴人、氐人、羌人和鲜卑人，无不任用汉人治理社会，他们也懂得并乐于享用汉人的文化。其他民族的人当然也把各自的文化一再向中国文化添加，而且它们苗自土出，充满了活力。

观察长安，并从长安文化可以发现，中国文化有时候在主动吸取，有时候在被动接受，其总的形态是丛生的、杂糅的、融合的，当然更是丰富的。中国人能创造这样的中国文化，也因为中国人并非单一的血缘，反之，中国人的基因应该是复叠的、混并的。虽然如此，他们都是中国人。也许中国人就是这样形成的，中国人的心理和性格也缘于斯。

中国文化源远流长，甚至无始无终、无穷无尽，且弥天漫地、无所不在，显示了自己的博大、柔韧和顽强，然而它也一直存在向心和离心的问题。分久必合，合久必分，也许根在这种文化。中央集权制度，似乎便是对这种文化的本能反应。散沙不凝，只能以器固之。不过只有始终向先进文化开放，吐故而纳新，才会保持中国文化的优势，并使中国人有尊严地行在世界上。

这是我在长安的所想。

2020 年 8 月 28 日，窄门堡

序一

关于丝绸之路的起点

长安是丝绸之路的起点，此乃由六个硬性元素所决定。

其一，时间的起点。

张骞出使西域，计有两次。

普遍认为公元前138年，张骞第一次出使西域，为丝绸之路时间的起点。这是不对的。实际上第一次出使西域，目的是寻找大月氏，以结盟打匈奴。事不成，然而张骞发现了西域。西域的发现，并不证明汉与西域诸国就当然地建立了往来关系，更不证明彼此开始通商，所以它不是丝绸之路时间的起点。

时间的起点应该在公元前119年，张骞第二次出使西域。其目的既有动员乌孙回迁今之甘肃张掖一带，以断匈奴右臂，又有鼓动使者往来，促成汉与西域诸国通商。乌孙回迁的目的没有实现，不过汉与西域诸国彼此通商的目的实现了。确定是公元前119年，便按准了丝绸之路时间的起点。

其二，空间的起点。

空间的起点只能是长安，是汉长安城，是汉长安城里的未央宫，是未央宫里的前殿。

岁月漫漫，风雨潇潇，汉长安城只存其遗址了。

前殿遗址是一个长方形的由夯土所筑的平面，南北长大约四百米，东西宽大约二百米。从南向北，有逐渐高升的三个台基，顶部距地面大约十五米。故墟荒土，现在仍可以立足举目。四周远望，隐隐约约，错错落落，其雾蒙蒙，闯入视野的，不是河山，竟是楼的方块。汉武帝骂了一声："他妈的，弄成什么样子了！"

前殿是天子朝会之处。取得河西及建立河西四郡的政策是在此制定的，派遣使者出使西域的决定也是在此做出的，开辟丝绸之路和保障丝绸之路安全的种种措施都是在此下令实行的。

西安是长安的变迁和发展，所以西安为丝绸之路的起点。显然，此起点并不是随便的一个位置。谁也不能粗暴地指认它，因为空间的起点是不会游动的。

其三，处在起点上的开辟者的权威性。

张骞的权威性不足，他并非丝绸之路的开辟者。张骞出使西域，只不过是遵循权威者的意志行事而已。处在起点上的唯一的权威者是汉帝国、汉政府、汉武帝。当然，它们完全统一，因为汉武帝的意志就是汉帝国的意志和汉政府的意志。汉武帝在长安城起居行止，在未央宫处理政务，在前殿朝会，包括下令让张骞一再到西域去。汉武帝应该是丝绸之路的开辟者，他在起点上的权威性是绝对的。

其四，发生在起点上的第一次使者往来的完整性。

汉与西域诸国的使者第一次往来，当在公元前 119 年。汉帝国团队携有大量的黄金和丝绸，从长安发轫。张骞领导，不过团队里还安排有副使。

张骞出使乌孙，这是往。在张骞返长安的时候，乌孙的使者随张骞至长安，并带善马以报汉武帝，这是来。张骞的副使也分别至西域诸国，大约一年之后，西域诸国也派他们的使者随副使至长安。有往有来，才构成完整性。有往有来，丝绸之路是谓通。

其五，在起点上的贸易的连续性。

如果仅有张骞及其副使与西域诸国使者的一次往来，那么不能算丝绸之路的开辟，因为这是偶然。然而，长安的外交活动是活跃的，贸易是连续的。

资料显示，在汉武帝的号召之下，一年出使西域的团队多者十几批，少者也五六批，常常相望于道。他们传播汉帝国的威德，并输入西域的异物奇货、飞禽走兽、草木果蔬之种及魔术。这都是外交活动与贸易连续性的见证。汉昭帝、汉宣帝、汉元帝、汉成帝，无不继承了汉武帝开辟的丝绸之路，贸易着，并展开着文化的交流。

汉的贸易尤其在唐得以发扬光大。唐长安的西市，多有西域诸国的商贾在此经营。邸店、酒肆、珠宝，是他们的长项。胡姬也乐在长安，她们的招待，颇受少年和诗人的喜欢。

贸易也带来了信仰的输入，种种宗教也传播到了长安。

其六，起点上所产生的世界影响。

长安是丝绸之路的起点，汉长安和唐长安也是当年的国际化大都市。我发现，也曾经说过："中国对世界的影响最早是从长安传播的。世界不知道中国的时候，就已经知道了长安。从长安所传播的中国也最强大、最富裕、最繁荣，是礼仪之邦。天下人谁不向往长安！"

长安的转生为西安，于是西安就为丝绸之路的起点了。问题是，把这个起点确定在什么具体的位置才恰当呢？

我以为，应该尽快把汉长安城、把未央宫、把前殿，确定为丝绸之路的起点，以正视听。汉长安城及其未央宫，未央宫及其前殿，虽然是三处，也实为一体。考虑对汉长安城遗址的保护，当在其周边选择合适的位置，或立柱，或树碑，以铭记丝绸之路的开辟。唯有如此，丝绸之路起点的特色才会得以强化，其标志性、象征性和纪念性才会呈现出来。一旦立柱树碑，起点固有的历史文化功能将源源发挥。

序二

长安与丝绸之路

长安是丝绸之路的起点，这容易证明和理解，不过长安与丝绸之路的关系，并非一个起点就可以包举、囊括和涵盖。

实际上长安还是丝绸之路的策源地和根据地，凡其开辟及捍卫的智力、财力和军力，皆在长安整合，并由此送达浩茫的西域，发挥中国的作用。

丝绸之路靠的是中国，它是中国对世界的贡献。阿里·玛扎海里是一个颇具影响的东方学家，出生伊朗，在法国工作和生活。他有如是评价，我也同意他的观点。不过我想指出，中国对世界的如是贡献，离开长安是无法实现的。

为了丝绸之路的贸易，长安也遭遇了战争的压力。汉有匈奴战争，唐有突厥战争和吐蕃战争，还有回纥的扰攘，以及大食从葱岭以西瞥过的诡谲的目光。长安诚固，然而长安也有其难。

丝绸之路使中国获益，尤其使长安获益。从丝绸之路而来的物质文化和精神文化，完全改变了长安。

以生物环境的原因，一些中原本无的果蔬、草木和禽兽，都有选择地沿着丝绸之路迁移到长安。西域之人，谓之胡人。一旦胡人至长安，也就给长安输入了胡人的饮食和服饰。长安是天子的城，胡人取悦天子，遂要献其方物土实，一些赠天子赏玩的奇珍异宝也便汇集于斯。虽然是要货，它也会透露胡人的心思和手艺。

自丝绸之路传播到长安的种种宗教，尤其是佛教，毕竟打破了儒术的禁锢。长安人，乃至中国人，便多了一个仰望极乐世界的窗口，于是日常的愁苦就得以缓解或消除。长安遗存着佛教的祖庭，它们见证了这里的宽容。

还有一些音乐、舞蹈、绘画、雕刻和体育运动，也由丝绸之路翩然临之而融于长安。长安的格调当是黄土，不过丝绸之路赋予了它以新风、别俗、生气、活力和浪漫色彩。

何止于此！长安是伟大的、丰富的，然而唯丝绸之路才能使它更伟大、更丰富，并腾声四海，辉耀古今。

长安也很慷慨，会把自己收获的丝绸之路的美与惠，分享给中国大地，甚至韩国和日本。新罗的古都，今之韩国庆州，出土有波斯文物，日本奈良正仓院和福冈鸿胪馆也蕴含着西域文化的元素。这些遗存应该是经过中国传去的，其中当然也有经过长安传去的。

目录

长安城与丝绸之路_

在长安总会找到信仰_

长安的幻境_

简明辞典_

丝绸之路的秘密

从未央宫出发的丝绸之路

汉武帝刘彘是一个长安人，生长在未央宫。苍天眷顾，命运的一切优势都向他汇集。

天之所赐

其父汉景帝有薄皇后，遗憾无子，失宠遭废，不久便薨。汉景帝妃嫔多，子也多，刘彘为第九子。栗姬之子刘荣，在公元前153年立为太子。太子有了，刘彘遂封胶东王，年四岁。

刘嫖是汉景帝的姐姐，为长公主，颇有威望。栗姬得罪了她，刘嫖就难免要向汉景帝进栗姬的谗言。刘彘之母王夫人与长公主很是投缘，刘彘受其母影响，也亲近长公主。长公主以其女阿娇许之，王夫人喜悦，刘彘也喜悦，甚至说："若得阿娇作妇，当作金屋贮之也。"王夫人又暗中使计，让大臣上奏，称母以子贵，应该立栗姬为皇后。然而这恰恰招致汉景帝愤慨，便废太子，改封刘荣为临江王。栗姬难见汉景帝，忧郁而死。汉景帝遂立王夫人为皇后，子以母贵，更刘彘为刘彻，立为太子。事在公元前 150 年，刘彻七岁。

汉景帝崩，遵循惯例，太子即皇帝位。时为公元前 140 年，刘彻十六岁。

汉兴之际，社会凋敝，即使天子乘车也找不到颜色一样的四匹马，将相出门上朝或退朝回家也只能坐牛拉的车，百姓更是室无所藏。经过汉高祖、汉惠帝、汉文帝和汉景帝四世，六十余年休养生息，至汉武帝，已经国富民强。司马迁亲见国富，他说："京师之钱累巨万，贯朽而不可校。太仓之粟陈陈相因，充溢露积于外，至腐败不可食。"他也亲见民强，说："众庶街巷有马，阡陌之间成群，而乘字牝者傧而不得聚会。"汉武帝何其有福！

汉武帝要打匈奴

坐拥国富民强以后怎么办？汉武帝当然要征伐匈奴，以复汉家数世之仇。不过，也恰恰是在对匈奴的战争中，蕴含着西域的发现和丝绸之路的开辟，或曰：丝绸之路属于征伐匈奴的一个结果。

匈奴驰骋在北方的草原上，不过也常常南下侵扰。公元前 8 世纪，周平王东迁，就有匈奴进逼的原因。周衰，匈奴遂至泾北或渭北一带活动。公元前 3 世纪，秦始皇攘匈奴于黄河以外，筑长城，移民，保卫秦帝国的安全。秦将军蒙恬死，匈奴便返黄河以内。至汉兴，匈奴已经占据阴山，存灭汉之心。以冒顿为单于，匈奴组成了一个部落联盟，再三犯边。王庭就是战区，匈奴既游牧，又游击，汉帝国深感威胁。

汉武帝一定知道汉家的种种屈辱。

公元前200年，汉高祖率兵北上打匈奴，反遭匈奴包围。汉高祖困于白登山，七日不得食。以陈平计，厚礼送冒顿之妻，阏氏遂劝单于网开一面，汉高祖得以脱身。败匈奴，逐匈奴，似乎皆难，汉政府便以和亲取得安全。嫁汉家宗室之女给单于，岁奉缯酒之类，约为兄弟。这显然是示弱，然而也是无可奈何。

汉高祖崩，冒顿单于竟调戏吕皇后，派使者致书曰："陛下独立，孤愤独居。两主不乐，无以自虞。愿以所有，易其所无。"吕皇后气得咬牙，不过仍向冒顿复函曰："单于不忘弊邑，赐之以书，弊邑恐惧。退而自图，年老气衰，发齿堕落，行步失度，单于过听，不足以自污。弊邑无罪，宜在见赦。窃有御车二乘，马二驷，以奉常驾。"虽然守以尊严，不过也透奉承与乞饶之息。

汉文帝致匈奴书总是称："皇帝敬问匈奴大单于无恙。"但匈奴却颇为傲慢，其发汉文帝信曰："天地所生日月所置匈奴大单于敬问汉皇帝无恙。"匈奴还不时出兵过萧关，至雍，入甘泉。汉军不得不紧急动员，屯卫于长安周边，或驻棘门、霸上和细柳，严阵以待。汉景帝沿用和亲政策，然而匈奴无信，还是经常寇边。

汉武帝遣张骞寻找大月氏

汉武帝登基，遂欲灭胡，以展凌云之志。汉帝国也具实力，足以支持对匈奴的进攻。不过组建一个抗胡联盟，也十分必要。有俘虏提供了一个消息：匈奴破月氏，杀其王，以头做饮器，月氏远遁而去，为大月氏。以情理推测，大月氏是仇恨匈奴的。资料显示，冒顿单于破了月氏，但以月氏王头做饮器的却是冒顿之子，老上单于。公元前 139 年，汉武帝登基一年之后，便招募使者，以觅大月氏。张骞是汉武帝的侍从官，响应胜出。公元前 138 年，张骞率百余人往祁连山或焉支山以远去寻找大月氏。

尽管发愿灭匈奴，不过汉武帝执政之初，仍奉行了和亲政策，厚遇关市，所赠丰饶。汉与匈奴往来于长城之下，呈兄弟之好。之所以要维持这种和亲格局，一是作战还欠充分的准备，包括联盟还未形成；二是汉文帝的皇后，汉景帝之母，窦太后尚在，其推崇黄帝和老子的思想，对希望积极改造社会的汉武帝大有牵制。

马邑之谋

对匈奴的反击开始于公元前 133 年，刘彻当皇帝八年了。那时候窦太后已经逝世，张骞一去也几个春秋，杳无音信，汉武帝等不及了。他问大臣：“朕饰子女以配单于，金币文绣赂之甚厚，单于待命加嫚，侵盗亡已。边境被害，朕甚闵之。今欲举兵攻之，何如？”有王恢，任大行，建议攻之。大约过了半年，几个大臣策划了一个马邑之谋。

马邑在今之山西朔州，雁门关以外。有一个老者聂壹出塞，会晤军臣单于，佯称他有数百人，可以杀马邑令，举城投降，财物将尽归匈奴。当然，事成需要单于接应。单于贪图马邑财物，便率兵十万从武州入塞。汉军三十万早就埋伏马邑一带，欲歼之。不料单于走到距马邑百余里的地方，只见牲畜布野，不见牧者扬鞭，颇为狐疑，遂攻汉亭。雁门尉史被捕，怕死，竟将汉军的计划悉告匈奴。单于惊愕至极，迅速撤离，马邑之谋遂败。

匈奴顿然翻脸，尽绝和亲政策，大肆寇边，杀掠吏民，以泄其怨。汉武帝也是有所筹划的，非常清楚这一天终会到来。没有对匈奴的全面战争，就不能使匈奴屈服。既然全面战争已经发生，那么就把它进行到底吧！

汉武帝打匈奴的成果

从公元前 133 年，汉武帝打匈奴的第一仗，到公元前 90 年，他逝世之前的最后一仗，汉与匈奴打了四十四年。汉武帝从二十四岁，打到六十七岁。尽管他在六十八岁有诏以罪己，反省战争，悔其劳民伤财，不批准轮台屯田的建议，然而讨胡四十余年，真是伟大了。

在战争中涌现出了一批将军：卫青、公孙敖、公孙贺、李广、李息、赵信、霍去病、赵食其、徐自为、赵破奴、李广利、李陵、韩说、路博德、商丘成、马通。他们都曾经引兵杀敌，为汉帝国勇保安全，拓展疆土。卫青和霍去病军勋尤隆，公孙敖与赵食其平平淡淡，而赵信、李陵和李广利则败绩降胡。

汉武帝打匈奴所取得的功业有：公元前 127 年，河南归汉。此乃汉恢复了秦在河南的治理范围，在今之内蒙古、宁夏和陕西北部一带。公元前 121 年，河西归汉。这是一个关键的胜利，不仅使匈奴退出了河西，而且使匈奴与羌难以联合对汉，也使丝绸之路的开辟有了交通准备。公元前 119 年，汉军深入漠北，包围单于，匈奴溃逃而去，漠南遂无其王庭。凡此种种，标志着胡强汉弱局面的改变。

汉武帝决定通西域

现在好了，水到渠成，我将顺风顺水地讨论汉武帝是如何开辟丝绸之路的。张骞至关重要，当请他出场。公元前 126 年，张骞艰辛地回到长安城，汉武帝封其为太中大夫，应该是在未央宫接见了他。

经过一番努力，汉长安城未央宫遗址已经进入世界遗产名录。2014 年 6 月 22 日，联合国教科文组织在卡塔尔多哈举行第 38 届世界遗产大会，对中国、哈萨克斯坦和吉尔吉斯斯坦三国申报的丝绸之路遗产项目做了研究。所报项目多有通过，汉长安城未央宫遗址甚为光美，当然通过了。

我早就注意到未央宫遗址可以移气，频频往之。初见是在冬天，风拂枯草，寒鸦鸣木，有几个村子在乌云下沉默着。再见是夏日的黄昏，男女老少多聚未央宫前殿的土堆上乘凉。再见是在一个春天，这里的村子已经拆迁，发掘了前殿、少府和椒房殿，围栏保护了天禄阁和石渠阁，间种以绿树青草，细雨霏霏，宁静空旷，使

汉长安城未央宫前殿遗址

人遥想当年。

张骞向上禀告了自己出使的经历，尽管欲携手大月氏抗胡终于不得，但他对西域诸国却有见闻，也掌握了基本的情况。摆脱匈奴拘留以后，张骞走了大宛，到了康居，至大月氏见了大月氏王，又走了大夏。他还通过此四国，对周边其他十国也有了大概的掌握。他还建议上通西南夷,以便从蜀径往大夏去。

实际上张骞是向汉武帝描绘了汉帝国之外的一个新的世界，以及处于这个新的世界的诸国地理、风物、武装、生产方式、生活方式及其彼此的关系。诸国属于今之亚洲，今之亚洲的中部、西部和南部。如此形势深入汉武帝之心，并给了他灵感。他把张骞对西域的发现完全变成自己的发现，而且果断调整了自己的决策。

汉武帝原有的部署无非是打匈奴，灭匈奴。一旦发现了西域，他就要通西域，以传汉帝国的威德。他把西域诸国分为兵弱与兵强两类，知道它们都以汉帝国的财物为贵。兵弱之国，容易对付。兵强之国，当以利施之，诱惑其到长安来朝献。他认为：“诚得而以义属之，则广地万里，重九译，致殊俗，威德遍于四海。”展望愿景，汉武帝在未央宫笑了。于是他就在打匈奴的决策中增加了通西域的方案，从而把征伐匈奴与在西域投射汉帝国的影响兼容起来。

汉帝国与西域诸国之间将发生贸易关系，丝绸将惊艳商道，而历史则正是如此。1877 年，德国学者李希霍芬经过严谨的考察和研究，呼这条商道为丝绸之路，得到了普遍认可。显然，开辟丝绸之路的理念，是在未央宫产生的。

汉帝国得到了河西走廊

匈奴有二王，浑邪王与休屠王，率兵专守河西。这完全阻隔了汉与西域，不过它正是匈奴的目的。汉要通西域，不荡平此阻隔显然是不行的，所以必须打匈奴。公元前 121 年，汉武帝令汉军连击匈奴。匈奴受到重挫，损失甚惨。伊稚邪单于气急败坏，欲召二王问罪，也许想诛之。二王商量降汉，结果浑邪王杀了休屠王，率众归附汉。遵命，霍去病迎接。汉军收编了浑邪王的队伍，计有四万，分置在陇西、北地、上郡、朔方、云中，为五属国。颜师古说："凡言属国者，存其国号，而属汉朝，故曰属国。"

匈奴变为五属国，河西至盐泽之地便成空隙，汉武帝抓住机会，立即在此设武威郡与酒泉郡，并屯田移民，充实这一带。夏与商划地发展，周与秦皆向东发展，唯汉向西发展，是因为汉武帝有意通西域，传其威德。汉帝国控制了河西，就为通西域奠定了基础。

这一带处祁连山与合黎山之间，为东西的孔道，谓之河西走廊。水清草茂，久宜游牧。似乎月氏和乌孙先于斯放马，以后匈奴插足在此，撵乌孙走了，并把月氏一分为二，小月氏融合于羌，大月氏也走了。汉军驱匈奴，其不得不隐于漠北，足见汉军之雄。

丝绸之路开辟了

河西归汉，固然是一个胜利，不过匈奴仍是汉武帝的腹患。他很清楚，匈奴并未放弃西域。匈奴只是暂匿漠北，其一定会窥伺动静，强劲反扑，以挡东西之通。他也意识到，当在西域谋划，捣其要害。总之，加强对河西的控制是必要的，也是紧迫的。

汉武帝又数召张骞，仔细分析西域诸国的状态，终于再遣张骞往乌孙去。当在公元前119年，张骞率三百人，每人配两匹马，离开了长安。他们携有大量的黄金和丝绸，成千上万的牛羊，真是浩浩荡荡了。张骞的队伍里还有一些副使，也拿着汉天子所授予的符节，计划往乌孙之外的诸国去。

到了乌孙，张骞见了其王昆莫，劝王率众回迁浑邪王腾出之地而居，娶汉宗室之女为妻，彼此结为兄弟。汉武帝的战略是使乌孙摆脱匈奴的支配，以做汉的属国，从而断匈奴之右臂，并招致西域诸国为汉的外臣。可惜乌孙分裂，王不能做主，事未果。

张骞遵循汉武帝的既定方针，派各位副使分别至大宛、康居、大月氏、大夏、安息、身毒、于窴、扜罙及其他诸国。

张骞由乌孙王昆莫安排的向导和翻译相送返汉，一路颇为安全。使者几十人，以昆莫的指示，带马几十匹答谢汉武帝。当然，他们也想在长安一视汉之广。

使者回到乌孙，汇报了汉之民强与国富，昆莫对汉遂有了敬重。一年之后，张骞所派的副使也带西域诸国使者至长安，并向汉武帝朝献。他们还乡，也会赞叹汉之昌盛。

从这个时候开始，西域诸国就通汉了，或是汉通西域了。我认为，此举标志着丝绸之路的开辟。

文物显示，新石器时代便出现了大陆之间的交流。从公元前第三个千年或第四个千年起，一种草原文明遂在欧洲与亚洲传播，其遗存也颇为普遍。冬小麦，在汉呼之为宿麦，原产地在西亚，是大约七千年以前的粮食。考古发现，有大约四千年以前的冬小麦种子，在今之新疆、甘肃、青海及陕西一带星散着，其多碳化了。冬小麦显然是走丝绸之路过来的。在今之河南安阳的妇好墓中，有一种属于透闪石的玉器，测定为今之新疆和田青玉。妇好是三千二百年之前商王的妻子，她墓中的玉器也多是走丝绸之路过来的。凡此传播，是自发的、个人的，也是小型的，但汉武帝的丝绸之路的传播却是大型的、集体的，是汉帝国意志的反映，彼此的性质迥异。

有西域诸国使者执礼抵长安朝献，这让汉武帝喜悦，就加遣使者分别往安息、奄蔡、黎轩、条支和身毒去。以汉武帝好天马，使者纷纷竞觅。其成群而行，团大者数百人，小者也百余人。一年之中，多者十几批，少者也五六批。一次出使，远者八九年，近者也三五年。司马迁对此感慨：“使者相望于道。”

丝绸之路的捍卫

诚如汉武帝所料，丝绸之路并不安全，主要是匈奴作祟。当然，汉武帝也无所畏惧，自有得力措施。羌与匈奴忽然合作，围攻金城。汉军奋起，迅速平息。公元前 111 年，汉武帝分武威郡地置张掖郡，分酒泉郡地置敦煌郡，再屯田移民，以继续充实这一带。随之在敦煌西南方向置阳关，在西北方向置玉门关，并设都尉。

楼兰和姑师是西域的小国，不过其当商道，是匈奴的耳目，从命于匈奴。可恶的是，那里的人还经常为难汉使者，甚至掠夺杀害。忍无可忍，汉武帝遂令赵破奴率兵虏楼兰王，破姑师，兴师以震慑乌孙和大宛。虽然楼兰王为汉军所俘，不过此小国仍在匈奴与汉两端投注，其质一子于匈奴，质一子于汉，足见地缘政治之复杂。姑师就是车师，其终分车师前王国与车师后王国，也仍会作怪的。

乌孙强于控弦，敢战，素亲匈奴，也受匈奴的控制。乌孙与汉的往来，顷触匈奴之痛。匈奴成怒，张牙舞爪，乌孙就怕了。这时候乌孙已经感受到汉在西域渐渐强大，便向汉靠拢，提出赠善马，聘汉之女，以借汉的势。大约在公元前105年，汉帝国得其善马千匹，遂以汉宗室之女，江都王刘建的细君公主嫁乌孙王昆莫，为其右夫人。乌孙王昆莫有所顾虑，又以匈奴女为其左夫人。乌孙奉行的显然是平衡之术，但时间却是会向汉倾斜的。

昆莫死，以乌孙的习惯，细君公主又做新的乌孙王岑陬之妻。细君公主薨，汉又以解忧公主嫁之。此举尽在剥离乌孙与匈奴的关系，力阻乌孙成为匈奴之盟邦，以期灭之。

有使者禀告汉武帝，终于探知大宛藏天马在贰师城，秘不示汉。上便遣壮士车令，携黄金及金马，越葱岭请天马，但大宛却以汗血马为其宝，拒绝给汉。车令实为壮士，其严正谴责，并砸金马而去。大宛觉得汉帝国的使者是轻蔑自己，乘机杀了他们，抢了财物。

消息临到未央宫，汉武帝震怒，便在公元前 104 年，任李广利为贰师将军，攻大宛。打得不顺，退到了敦煌。汉武帝知道，攻大宛而不取，不仅天马没有，还会使西域诸国包括大夏小瞧我汉，乌孙也将为难汉的使者，甚至轮台也将怠慢汉的使者，通西域就会休止。想到这里，汉武帝决定倾天下之力，再攻大宛。

公元前 101 年，李广利率汉军排山倒海赴大宛，沿线诸国皆出门迎接，给食物，唯轮台不支持。不支持是什么结果呢？屠之。汉军一鼓作气，连续击之，遂使大宛动摇。见大宛将亡，其贵官便杀了大宛王毋寡，头呈汉军，并允诺赠天马。汉军同意，就吩咐相马师选了善马数十匹，中等以下的马三千余匹。大宛有贵官昧蔡，一向优待汉使者，汉军便立他为大宛王。彼此订了条约，汉军挥旗凯旋。沿线诸国获悉汉军破大宛，都派他们的子弟随汉军到长安来以朝献，并质子于汉。

过了一年，大宛内政生变。一些贵官认为昧蔡谀汉，使大宛遭难，遂杀了他，更立毋寡之弟蝉封为王。然而大宛还算有自知之明，对汉帝国的外交无改。大宛王蝉封之子质于汉，岁奉天马二匹，汉使者就带其葡萄与苜蓿至长安。汉武帝也遣使者赠其财物，诚表安抚。

大宛从汉以后，匈奴在西域的霸气锐减。一旦汉在西域的威德广扬，丝绸之路便大畅。汉武帝乘胜推进，追遣使者十余批赴大宛以远诸国，求其珍宝。

汉长城

汉长城是一个军事工程体系，属于中国乃至世界之最。其东起今之辽宁，西到今之新疆。令居，今之甘肃永登，盐泽，今之新疆罗布泊。从令居到盐泽的这一段军事工程体系，完全是保护汉与西域的使者往来的，也就是保护丝绸之路的。

公元前121年，长城从令居修到了酒泉郡。公元前110年，长城又从酒泉郡修到了玉门关，并营造了观察敌情的亭障。公元前102年，又作居延塞以伸展至酒泉郡。公元前101年，长城又从敦煌郡修到了盐泽，所建亭障耸于高岗，起伏且错落。李广利屠轮台以后，调吏士数百在轮台及渠犁屯田，积蓄粮食，以供汉使者之用。都尉在敦煌郡办公，统筹阳关与玉门关辖区的防务。

英国人奥里尔·斯坦因的考古报告证实了汉书所记。这个人1907年自罗布泊出发，勘察汉长城。他在罗布泊，古之盐泽，发掘有木简，书太始元年，又有木简书太始三年，又有木简书大煎都。大煎都为地名，应该是匈奴语。一里一里，由西向东，他还发掘有别的木简，所书为汉宣帝的年号：地节二年、元康二年，神爵三年、五凤二年。所发掘的这几年的档案，反映了那时候的屯田、亭障和汉长城的建设情况。档案还有汉军的番号、报告和命令。再向东，发掘有木制的印盒和函盖，又有一木简所书：玉门显明燧蛮兵铜镞百完。再向东，发掘有青铜镞，一个木匣里装着一支箭，其公文所书：箭一支归库另易新者。意思是，箭残了，请补充一支。语言甚是简省，不过透露了一种管理的秩序。斯坦因考古报告显示，玉门关至敦煌的汉长城，是以红柳和芦苇编成框架，间以黄土和砾石，层层夯实，节节向上。经过两千年盐浸风化，其建筑多成化石状。他还在一个烽燧旁发现了草灰。

2013年8月22日9点45分，我抵玉门关考察。我摸了摸小方盘城，进其门，出其门，感叹玉门关都尉治所之固。黄土为墙，干干净净。我瞻仰了大方盘城，汉军的储邸，谓之河仓城。阳光之下，河仓城墙耸墙坍，一种混并有败落与坚韧的气息笼罩着废墟。沧桑弥漫，盈之于野。疏勒河驮运着一片夕照，缓缓而流，沉默如死。

我在阳关只看到了一座烽燧，热风中，它的壁面锈迹斑斑，又不失硬性。汉帝国的战士一旦侦探到敌情，总是白天烧烟，黑夜烧火。孤立的烽燧警惕地瞭望着远方连绵的阿尔金山，仿佛它还在执勤。

丝绸之路为长安带来了什么

自汉武帝通西域，屡屡稀世之品遂毕陈于玉门关和阳关。上喜欢天马，也喜欢瑰秘，西域诸国尽其所有，纷纷贡之。建章宫有奇华殿，藏有明珠、珊瑚、琥珀、文甲、通犀、翠羽、朱丹、鱼目、火浣布和切玉刀之类。上林苑养狮子、巨象、猛犬、大雀、善马之类。辗转来了身毒的琉璃鞍，大秦的夜光璧，上当然也喜欢。安息很有趣，让使者朝献的是鸟蛋，甚大。黎轩朝献魔术，由眩者所演。公元前 108 年，三百里以内皆观角抵戏，也许就有眩者所演的魔术。汉武帝尤其好客，其巡狩海上便尝带外国客，还在公元前 94 年，聚外国客于甘泉宫而飨之。

汉武帝葬茂陵，风雨吹淋两千余年，到现在其冢仍高 46.5 米。松之苍，柏之翠，视之肃穆。它的周围有霍去病墓、卫青墓、李夫人墓、平阳公主墓、霍光墓、金日磾墓。显然，汉武帝的重臣、大将、爱妃及密戚在陪伴他于斯长眠。在这里发掘有鎏金铜马、琉璃璧、绿釉骑俑和希腊文铅币，也许这正是汉武帝之所藏。

从楼兰王质子于汉，到大宛王质子于汉，反映了汉帝国在西域之强大。汉昭帝不失父志，继续经营西域，以保障汉使者及西域诸国使者无困于匈奴，尤其不容楼兰抢劫使者。汉宣帝奋祖先之余烈，在巧妙削弱匈奴力量的过程中推进丝绸之路更畅。其迎匈奴日逐王先贤掸降汉，在乌垒城，今之新疆轮台置都护，遂使汉帝国的声音传至西域。到呼韩邪单于赴长安向汉宣帝行礼，为汉帝国守卫光禄城，郅支单于率众远遁，天下遂定，西域由汉掌矣！这一切，源于汉武帝的决策及其实现它的智力、魄力和实力。

丝绸之路在公元 1 世纪初曾经暂停，直到汉光武帝才再通且畅。在唐，它一片辉煌。可惜唐以后，丝绸之路陷入了黑暗。元放而明收，清有盛有衰。

实际上，即使在黑暗的日子，东方与西方的交流也以此存在，只不过中国懒得管它了。法国学者阿里·玛扎海里指出：丝绸之路仅仅依靠中国，依靠中国对它的兴趣，因为是中国使它通之于西方。他认为，丝绸之路取决于中国的善意或恶意，取决于它的任性。

开辟丝绸之路的意义

现在，我想对汉武帝开辟丝绸之路的意义稍作分析。对此问题，天下之士议论纷纷，难免会染庸常色彩。不过在我看起来，此问题是历久弥新，甚至随时反顾，随时动心。

丝绸之路是中国对匈奴忍让五百余年之后义勇反击的产物，这为中国提供了反击劲敌，毕竟赢之的原型。夷狄逼近，周退让，秦固然逐胡于黄河以外，然而秦长城卒为消极防御，汉对匈奴也有几十年的和亲政策。唯汉武帝敢打匈奴，并把打匈奴与通西域融为一体，遂有丝绸之路的开辟。原型重要，原型就是榜样。

丝绸之路的开辟，使中国把疆土拓展至西域，这为世世代代的大且强构建了一个框架。夏商居于中原，划地发展。周的西界在陇西一带，秦的西界在临洮一带，不过周和秦也皆从西向东发展。但汉武帝及其子孙却把管理西域的都护府设于天山南麓与塔里木盆地北缘，今之新疆轮台，中国人谁不为之骄傲！

汉武帝是最早了解亚洲乃至西方的中国领导，也是最早吸纳亚洲文明乃至西方文明，并最早把中国的影响投射到亚洲乃至西方的。其途径是丝绸之路，中国文明的象征是丝绸。

汉武帝最早使用了胡萝卜加大棒的外交手段，以通西域，开辟丝绸之路。他有志于汉之威德遍于四海，知道胡萝卜加大棒就是威德。汉武帝这样认识，也这样做。

汉武帝最早以武力捍卫了丝绸之路的贸易活动。汉使者与西域诸国的使者，常遭抢劫，甚至生命有忧。汉武帝对此一再诉诸武力，毫不含糊。它合乎规则，也有效。

基于丝绸之路，除汉武帝得到天马及万千瑰殊以外，中国还从西域输入了葡萄、苜蓿、石榴、胡桃、胡瓜、胡荽、胡麻、棉花、葱、蒜、西瓜、波斯菜、波斯枣、胡豆、胡椒、胡萝卜。当然，中国不仅给世界贡献了丝绸，而且以丝绸之路，经波斯中转，向西方输出大量的粮食蔬菜之种及造纸术、铜镜、锅、钳子、火镰和瓷器。丝绸之路，显然是一条物流之路。

佛教经丝绸之路传到中国，景教、祆教、摩尼教也沿丝绸之路而来。凡数百年的佛经汉译，求法作法，至唐在长安实现了佛教的中国化。丝绸之路沿线庙宇林立，高僧辈出。佛教之流行，也使中国汲取了印度文化和希腊文化的元素。这丰富了中国文化，给中国文化灌注了活力。从阿拉伯半岛骤兴的伊斯兰教，也经丝绸之路而传，并驻留在此。丝绸之路，显然是一条布道之路。

在丝绸之路的考古显示，这一带的民族迁徙和易主，是十分有趣的事情。从楼兰发掘的一具干尸的头骨推测，其可能是阿尔卑斯山人，属于印欧语系。也许他们从里海以东过来，逾天山，入楼兰，谓之吐火罗人。他们可能是月氏的祖先，不过这只是猜想。月氏以后游牧至祁连山，乌孙有一度也居于斯。匈奴霸气十足，赶他们走，月氏一部分便迁妫水流域，为大月氏。乌孙复仇，追击大月氏，也迁妫水流域。大月氏卒以大夏为臣，统治了犍陀罗，辖区在今之喀布尔至白沙瓦一带。他们建立了贵霜帝国，所以为贵霜人，不过也是印度—斯基泰人，也是吐火罗人。他们接受了从恒河流域所传的佛教，然而这已经是一种为希腊文化所浸润的佛教，从而形成了希腊—佛教艺术。贵霜帝国一度是佛教中心，在犍陀罗的希腊—佛教艺术更是发达。以他们与汉帝国有贸易往来，佛教遂传。公元 3 世纪，贵霜帝国亡，其民流寓塔里木盆地，在莎车、鄯善和于阗一带生活。他们经商，并在经商中传播佛教，用吐火罗语，也用佉卢文。出入丝绸之路沿线的还有羌人、氐人、安息人、粟特人、印度人、回鹘人、契丹人、党项人、女真人、蒙古人、满族人。匈奴曾经是丝绸之路沿线的主宰，然而汉武帝及其子孙征服了它。风云变幻，河山壮美，它注定呼吸中国的空气。

丝绸之路沉积着极其丰富的文物，在敦煌、楼兰、于阗、吐鲁番，多有考古发现。凡写本的，汉文、吐火罗文、佉卢文、婆罗迷文、吐蕃文、回鹘文，都从沙漠和石窟之中得到了。这些写本的内容涉及历史、地理、哲学和文学，实用的契约、账目、信札、报告、命令、传票和护照，也多种多样，涵盖颇广。凡艺术的，壁画、绢画、雕刻、陶俑，无不形神兼备，光彩夺目。凡青铜镞、铜镜、汉币、纸及丝绸织品的残片，都有出土。两千余年，这些文物见证了文化的交光互影，萌发败落。

打匈奴，通西域，开辟丝绸之路，遂在游牧地区引进了农耕。河西只要置武威郡、酒泉郡、张掖郡和敦煌郡，迅速移民，便必营其邑，立其城，割其里，制其宅，尤其要种植得粮。为了军需，汉帝国也在组织屯田。农耕当然离不开灌溉，史念海先生分析认为，当时敦煌引籍端水和氐置水浇地，酒泉引呼蚕水浇地，张掖引千金渠浇地，武威当以谷水浇地。有灌溉，农耕也会发展。不过也没有因为农耕就减少游牧，河西之马更优。何以证明呢？汉地理志曰："凉州之畜为天下饶。"

丝绸之路是中国文化自信的一个根据，它也为中国的发展反复提供地理空间和设计窗口。中国将以返顾丝绸之路并重温它的开辟，激活一种最神秘和最浩然之气，以创造中国的未来。

汉武帝以丝绸之路而不朽

出于对人性的观察，我对汉武帝早就有所琢磨。他对成仙长生孜孜以求，遂惑于方士，显示了人的理性之弱。好色猎艳，也不过是人的情欲之固存，无非他具制度的保障，可以把意淫变为身淫，卒难指摘。抑黜百家，独以儒术为正确，尽管利于汉家，但它却违逆争鸣与交流的天道，必遭文明之弃。这一点，他是有瑜亦有瑕。以言论治罪，迫害司马迁，几乎是自己打倒了自己。这一点，实在可恶，我尤其恨之。不过汉武帝开辟丝绸之路，既益于中国，又益于世界，留下了无穷无尽的遗产。唯此一举，辉煌璀璨，可以不朽！

张骞出使西域

认真推究便会发现，张骞所受任务，只有一次是圆满完成的，其余都未达到预期的目标。

公元前 123 年，大将军卫青出定襄伐匈奴，以张骞曾经久留匈奴之中，了解地理，知道水草丰美之处，委为校尉。随大将军打仗，他确实起到了导向作用。汉军大捷，张骞立功，封其为博望侯。张骞的一生，这是最光荣的纪录。

李广有射虎之威，然而素不得意。公元前 122 年，张骞与李广同出右北平击匈奴，遗憾李广为匈奴所围，损失惨重。张骞是卫尉，未能率兵及时赶到，以解李广之困。以罪当斩，也许是采取了措施，遂贬为庶人，不过还是撤销了博望侯。张骞的一生，这是最黯淡的经历。

张骞初赴西域，在公元前 138 年，任务是见大月氏王，以其有深怨于匈奴，劝大月氏与汉帝国结为联盟，共战匈奴。张骞千辛万苦，见了大月氏王，然而结为联盟之愿并未落实。张骞再赴西域，大约在公元前 119 年，任务是见乌孙王，动员其回迁故土，祁连山与合黎山一带，以切割匈奴与乌孙的关系。乌孙以前游牧于东，张骞认为其恋旧，又赠之财物，当是会回迁的。一旦乌孙返于东，做了汉的属国，就是断了匈奴右臂。张骞见乌孙王昆莫很是顺利，然而昆莫对汉帝国印象模糊，不为张骞之意所动，断匈奴右臂的计划也并未落实。显然，两次出使西域，张骞皆没有达到预期的目标。

但张骞第一次西域之行却大有意外收获。他先入大宛，再入康居，到大月氏，又进大夏，不仅亲临此四国，而且趁机掌握了别的十国的政治、经济和文化形势，以及它们之间联络的亲疏。此十国是：乌孙、扜罙、于窴、楼兰、姑师、奄蔡、安息、条枝、黎轩和身毒。张骞变寻找大月氏为对西域的情报收集，这是他的高明。他向汉武帝提供的西域调查报告，修正并充实了汉武帝的战略构想，从而把打匈奴与通西域结合起来。张骞不但具凿空西域之功，更有开辟丝绸之路战略构想的实施之功。尽管没有达到预期的目标，不过这对汉帝国征服匈奴并未造成什么严重损害，何况大月氏所思有变，由不了张骞，但张骞对西域的发现却有深远意义。他的贡献在此，他的伟大也在此。

他还建议由蜀径往身毒去，这就需要对付昆明的阻挠。为了训练水兵，以平昆明，长安才有了昆明池。张骞两次为匈奴所捕，长期生活于匈奴之中，娶匈奴女为妻并生子。汉帝国的大臣，谁也不能像张骞这样了解匈奴。他在匈奴的感受，也将成为对匈奴作战的经验。

张骞的第二次西域之行，虽然失算，未能使乌孙移民于东，不过这为乌孙与汉的和亲奠定了基础。张骞还终于让乌孙的使者到长安来，随之，他所派的副使也率西域诸国的使者到长安来了。使者的往来，就是通西域的标志，也是开辟丝绸之路的标志。张骞的贡献也在此，并使其伟大。

张骞是陕西汉中人，生于城固，葬于城固。张骞墓在城固县以西的博望侯镇饶家营村。我尝三诣其墓，观清高宗乾隆年间毕沅所立碑，欣赏左右石虎，了解 1938 年国立西北联合大学考古发掘的汉砖、汉币及一个铸字封泥：博望造铭。此大学曾经为考古的收获刻石有记，遗憾其所立之碑在 1966 年沦为修桥的石头。幸而 1975 年反正，再立碑于斯。20 世纪 80 年代以来，这里陆续建了阙楼和献殿。为申报世界遗产，拆迁了张骞墓周边的农户，并植树种草以美之。

墓旁有柏、白杨、银杏、柳、桂、红叶李、罗汉松、竹。蓊郁不够，青葱足矣。这里仅存一棵古木，人谓之唐柏。我绕唐柏而行，想象张骞，其忽高忽矮，忽渺忽显，总归是豪杰。司马迁评价他坚强刚毅，宽宏大量，是诚信的人，甚至连所谓的夷狄也喜欢他。匈奴拘其十余年，死不失节，有卓越之气魄。他初赴西域率一百余人，返长安的时候他只带一匈奴妻，一随从甘父。不知道他们是如何进未央宫的，三个人，真是悲壮！

公元前 114 年，张骞死。由于不清楚其生之时，遂难明他活了多少岁。张骞进入我的视野是公元前 138 年，其率众出未央宫，出长安，过陇西，以觅大月氏。自此以后，张骞在世共计二十四年，其中竟有十八年奔波在丝绸之路上。风餐露宿，九死一生，是因为要创业立功，扬名于宇内，流芳于青史。他以效忠天子实现自己的理想，这也正是张骞所在的汉帝国的一种时代精神。凡是汉帝国的大臣，多是拼命在创业立功的，张骞以通西域而成。

汉政府给张骞的爵位是博望侯，然而须臾遂失。其所任之职共有：公元前 138 年，为郎；公元前 126 年，为太中大夫；公元前 123 年，为校尉；公元前 122 年，为卫尉；公元前 115 年，为大行，进入了九卿之中。不过仅以汉帝国计，处于九卿之列的大臣究竟有多少呢？可以指出的人是谁呢？寥寥无几，磨灭甚多。然而谁不知道张骞呢？他是中国伟大的外交家，最早把中国的威德传到大宛、康居、大月氏、大夏和乌孙；他是中国伟大的地理学家，最早看到了地中海文明并积极吸纳此文明；他是中国伟大的探险家，通西域之举，使东方与西方互视、交流、兴起贸易，不仅使中国史出现了新的一页，也使世界史出现了新的一页。

傅介子刺楼兰

西域并非一通百通，可以永逸矣！

实际上匈奴尽管栖身漠北，不过其一直派使者在西域诸国活动，尤以威胁利诱之法拉拢楼兰和龟兹，企图消耗并毁掉汉对丝绸之路贸易的主持。

虽然楼兰与汉存在交情，不过其阳奉阴违，抢劫汉使者，甚至遮杀汉使者。安息和大宛的使者到长安来，楼兰也掠之。龟兹一向亲匈奴，疏汉，总是给匈奴使者提供方便。显然，丝绸之路沿线的形势是不稳的。

汉昭帝年幼，霍光辅佐，遂遣傅介子平定西域。

傅介子分别至楼兰和龟兹，批评他们没有透露匈奴使者在这一带的流窜。他们态度尚好，愿意反省并改过。楼兰还勉强提供了一个情报：匈奴使者将经龟兹至乌孙。

谋成于胸，傅介子想消灭匈奴使者，也知道机会难得。于是他就按计划赴大宛。事毕，径奔龟兹。恰恰匈奴使者已经从乌孙返龟兹，他便当机立断，率壮士斩了匈奴使者。

几年以后，傅介子刺楼兰。

楼兰虽然是小国族，然而其踞丝绸之路要冲，对汉作梗。赵破奴将军虏楼兰王之后，楼兰便在匈奴和汉各质一子，以保持平衡，不过仍偏向匈奴。公元前97年，楼兰王死，其使者至长安，请质于汉之子归去，欲立其为王。可惜此子在长安犯法，受了宫刑，无法还楼兰，楼兰便立别子为王。新的楼兰王也在匈奴和汉两边各质一子，然而未几，新的楼兰王又死了。匈奴得到消息，顷送质于匈奴之子还楼兰，立其为王。新的楼兰王当然会听令于匈奴，汉遂陷于被动。汉昭帝登基，诏新的楼兰王往长安来觐见，还特告天子会有厚赏，这也是正常的对外关系，是一种礼。然而新的楼兰王竟借口政局不靖，希望以后朝献。汉帝国感到了一种冷遇！

傅介子曾经以斩匈奴使者立功，得到汉昭帝奖拔，拜中郎，旋擢平乐监。凭他对西域诸国的了解，认为一个楼兰、一个龟兹，若不诛，将无法使其明白汉的可畏，更无法对其他西域诸国予以警戒。

公元前77年的一天，傅介子向大司马霍光提出，欲刺龟兹王。他说："楼兰、龟兹数反复而不诛，无所惩艾。介子过龟兹时，其王近就人，易得也，愿往刺之，以威示诸国。"此乃几年之前，斩匈奴使者之际对龟兹的观察。不过霍光建议他可以在楼兰试一下，因为龟兹道远，楼兰道近。刺楼兰之计就这样决定了。

傅介子家在北地，今之甘肃宁县一带，以未留下生卒之年，遂不清楚斩楼兰王的时候他是多少岁。也许他很年轻，也许他已经年老，不过那个时代立功求名是不设岁数的。霍去病二十四岁就以功拜为大司马、骠骑将军，李广六十余岁仍驰骋沙场，挥刀杀敌，以得大功。

遵霍光之示，傅介子率壮士，携黄金及锦绣出长安城而去。至楼兰，其王对傅介子一行竟不以为意，当然也无会晤之心。傅介子就扬言将天子所赐财物送其他西域诸国，辞楼兰而佯装向前。走到楼兰西界，傅介子又悄然对翻译说："汉使者持黄金锦绣行赐诸国，王不来受，我去之西国矣。"掏出灿烂的黄金让翻译看。

翻译知道利在咫尺，遂迅速见楼兰王汇报情况。楼兰王获悉汉使者携有黄金和锦绣，贪而求之，遂接待傅介子一行。傅介子与楼兰王坐下来对饮，并展示财物。楼兰王大喜，喝着喝着就醉了。傅介子对楼兰王说："天子使我私报王。"便以目光延引楼兰王随他去。傅介子站起来，带楼兰王入帐篷，并挡住其他侍从，以独语于楼兰王。两个壮士猛地执刀刺王背，刀交叉于胸，血出，王顷死。

突然的变故吓傻了楼兰王的左右，其惊如鸟散。傅介子拦住他们说："王负汉罪，天子遣我诛王，当更立王弟尉屠耆在汉者。汉兵方至，毋敢动，自令灭国矣！"其无不服从。

傅介子便提着楼兰王的头凯旋长安，挂之于北阙。汉昭帝嘉勋傅介子，说："平乐监傅介子持节使诛斩楼兰王安归首，悬之北阙，以直抱怨，不烦师众。其封介子为义阳侯，食邑七百户。士刺王者皆补侍郎。”楼兰王之弟尉屠耆，降汉有日，居于长安。汉帝国便改楼兰为鄯善，立尉屠耆为王，给他刻了印，选宫女做了他的夫人，尽备所用，以车骑运之。汉丞相率百官送尉屠耆出了长安城的横门，表示支持他。

遗憾尉屠耆知道前王有子，势力甚大，自己孤单且弱，极为危险。他便奏请汉昭帝，指出鄯善有伊循城，土地肥沃，盼汉军在此屯田，广积粮食，以使他威德渐重。汉帝国遂遣司马一人，吏士四十人，屯田并镇守伊循城。以后在此设了都尉，鄯善设汉官就是由这里开始的。

郑吉：西域的首任都护

汉宣帝执政，继续经营西域，以畅丝绸之路。这个时代的有功之臣是郑吉，会稽人，今之江苏与浙江一带人。

郑吉以从军任侍郎，几度赴西域，也熟悉西域诸国的情况，品质强执，立有三功。

一功：屯田渠黎。

渠黎当然在西域，大约以西北与东南斜线，居轮台与尉犁之间，地广而水饶，在今之新疆库尔勒以西。国族不大，而地广，而水饶。

2015 年 10 月 24 日，我夜至库尔勒，兴奋至极，遂站在楼兰宾馆顶层向西寻觅渠黎，以感知汉军屯田之远。星辰繁列，天地浩渺，难见其木。

公元前 99 年，渠黎便派使者至长安朝献。于斯屯田起于汉武帝时代，就是开荒务农，以打粮食。不过干活的并非农民，是吏士与负罪免刑之徒。

渠黎近车师，而车师则亲匈奴。汉昭帝即位之际，匈奴使计，用兵，控制了车师，从而干扰汉在渠黎屯田。更严重的是，匈奴利用车师阻挠丝绸之路的贸易。

公元前68年，汉宣帝遣郑吉和司马憙驻渠黎屯田，郑为侍郎，司马为校尉。在此屯田，固然是要存粟藏谷，以供使者之用，不过还有一个战略目标是破车师。

二功：破车师。

车师固小，然而由于匈奴染指，久为汉之危患。匈奴介和王降汉以后，汉武帝封其为开陵侯。公元前99年，开陵侯率楼兰兵击车师。以匈奴重兵救援，开陵侯不得不作罢。然而这是一个问题，必须予以解决。越十年，至公元前89年，有重合侯马通领兵四万骑，出酒泉郡，以伐匈奴。汉军过车师以北地界，气势冲天。近在箭镞之间，不打车师不是错失良机吗？开陵侯便率包括楼兰兵在内的西域六国兵猛攻车师。车师降汉，表示臣属。

然而事有反复，其病在匈奴。汉武帝崩，汉昭帝登基，权力传递的时候，匈奴竟派四千骑兵占领车师，匈奴遂掌之。至公元前72年，上遣汉将军五位——田广明、赵充国、田顺、范明友、韩增，率兵共讨匈奴。匈奴见势不妙，畏惧而去。车师又通汉，臣属之。

不过事又有反复，其病仍在匈奴。车师为汉所拿捏，这使匈奴十分恼怒。匈奴便纳车师太子军宿为质，进行牵制。军宿不愿意为质，就逃往焉耆，因为他是焉耆王的外孙。军宿出走，车师遂更立乌贵为太子。乌贵即位做了车师王，娶匈奴女为妻，结为婚姻，于是车师就又依附匈奴了。汉使者赴乌孙，匈奴便在车师拦而抢之，所以不治此顽疾是不行的。

这是郑吉和司马憙屯田渠黎的背景，虽然意在扼守丝绸之路，不过也剑指车师，希望能牢固控制丝绸之路。到秋天收割谷子之际，郑与司马遂兴师破其交河城。车师王乌贵藏身于城，城由石砌，攻之遇阻。汉军以食尽，卷旗返渠黎。至粮食归仓，郑与司马便再兴师以攻之。车师王乌贵胆怯而逃，并求助于匈奴，然而匈奴没有采取行动。乌贵沮丧而归，终于降汉。

匈奴气急败坏，就调头打车师。郑吉和司马憙非常明白保护车师的重要，遂领兵迎敌。见汉军严阵以待，匈奴顷退。郑与司马安排部分吏士驻守车师，以保其安全，便率队伍凯旋渠黎。

车师王乌贵害怕，遂亡乌孙以避难。郑吉和司马憙为防备匈奴作祟，就接车师王乌贵的妻子至渠黎。妥善安排以后，送其诣长安。

车师有沃土，郑吉组织了三百吏士赴之屯田，以多打粮食。然而匈奴会容忍此事吗？它是绝对不会轻易放弃车师的。匈奴便发兵攻汉吏士，夺取车师之地。郑吉与司马憙从渠黎调兵驰援车师，岂料匈奴也在增兵，战斗极为惨烈。遗憾汉兵少，匈奴兵多，汉兵只能据城抵挡。匈奴隔墙扬言，车师之地，匈奴必争，汉吏士不可屯田。匈奴忽隐忽现，再三扰汉。

郑吉请求汉政府扩充屯田之吏士，加强军力，以伐匈奴。可惜汉政府认为道远耗繁，当以搁置车师的屯田为妥。令达车师，郑吉照办。为了让郑吉顺利撤离车师，汉宣帝遣长罗侯常惠率张掖兵与酒泉兵在车师以北耀武扬威，以佐郑吉。匈奴不知道深浅，感到恐慌，便夹尾而去。郑吉乃出车师，归渠黎以屯田。

车师王乌贵遁匿乌孙，汉帝国当然知道，也同意乌孙安顿他。那么谁做车师王呢？车师太子军宿仍亡焉耆，汉帝国便召他，立军宿为车师王。经商量，汉迁车师之民至渠黎生活。军宿到渠黎来为王，领导其民，显然是会亲汉的。这样，车师与匈奴的联系遂断了。

车师就是姑师。以汉军所伐，终于分车师前王国和车师后王国。

郑吉以破车师事成，由侍郎晋升为卫司马。

三功：接收匈奴日逐王降汉。

公元前 60 年，匈奴内乱，有日逐王先贤掸颇感危机，起意降汉，便传语于郑吉。

郑吉以渠黎为基地，动员西域诸国五万兵迎接。日逐王率一万二千余众杂沓而至，随郑吉到了河曲。不知道什么缘故，突然有匈奴兵民转身而跑。郑吉疾声纵马，追而斩之。其机智勇敢，保证了日逐王顺利降汉，并带其赴长安。为给日逐王以鼓舞，汉帝国封其为归德侯。

郑吉三功的意义是，既保障了丝绸之路鄯善以西的南道安全，又保障了车师以西的北道安全，其谓之都护。都护之置，起于郑吉。它指有汉以来，甚至中国有史以来，西域所设的第一个行政机构是西域都护府，郑吉为第一任都护。治所在乌垒城，今之新疆轮台的野云沟附近，处于西域诸国的中部。郑吉镇抚有声，威震四海。汉宣帝嘉其功，封为安远侯，食邑千户。

若论通西域，开辟丝绸之路，郑吉的贡献并不亚于张骞的贡献，是因为郑吉任都护，使汉帝国对西域的治理以都护府的形式实现了军事化与行政化的统一。

班固赞曰："汉之号令班西域矣，始自张骞而成于郑吉。"

班超是如何让西域诸国顺服的

汉和帝于公元 95 年封班超为定远侯，邑千户，地在今之陕西汉中西乡一带。

我曾经至西乡一走，心有所动。西乡静卧秦岭以南，米仓山郁郁葱葱，谷有水出。丘陵错落之间，茂林修竹，密稻疏荷，遂悄然问曰：当年班超是如何享用其千户之邑的？享用到何时呢？

汉和帝奖励班超，是因为在班超的努力之下，西域五十余国尽有质子居汉，表示归附，丝绸之路复通了。汉和帝表彰曰："超遂逾葱岭，迄县度，出入二十二年，莫不宾从。改立其王，而绥立其人。"不过班超也六十四岁了，隐隐身病骨损矣！

班超家在扶风郡平陵县，今之陕西咸阳偏南一带，父为班彪，兄为班固。班超素怀壮志，广览诗书，能忍辱，更敢承担。班固受私改国史之诬，被捕入狱。班超怕其兄在拷问之下难辩事理，遂毅然径奔洛阳，上书汉明帝。幸而得到上的召见，兄之祸患从而免去。汉明帝欣赏班固，擢其为校书郎，管理图籍文献，班超也随母迁居洛阳。

班超受雇佣为官府抄书，所得报酬聊以养家。不过他羡慕张骞和傅介子，暗忖投笔从戎，以赴西域立功封侯。然而命运总是寓于一定的机会之中的，他尚需要等待。

汉明帝刚硬，希望汉帝国强大。他也还关注着班超，遂询班固，以了解其弟做什么。班固已经亲近上，就报告弟为官府抄书。汉明帝爱才，便任班超为兰台令史。此职位很重要，皇帝之诏命，大臣之奏章，地图、律令和财簿，都在兰台令史的管理范畴，属于档案工作、机要工作。遗憾班超失误，坐事免官。塞翁失马，焉知非福，也许他的机会将翩然而来。

当时的西域形势是：北匈奴重建了在西域的统治，丝绸之路断绝六十余年矣。

原因在王莽，颇为有趣。公元 9 年，王莽当了皇帝，立国为新，便遣新的使者会晤匈奴乌珠留单于，送其一方印：新匈奴单于章。新的使者同时收缴了汉帝国的一方印：匈奴单于玺。新的使者避开匈奴，立即砸碎了它。以章代玺，低了一等，匈奴感到侮辱，遂大肆犯边。西城诸国发现情况有变，也遽然倒向匈奴。公元 10 年，车师后王归附匈奴，结盟对付新王莽军。公元 13 年，焉耆王发兵致西域都护但钦死，并猛攻新王莽军。屯田西域的汉员不承认王莽为皇帝，也投奔匈奴。一旦匈奴掌控了西域，就软硬兼施，左右使绊，以堵丝绸之路。天下动乱，谁也乏力理其事。一晃几十年，久矣，西域不通！

汉明帝登基，积极图治。十年以后，国富民强，便想效法汉武帝，打北匈奴，通西域，畅丝绸之路。

公元 73 年，奉车都尉窦固受命伐北匈奴，班超任假司马，就是军司马的副职。班超能在窦固麾下负副职之责，在于他们是世交，都是扶风郡平陵县人。兵战伊吾，今之新疆哈密，又战蒲类海，今之新疆巴里坤西北的巴里坤湖，斩首颇多。汉军乘胜在伊吾宜禾设都尉，并屯田于斯，以挡北匈奴从北窜南。

班超的表现既智又勇，深得窦固赏识，便差他与郭恂出使西域以通丝绸之路。不过在班超看来，郭恂，从事也，一个平庸之徒，所以当需要行动的时候他会自己定夺，单独干，不理睬郭恂的想法。非常之人，会行非常之事，也会立非常之功。

班超和郭恂带三十六吏士往鄯善去，目标是清理西域之南道。所谓南道，指出敦煌，至鄯善，今之新疆若羌，傍南山沿河西行，至于阗，今之新疆和田，至莎车，今之新疆莎车，至疏勒，今之新疆喀什。莎车世奉汉家，即使北匈奴为霸，也不负汉。问题在鄯善和于阗，它们是汉强顺汉，虏强顺虏，皆无坚定之立场。

到了鄯善，班超敏锐地感到鄯善王广对他先有礼，后怠慢。从这种小小的变化分析，应该是北匈奴派使者来了，鄯善王受到了约束。班超遂诈问一个照顾汉使者生活的侍胡：“匈奴使来数日，今安在乎？”惊恐之下，侍胡尽吐北匈奴使者在鄯善的情况。判断得到了证明，怎么办？如何对待北匈奴使者呢？

班超撇开郭恂，召集吏士商量。他鼓舞吏士，吾辈赴西域，要立非常之功，以取得富贵。他也警告吏士，鄯善王可能会抓吾辈以送北匈奴，结果连骸骨也要喂豺狼。他指出，功成的办法是消灭所有北匈奴使者，吓破鄯善王的胆。他稍息了一会儿，透露了火攻之谋："不入虎穴，不得虎子。当今之计，独有因夜以火攻虏，使彼不知我多少，必大震怖，可殄尽也。"吏士表示，生死皆从假司马。

天黑了，班超便率吏士冲向北匈奴使者所居营房。他指挥十个吏士拿着鼓，藏在宿舍背面，其余吏士执弓持刀，埋伏在宿舍的门两边。忽然气流冲冲，有吏士就按约定顺风纵火。见火燃起，宿舍背面遂鼓响如雷，声势甚烈。北匈奴使者疑惧之下，乱中出门。班超格杀三人，别的吏士斩首三十余人，所剩百许人皆焚于营房。

天明以后，班超才向郭恂通报了晚上击虏之况。郭恂顿然色怵，继而面悦。班超便通知鄯善王等候，自己拎着北匈奴使者的头让他看。鄯善王十分害怕，班超就晓之以理，再三宽慰。鄯善王遂表示归附，并质子于汉，以展其诚意。

班超返伊吾，向窦固做了汇报。窦固高兴，向汉明帝上奏其功。汉明帝非常满意班超之举，擢他为军司马，并指示窦固，继续派班超出使西域。征求班超的意见，是否要给他增兵，班超告曰："愿将本所从三十余人足矣。如有不虞，多益为累。"何等豪迈！

班超立即出发，速至于阗。出乎意料，他觉得于阗王广德的态度几乎冷得像霜。也难免，于阗刚平了莎车，又有北匈奴使者进驻，这对于阗是既监督，又保护，遂极为炽盛而雄张。

于阗有信仰巫之俗，其巫曰："神怒何故欲向汉？汉使有騧马，急求取以祠我。"于阗王闻巫之言，感到惶悚，忽差大臣会晤班超，传达他的意思，希望班超送上自己的黑嘴黄毛马以祭神。班超有侦探，对于阗的消息悉数掌握，连此事的细节都知道了，遂让其巫过来取騧马。

巫得意而至，以为会顺利牵汉使者騧马而还。巫根本没有想到，班超一见便抽刀削掉了他的头。头是精品，班超拎着巫之头送于阗王。在于阗王的惊愕之中，班超给了一顿严肃的批评。

于阗王已经知道北匈奴使者在鄯善的下场，赶紧杀了驻其疆的北匈奴使者，悠然归附。班超喜悦，重赐于阗王及其众臣。镇之而抚慰，是谓驯。

班超研究了疏勒的政局，拟改换其王。公元74年，班超领吏士从小路穿入疏勒。盘橐城是疏勒的权力中心，在距之大约九十里的时候，汉吏士停止前进，潜伏起来。春光透明，只是风尚发凉。

龟兹王建是以北匈奴扶持所立的，当然唯北匈奴之命是从。龟兹王又依靠北匈奴的援助破疏勒，除掉疏勒王，自己推一个龟兹人兜题做了疏勒王。这样，不仅龟兹是北匈奴的帮凶，疏勒也被拉到了抗汉的集团，西域能通吗？

班超认为，兜题名为疏勒王，实际上是为龟兹服务的，所以兜题在疏勒一定离心离德。他派田虑往盘橐城去劝兜题降汉，班超交代田虑曰："兜题本非疏勒种，国人必不用命。若不即降，便可执之。"执之就是把兜题扣押起来。

田虑至盘橐城见了兜题，这个冒牌元首觉得田虑力弱不可畏，竟没有丝毫的归附之意。乘其不备，田虑蓦地冲上去，抓他，捆绑了他。左右不料田虑如此凶猛，吓得四散而逃。田虑遂让同志驰报班超，以妥善处置。

班超进了盘橐城，邀集疏勒贵官，历数龟兹及兜题之恶，遂推举一个疏勒人忠为疏勒王。忠是遭害而死的疏勒王的侄子，所以上上下下，无不赞成。对兜题怎么办？疏勒王忠及其大臣纷纷建议班超杀了兜题，班超不同意。他认为威德颇为重要，便放了兜题，送他走了。

结果是，龟兹与疏勒彼此生怨，这也标志着疏勒脱离了北匈奴的羁縻，转而亲汉。显然，班超不仅是军事家，也是杰出的外交家。

解决了鄯善和于阗的问题，又解决了疏勒的问题，南道就通了。南道通了，西域也就通了，丝绸之路也就畅了。

于是乎崩溃了六十五年的西域都护府得以恢复。陈睦任都护，治所在交河城，车师前王庭，今之新疆吐鲁番西北大约五千米一带。汉帝国还建立了完整的屯田机构，包括：耿恭任戊校尉，屯田车师后王庭，校尉所在金蒲城，今之新疆昌吉奇台一带；关宠任己校尉，屯田车师前王庭，校尉所在柳中城，今之新疆吐鲁番一带。军司马班超的工作颇为机动，于阗与疏勒一线的事务都归他。这些显然有助于保障丝绸之路的贸易。

遗憾的是，西域之北道仍在北匈奴的控制之下。所谓北道，指出敦煌，至车师前王庭，今之新疆吐鲁番，随北山傍河西行，至焉耆，今之新疆焉耆，至龟兹，今之新疆库车，至疏勒，今之新疆喀什。北匈奴在这一带久有经营，素为扰攘之源。

公元75年，汉明帝崩。消息流布西域，诸国遂叛。趁汉有大丧，焉耆狠攻都护，陈睦殉职，大约两千吏士也丧命边塞。班超坚守盘橐城，然而龟兹数攻疏勒，姑墨也随龟兹发兵数攻疏勒。尽管有疏勒王忠的配合，可惜汉吏士毕竟单少，是孤立支撑，卒难久远。

在计划清理西域之北道的时候，南道再阻，西域又绝，丝绸之路又不畅了。

公元76年，汉章帝也是初即位，主要由于军费支出的问题，决定罢休西域都护府的运作。知道班超独困疏勒，处境危险，上指示他速归。一年有余的坚守真是艰苦卓绝，君命有征，班超不得不还。

知道汉要撤退，西城诸国极为忧患。疏勒老少发愁，害怕龟兹灭之。有疏勒校尉黎弇拦住班超，激动地说："诚不忍见汉使去。"便割颈而死。班超到了于阗，于阗上至王广德，中至大臣，下至布衣妇孺，团团包围着班超，有的号哭，有的抱着班超的马，有的落泪说："依汉使如父母，诚不可去。"班超估量于阗人究竟是不会放他返汉的，又欲实现他固有的立功封侯之志，遂改变主意，调头往疏勒去。

曾经撇开郭恂，火攻北匈奴使者，现在又违抗君命，以驻西域，这就是班超的性格。

至疏勒，班超才发现西域形势之严峻。疏勒本是归附汉的，然而在班超离开之际，须臾之间，竟有两城脱离疏勒以降龟兹。小小的尉头，今之新疆乌什，也加入抗汉之列。北道一直为北匈奴所掌，南道显然也伸来了北匈奴的爪子。

班超明白自己应该迅速恢复汉对疏勒的主导，以构筑一个击虏堡垒。他率兵逮捕疏勒的悖逆之徒，愤然斩其首，接着挥鞭破尉头，杀其兵六百余，疏勒遂安。一旦疏勒的秩序得以巩固，他便整合力量，逐步组建伐虏联军。

姑墨不大，极其仇汉，总是紧跟着龟兹。班超了解这一点，就有意歼其姑墨。经过两年的备战，也基本上组建了一个联军。公元78年，班超率疏勒、于阗、康居和拘弥的部队，共一千人，猛打姑墨，一举破之。这一仗的胜利给了班超极大的鼓舞和启示，壮志之酬也更清晰，更坚定了。

再三考虑，班超有了一个安定西域的策划。他上书汉章帝，分析西域诸国之状况，提出了自己的建议。班超认为，当年先帝击匈奴，以汉使者相劝，鄯善和于阗立即向化。现在拘弥、莎车、疏勒、大月氏、乌孙和康居，也都愿意通汉并归附。现在不顺服的，只有龟兹和焉耆。不过西域诸国多数都亲汉，且存共识：“依汉与依天等。”这足见汉之分量。有西域诸国多数的支持，葱岭就可以逾越，逾越葱岭，汉之联军就可以伐龟兹和焉耆，特别是可以打龟兹。姑墨王和温宿王，都不过是龟兹所立而已，打龟兹，必然导致姑墨和温宿降汉。如果姑墨和温宿降汉，那么龟兹几乎就败了。若得龟兹，那么西域诸国未顺服的便仅剩百分之一。班超谏曰：“今宜拜龟兹侍子白霸为其国王，以步骑数百送之。”他相信汉之联军一定能擒龟兹王。班超慨叹：“以夷狄攻夷狄，计之善者也。”他由衷的希望是：平西域，通西域。班超还祝福汉章帝：“陛下举万年之觞，存勋祖庙，布大喜于天下。”

汉章帝览奏章，觉得事可以成，就召大臣研究增兵西域，给班超以支援。徐干是扶风郡平陵县人，挺身而出，向上表示，他愿意往西域去帮助班超。上批准，遂在公元80年，拜徐干为假司马，率一千吏士骏奔疏勒，以解班超的燃眉之急。徐干有情有义，无愧于班超之同乡和同志。

形势真是变化多端：莎车猜测汉乏举措，以惧龟兹，竟离汉而降龟兹。疏勒有都尉番辰也怕龟兹，竟也脱汉而攀龟兹。

面对如此局面，班超和徐干判断稳定疏勒是关键，便兴师击疏勒的番辰。破之，除斩首千余之外，还获番辰众生口。平番辰的意义是，使疏勒恢复为一个整体，并保证亲汉。

为了壮大汉之联军，班超酝酿了一个争取乌孙出兵的方案。他认为，汉武帝曾经嫁公主于乌孙王，乌孙也曾经出兵支援汉宣帝打匈奴，彼此关系是深厚的，乌孙出兵是可能的。当然，向乌孙请兵，唯汉章帝有此权。于是班超就再上书汉章帝，建议遣使者盛情招慰，以争取乌孙出兵。汉章帝纳班超之言，遣卫侯李邑送乌孙使者返乌孙，所携缯帛颇重，以赠乌孙王及其贵官。事在汉章帝建初八年，公元 83 年。

可惜事不顺利，错在李邑。送乌孙使者至于阗，恰逢龟兹打疏勒，李邑生畏，竟不敢向前走。他上书汉章帝，指出西域不可平，并诋毁班超拥爱妻，抱爱子，乐不顾汉。幸而汉章帝明察，不相信李邑之言，并斥责了他。如何处理李邑，汉章帝指示由班超办。班超无愧厚道之士，仅让李邑携乌孙的侍子返京师。他觉得为泄私愤留下李邑，报复李邑，非忠臣也。

上悉班超之所为作，提拔他为将兵长使，并赋予其大将军才具的鼓吹幢麾之权。上也提拔了徐干，任军司马。

公元 84 年，上又征集八百吏士，由假司马和恭带领赴西域支援班超。汉军增强，班超遂联合疏勒兵和于阗兵，以协同打莎车。不料莎车差使者会晤疏勒王忠，啖以重利。疏勒王竟受其诱惑，叛汉随莎车而去。班超灵机一动，换疏勒王。有成大其人，任疏勒府丞，是亲汉的，便立成大为疏勒王。有乌即城，忠据此，并打算凭乌即城抵抗。班超率联军，包括疏勒王成大在内，向乌即城发起攻势，欲俘忠。

打了半年，未破乌即城，是因为康居在出兵帮助忠。大月氏与康居刚刚结成了婚姻关系，班超认为彼此一定颇为密切，就派汉使者携重礼，包括缯帛，见大月氏王，请其出面劝康居罢兵。事就这样行了，康居撤兵，乌即城遂降汉。但康居撤兵的时候却携原疏勒王忠一齐走了。复杂乎？复杂矣！忠坚持他是疏勒王，虽然流亡，仍为正宗，所以忠将终于为汉之祸害。

果然，到公元88年，忠向康居借兵，返疏勒，以损中为营垒，企图对班超采取行动。忠又获得龟兹的支持，志在取胜。

忠差使者见班超，表示自己要归附汉。班超何等智慧，早就尽悉其诈术，从而将计就计，同意忠来会晤。忠甚为得意，轻骑而至。班超为忠设宴，还有乐助兴，似乎一团喜气。酒酣之间，班超令吏士下手，捆绑了忠，砍了他的头。汉吏士击其随从，并杀虏七百余。

忠所统治的疏勒，仿佛南道之石，成了一个障碍。一旦推倒此石，粉碎它，南道遂又通。

公元89年，汉和帝开始执政。此年，班超以于阗为主，发西域诸国兵二万五千，再打莎车。龟兹为救莎车，也发温宿、姑墨和尉头三国兵五万。互相对峙，寡众分明。

班超知道不敌，便面授于阗王广德一计：晚上鼓响两散，于阗兵东去，汉军西去，不打莎车了。因为是作战之谋，就故意放松对俘虏的羁押，纵容其报信。

龟兹王不知是计，闻于阗兵和汉军两散，不禁大乐。其率兵一万向西截击班超，并指示温宿王率兵八千向东拦击于阗王广德。确认龟兹兵和温宿兵各奔东西以后，班超急令西域诸国调兵共伐莎车。莎车不备，兵马乱逃，联军遂杀其兵五千，并大获其马，大收其财。莎车败，降汉。龟兹、温宿、姑墨和尉头见势不妙，也从莎车匆匆撤兵。这一仗影响甚大，以此班超威震西域。

公元90年，大月氏忽然翻过葱岭攻班超。兵七万，浩浩荡荡，由大月氏副王谢指挥。汉军少，难免有吏士慌恐。

大月氏对汉军数有支援，也曾经向汉献符拔和狮子一类的特物殊货，彼此交往是深厚的。问题是大月氏王欲娶一位汉公主，派使者见班超，表达其美意。班超闻之，婉然拒绝了。大月氏王碰壁，恼羞成怒，竟要动武，而且兵有七万。

班超告诉吏士，大月氏固然兵重，然而长途跋涉，缺乏运输，供给颇为困难，是不可久战的，所以不必怕。他要求汉军把粮食藏起来，固守而已。他预测几十天以后，大月氏无谷充饥，便会求饶。

大月氏副王率兵攻班超，力竭不克，又掠夺不得，陷入迷茫之中。班超估计其粮食将尽，是会向龟兹求助的，便部署伏击。如班超所料，大月氏副王果然派部队送礼给龟兹。汉军阻而击之，悉杀大月氏兵。

汉吏士遵照班超的命令，拎着大月氏兵之头以示大月氏副王，其十分吃惊，便差使者向班超认罪，希望能活着归去。班超洞明且练达，就放大月氏副王谢率兵还家。大月氏以此心存敬畏，对汉岁有所贡。

公元 91 年，龟兹、姑墨和温宿感到威德扑面，遂一一降汉。上满意，擢班超为西域都护，都护府置龟兹它乾城，徐干为长史，屯田疏勒。上又拜白霸为龟兹王，遣司马姚光送其即位。至龟兹，班超与姚光携手废龟兹王尤利多，更立白霸为王。防尤利多在龟兹复辟，姚光便携其诣京师。

西域有三国过去不在都护府的管辖之中，便胸怀异想，其是焉耆、危须和尉犁。除了此三国，统统归附。

公元94年，班超任都护已经三年，当有所响动了吧！是的，这一年他发兵七万，有汉军，也有龟兹兵、鄯善兵和其他西域诸国兵，还有吏士及商贾一千四百人，排山倒海，以讨焉耆。

部队踏上尉犁界面，班超就派汉使者对焉耆、危须和尉犁三国分别通告：都护到这里来是做抚慰的，若打算改过向善，当差贵官迎之。汉使者还宣布：都护会行赏王及贵官的，事毕遂返。汉使者接着说："今赐王彩五百匹。"这真是有礼在先了！

焉耆王广未迎，只差其左将北鞬支提供牛和酒给班超。北鞬支是北匈奴的侍子，焉耆之权正由他掌握。班超斥责北鞬支："都护自来，王不以时迎，皆汝罪也。"

有麾下建议杀了北鞬支，班超认为不宜，反之赐其物，送他回焉耆。北鞬支显然发挥了作用，因为焉耆王广旋率贵官赴尉犁见班超，并有珍奇相奉。尽管焉耆王广对班超有所表示，但他却缺乏建立邦交的诚意。他还令焉耆兵拆掉苇桥，以阻汉军入境。

焉耆如此作为，伐它似乎成了必然的事。班超指挥部队避开苇桥，从别的地方过河。抵达焉耆是在七月的晦日，在距其城二十里处，汉军安营布阵。

汉军的降临，使焉耆王大悸，遂欲率贵官登山顽抗。焉耆有元孟其人，是焉耆的左侯，曾经质子于汉，对汉情深，便悄悄派使者把焉耆王的打算向班超透露了。为麻痹焉耆王，班超杀了元孟的使者。

当然，班超也没有随意打焉耆，他要用智慧得焉耆。他派自己的使者邀请焉耆、危须和尉犁三国王会晤，声明行赏甚重。

在所定之日，焉耆王广和尉犁王汎都到了，北鞬支也到了。计有三十人，然而危须王没有到。他们各坐其位，彼此顾盼，不知班超怎么赏。出乎意外，班超勃然而怒，厉声而问："危须王何故不到？腹久等所缘何逃亡？"腹久是焉耆的国相，他串通贵官十七人跑了。

也许腹久的感觉是对的，跑了就可以保命。腹久显然是焉耆的一只狐狸。

班超指示吏士：逮捕焉耆王广、尉犁王汎及其所有贵官，押解至交河城，即车师前王庭，即都护陆睦曾经行令的地方，一一杀之。接着传其首往京师去，以禀报汉和帝。这也算是血祭陆睦，以告慰英灵吧！

班超奋武纵兵，斩虏五千余，活捉虏一万五千，得其马及牛羊三十余万头。更立元孟为焉耆王，以保证焉耆亲汉。班超巡视焉耆半年，抚慰并使其安定。

于是西域诸国，有五十余，就尽质子于汉，以示内属。内属者，国为汉之属国，地为汉之属地，顺服也。

汉和帝在公元 95 年封班超为定远侯，邑千户，以奖励他在西域所立之功。

五年以后，班超病困体弱，也久处绝地，难忍思乡之情，遂上书汉和帝盼能恩准返中土，其曰："蛮夷之俗，畏壮侮老。臣超犬马齿歼，常恐年衰，奄忽僵仆，孤魂弃捐。昔苏武留匈奴中尚十九年，今臣幸得奉节带金银护西域，如自以寿终屯部，诚无所恨，然恐后世或名臣为没西域。臣不敢望到酒泉郡，但愿生入玉门关。"让其子班勇执礼入塞赴京师。

班超有妹班昭，也上书为其兄哀求。汉和帝感动，便征班超回京师。这一年是汉和帝永元十四年，公元 102 年。上拜班超任射声校尉，可惜一月之后他就逝世了。其七十一岁，前后在西域长达三十年。

班超当年于龟兹它乾城营造都护的治所，遗址在今之新疆新和，1928 年由考古学家黄文弼发现。他在玉奇喀特乡尤勒贡协村勘探，见旷野文物频现，汉砖、汉瓦、汉五铢钱、汉箭镞、汉玉斧、汉玉刀、汉玉佩，都有所得。把文物与典籍结合起来研究，黄文弼判断这就是公元 91 年所设的西域都护府。班超于斯办公，之后是任尚、段禧为都护，也在此办公。遗憾公元 107 年，羌乱爆发，陇道顿闭，报告不能上传，诏命不能下达，汉帝国遂撤销了西域都护府，龟兹它乾城随之毁矣！

踏着班超的脚印，我进入西域一带，今之新疆库尔勒和喀什，可惜我在这里只有短暂停留。

库尔勒的基本范围在古之西域国族焉耆一带，遗憾的是，我只能想象过去的焉耆是什么样子，焉耆人如何生活。我在 2015 年 10 月 25 日至 26 日所看到的库尔勒完全是一个现代化并具时尚性的城

今日罗布淖尔女性

市，杂糅着梦的元素。道路宽阔，建筑高大，唯驰汽车，没有牛，也没有羊，更没有骆驼。孔雀河穿流城市，浪平波清，宜于泛舟。偶见天鹅展翅蓝天，会忧郁地吟咏几声，收尾而去。

危须在焉耆的北部偏东方向，尉犁在焉耆南部偏东方向。多取焉耆一块，略取尉犁一块，合起来，遂构成了库尔勒。

尉犁连着鄯善和且末，位于蒲昌海，或曰盐泽，或曰泑泽，或曰牢兰海，或曰罗布，在今之罗布泊的西部偏北方向。总之，尉犁、鄯善和且末，皆处罗布泊的周边。

我在罗布淖尔久久徘徊。这里的胡杨甚美，小的一臂粗，老的一腰粗，往往逐水而生。孔雀河两岸曲折蜿蜒，尽是胡杨。青枝黄叶，晴空白云，颇具销魂之美。

20世纪中叶以前，这里还有谓之罗布人的渔者和猎者，他们住在树上，并不以耕田为生。幸甚至哉，我在此还看到一个罗布淖尔妇女，正在一片胡杨之间搭棚烤鱼，以售四方之士。看起来她很和善、厚道，白脸高颧，深目突眉，似乎是突厥人与蒙古人的混血。她在打电话，其不用汉语，我当然也听不懂。

小河墓地的考古发现，透露了孔雀河下游一带印欧人的消息。他们在女人的墓上扎棱形胡杨柱，在男人的墓上扎桨形胡杨柱，象征着生殖崇拜。他们种小麦，编麻，缝皮靴。他们把死者的尸体置于胡杨之棺，胶封以后，用牛皮包裹，便成不朽的木乃伊。这些印欧人生活在公元前1800年至公元前1500年之间，也许还早，生活于公元前2000年吧！

2015 年 10 月 27 日至 28 日，我在喀什考察。抱歉班超，你在疏勒的工作踏踏实实，辛辛苦苦，从而使西域诸国无不从善，但我却一观大体，仅草草感受了喀什的地理、气候和物产。当然，我也看了艾提尕尔清真寺，看了阿帕克霍加墓，或曰香妃墓。我在高台民居的小巷转了半天，饱览了维吾尔族的屋舍风格，也窥见了他们的习俗。此民居建在一片悬崖上，侧闻足有六百余年的历史了。

喀什就是古之西域国族疏勒，丝绸之路的南道与北道对接于斯。我不知道班超当年看到的疏勒是何貌，班超也不知道我现在看到的喀什是何貌！

附记：

在历史上，丝绸之路有所谓的三绝三通。一绝指公元 9 年，王莽新朝始建国元，以对匈奴政策的改变，激起匈奴和西域诸国的造反。先有车师后王降匈奴，并联合反抗王莽政权，后有焉耆王杀西域都护但钦。北匈奴控制西域，丝绸之路一绝。一通指公元 74 年，西域都护陈睦赴任，丝绸之路由汉控制。二绝指汉明帝十八年，公元 75 年，北匈奴及龟兹、焉耆诸国进攻汉在西域的权力机构，杀都护陈睦，到公元 76 年，汉章帝令班超离开西域，丝绸之路二绝。二通指公元 94 年，以班超的外交之谋和武装之力，西域五十余国尽从汉，丝绸之路由汉管理。三绝指公元 107 年，羌阻陇道，西域诸国背弃，汉不得不罢西域都护，停止屯田，丝绸之路三绝矣。三通指公元 123 年，以班勇为西域长史，率兵屯田柳中城，继而大展威德，使鄯善、龟兹、姑墨和温宿诸国归附，逐北匈奴而去，收复车师前王庭和车师后王庭，并在公元 126 年乘胜追击，北匈奴受压遁迹。公元 127 年，班勇与敦煌太守张朗共战焉耆，破之。焉耆降汉，丝绸之路归汉所掌。

甘英赴大秦

安息东接大月氏和乌弋山离，向西可往处于底格里斯河与幼发拉底河之间的条支去。

安息与汉自汉武帝以来就有外交关系，养在上林苑的大雀便是安息王所赠。安息王还送了鸟蛋，很大的。百年之后，汉章帝坐江山，安息王又送了狮子，并送了符拔。也许狮子是由身毒传到安息的，符拔其形如麟，然而没有麟的角，皆为异兽，中国不产。

甘英随班超在西域工作，班超任都护，他是其属官。公元 97 年，班超派甘英往大秦去，以展开贸易。大秦就是张骞所了解的黎轩，实际上就是罗马帝国。它的辖区包括地中海周边，东含叙利亚和小亚细亚一带。范晔曰：“其人民皆长大平正，有类中国，故谓之大秦。”

甘英逾葱岭，到了条支，至安息西界，望波斯湾白浪起伏，茫然一片。他打算航行赴大秦，可惜安息的船夫谎言相告，称海之大，逢顺风三个月可以渡过，逢逆风大约需要两年才能渡过，所以入海的人一般都带粮很多，以够食三年。船夫睁目直视甘英曰：“海中有思慕之物，往者莫不悲怀。若汉使不恋父母妻子者，可入。”

海中思慕之物当指希腊神话里的女妖塞壬，她有美妙的歌声，足以诱惑水手和乘客，使之留下。俄耳甫斯以竖琴之音盖过她的歌声，奥德修斯以蜡封住伙伴的耳朵，并把自己绑在桅杆上，才得以渡过。这里当是地中海墨西拿海峡，越此向前航行就是真正的罗马了。

甘英难免忧惧，遂止于斯。

汉想通罗马，罗马更想通汉。公元前 1 世纪，奥古斯都时代，中国丝绸已经盛行于罗马，不过唯贵族才用得起。提比利乌斯执政，觉得中国丝绸太华丽，太奢侈，竟要禁用，然而社会澎然反对，终于禁而未止。

中国丝绸经安息人或身毒人之买卖才到罗马，中介赢利甚多。他们交市于海，也欠透明。如果中国与罗马能有直接的贸易，那么中国便会增加收入，罗马也会减少成本，何乐而不为呢？所以彼此都在寻找。不过安息人或身毒人也知道他们的获益所在，当然要紧紧掌握丝绸的贸易，从而一再遮阂，使中国与罗马不得自达。安息人更精明，做得也更绝。

甘英在波斯湾止步，是他上当了。

公元 101 年，安息王满屈向汉和帝赠狮子，又赠大雀，谓之安息雀。送礼都是投其所好，在安息王看起来，汉帝国的元首就喜欢

玉门关残迹——甘肃敦煌

这类珍奇吧！

到公元166年，大秦王安敦终于派使者向汉桓帝赠了象牙、犀角和玳瑁。汉大臣比较失望，认为大秦王之礼并不绝特，怀疑是传者之过。问题是，谁为传者？此乃大秦初通汉，走的当是海路，因为其在日南，今之越南中部，是汉帝国边界之关卡的吏士。大秦使者应该向汉吏士提交了大秦王之礼，所以汉吏士也是传者。

从安息过泰西封，今之伊拉克巴格达东南一带，再过塞琉古以西，今之伊朗与亚美尼亚一带，走陆路，也可以至大秦，可惜甘英没有选择此线。

沿丝绸之路而行，由于是觅大秦，甘英遂成为走得最远的中国人。当然，公元8世纪有中国人杜环，也可以算作走得最远的中国人。他曾经随唐将军高仙芝破石国，遭到西域诸国包括大食之反击。高仙芝败绩，两万人为大食所俘，杜环就是其中一个。不过他奇迹般地挣脱羁绊，顺丝绸之路一带艰苦跋涉，竟到了地中海东岸。十年以后，他从波斯湾乘船返唐，抵广州，不亦快哉！

裴矩在西域的经略

隋炀帝持身不正，治国乏德，遂失天下。不过他为君，也有西域之谋，并非仅仅凿运河，乐江都。当然，他的西域之谋，既有兼并之志，又有扬威之愿，主要图的还是热闹和声望，追求万邦来朝的光美。

当时西域诸国，纷纷赴张掖交市。张掖一带尽管远离京师，但贸易却甚繁荣。中国的特色仍是丝绸，不过也增加了锦衣和缎裳。隋炀帝知道这一点，所以刚刚即位，便令大臣裴矩负责西域的工作。

裴矩生于河东闻喜，今之山西闻喜人。其洞明世情，善用心机，尽晓隋炀帝具耀德于悬地之思，很是努力。西域诸国商贾到了张掖，裴矩循循善诱，切切考察，通过他们了解其山川关隘，方物风俗。他终于撰三卷书，附图，大录西域。其返京师，将自己的著作献给隋炀帝。遗憾中国人疏于档案管理，此三卷书早就湮灭。好在有序文相传，聊以窥之。

让我也做一次搬运工，抄一段。勾勒西域之变迁，甚为简明，请阅。

臣闻禹定九州，导河不逾积石，秦兼六国，设防止及临洮。故知西胡杂种，僻居遐裔，礼教之所不及，书典之所罕传。自汉氏兴基，开拓河右，始称名号者，有三十六国，其后分立，乃五十五王。仍置校尉、都护，以存招抚。然叛服不恒，屡经征战。后汉之世，频废此官。虽大宛以来，略知户数，而诸国山川未有名目。至如姓氏风土，服章物产，全无纂录，世所弗闻。复以春秋递谢，年代久远，兼并诛讨，互有兴亡。或地是故邦，改从今号，或人非旧类，因袭昔名。兼复部民交错，封疆移改，戎狄音殊，事难穷验。于阗之北，葱岭以东，考于前史，三十余国。其后更相屠灭，仅有十存。自余沦没，扫地俱尽，空有丘墟，不可记识。

让我再做一次搬运工，再抄一段。其描绘西域三道，颇为清晰，而且是张骞通西域以来的一种总结。

发自敦煌，至于西海，凡为三道，各有襟带。北道从伊吾，经蒲类海铁勒部，突厥可汗庭，度北流河水，至拂菻国，达于西海。其中道从高昌，焉耆，龟兹，疏勒，度葱岭，又经钹汗，苏对沙那国，康国，曹国，何国，大、小安国，穆国，至波斯，达于西海。其南道从鄯善，于阗，朱俱波，喝磐陀，度葱岭，又经护密，吐火罗，挹怛，忛延，漕国，至北婆罗门，达于西海。其三道诸国，亦各自有路，南北交通。其东女国、南婆罗门国等，并随其所往，诸处得达。故知伊吾、高昌、鄯善，并西域之门户也。总凑敦煌，是其咽喉之地。

裴矩难免有对隋炀帝的猜测和推崇，便建议遣使者到西域去，一旦诸国向善而归附，灭吐谷浑和突厥遂可成。裴矩曰："混一戎夏，其在兹乎！"

隋炀帝非常满意裴矩的工作，赐物，一再召其商量西域之事。裴矩已经完全掌握了隋炀帝所谋，就盛言西域诸国多宝，吐谷浑容易兼并。隋炀帝很高兴，决定通西域。任裴矩为民部侍郎，寻迁黄门侍郎，命其经略。

裴矩照隋炀帝的指示，又赴张掖，设法延引西域诸国朝献。这一段高昌有贡，吐谷浑也有贡。隋炀帝特别欣喜的是，西域十余国陆续觐见。突厥启民可汗甚为积极，派其子并其兄的儿子交替朝献，终于得到允许，自己也觐见了隋炀帝。还蕃以后，他上书隋炀帝，恳请变服，袭冠带，以示向化。

隋炀帝年轻，性格张扬，效法古者帝王观风问俗，一再巡狩。公元607年，隋炀帝驾至榆林郡，今之内蒙古准格尔旗、土默特左旗、土默特右旗和托克托县一带，并于斯宴请突厥启民可汗及其部落三千五百人，奏百戏之乐。

公元608年，隋炀帝驾至五原郡，今之内蒙古达拉特旗和杭锦旗一带，检查了长城的安全。此年隋在军事上还有一个胜利，就是左翊卫大将军宇文述率兵在曼头和赤水破吐谷浑，从而验证了裴矩的判断。

公元609年，隋炀帝决定巡狩河西，并命裴矩往敦煌去先做安排。

驾出洛阳，过函谷关，至长安。隋炀帝感慨甚多，遂在武德殿款待耆旧四百人，肴馔甚丰。上入崇德殿西院，不禁想到先帝，默然且愀然。他注意到西院右侧的空阔，便吩咐左右，宜在此筑大殿。

阳春三月，驾过武功，过扶风，至陇西。大猎之后，出临津关，今之甘肃积石山大河家镇大河村，渡黄河，到了西平，今之西宁。隋炀帝在此陈兵设武，欲击吐谷浑。吐谷浑可汗伏允有所察觉，遂率众入覆袁川，今之青海门源永安河谷一带，以求自守。隋炀帝分命内史元寿南屯金山，兵部尚书段文振北屯雪山，太仆卿杨义臣东屯琵琶峡，将军张寿西屯泥岭，四面包围。合击之下，吐谷浑大败。不过其可汗伏允竟以数十骑冲出包围，逃至党项。隋拓地数千里，以兵戍之。

大获胜利以后，驾至燕支山。裴矩很精明，早就派使者见了高昌王和伊吾王，并啖以重利，导其朝献。包括高昌和伊吾，西域二十七国谒于道左，隋炀帝大快。上之所见，无不佩金戴玉，被锦挂罽，又是音乐，又是舞蹈，气氛十分热烈。或张掖，或武威，凡士女皆盛装致礼。数十里一场连一场，货物遍地，悉显中国之富强。

秋凉了，驾遂返长安，继而至洛阳。以裴矩有功，晋位银青光禄大夫。

到了公元610年，裴矩以西域诸国朝献颇多，建议在洛阳大演其戏，上同意。于是乎征四方奇技，演艺于端门街，彩绣为衣，金翠垂珥，场面长十数里，百官及士女列坐纵观，隋炀帝也微服视之再三。处处设帐，广布酒肴，以方便诸国之贸易。诸国大小商贾任情饮酒，随意啖肴，醉饱而散。其嗟叹："中国为神仙！"以裴矩用心用力，隋炀帝表扬曰："裴矩大识朕意，凡所陈奏，皆朕之成算。"

西域诸国是隋炀帝扬德之重点，也是取得异品之重点，遂遣裴矩协助将军薛世雄在伊吾营造一城。裴矩告诉诸国，往来贸易，其途长远，所以在此建一城，图的是方便。诸国信以为然，不复来此角逐争胜。裴矩返，隋炀帝赐钱四十万。

当时突厥分为处罗可汗和射匮可汗，以射匮失职，就归附了处罗。隋炀帝巡狩河西，处罗自以为强，竟没有觐见，上颇为恼怒。

在此愤恨之际，射匮便派使者会隋炀帝，希望结盟。裴矩灵机一动，建议隋炀帝用反间计，使射匮潜攻处罗，以分裂突厥，削其强为弱。上欣然采纳，令裴矩晓谕射匮。射匮遂派使者觐见隋炀帝，盼有支持。上承诺发兵诛处罗，当成婚姻，并立射匮为大可汗。得使者之讯，射匮大喜，兴师攻处罗。处罗不防，当然惨遭打击。不过没有死，其亡奔而去，终于领数千骑逃至高昌东界一个山中。

处罗其母为向氏，本是中国人，以突厥动乱，流寓京师。裴矩遵隋炀帝之命，骏逸京师，接向氏至玉门关晋昌城，并请向氏邀其子。于是处罗就抵晋昌城朝献，不过辄有怏怏之色。

一年以后，处罗至涿郡临朔宫觐见隋炀帝。其稽首而拜，之后从征高丽。

丝绸之路沿线诸国多通隋，唯天竺与拂菻不通，隋炀帝胸存深怨。遗憾天下外有外争，内有内反，到底不如意。

有鲜卑人宇文化及，在公元618年闪电兵变，杀了隋炀帝。灿烂的西域之梦，隋炀帝也就做完了。

江山易手，然而裴矩始终不倒。宇文化及僭皇帝位，裴矩仍为贵官，拜尚书右仆射，加封光禄大夫。窦建德立国，裴矩还是贵官，拜吏部尚书，寻转尚书右仆射。一旦李渊建唐，裴矩依然当贵官，拜左庶子，旋迁詹事、民部尚书。李世民登基，闻大臣有受贿的，惊叹不已，自己也半信半疑。为判定真假，他令人以财物诱试大臣，发现还真有收绢一匹的。唐太宗震怒，欲斩之。裴矩认为上以财物诱试大臣品质并不妥，曰："恐非导道齐礼之义。"唐太宗纳其言，赞裴矩。

司马迁曰："三晋多权变之士。"观其裴氏，诚然，诚然！

李靖大破突厥

李靖大破突厥，使其不得不成为唐的属国，丝绸之路的一个严重障碍便消除了。当然，突厥叛唐犯唐这种事，还将一再发生，也许还将有突厥别部自立为可汗的。不过李靖之得胜，已经摧毁了突厥的主体。

突厥是怎样一个国族呢？资料显示，突厥为杂胡，阿史那氏，曾经游牧平凉一带。鲜卑人在公元 5 世纪 20 年代崛起，建立了北魏。大约十年以后，北魏太武帝灭沮渠氏。阿史那氏见势不妙，便放弃平凉，领其部落五百家扬鞭而去，投奔了茹茹，柔然也，并世居金山。金山之形如兜鍪，兜鍪俗呼突厥，遂以此为号。也有认为阿史那氏是狼之子，所以突厥的牙门标有狼的头纛。其食肉饮酪，贱老贵壮，工于铁器，善骑射，性残忍，男女之关系规定甚严，对淫乱之徒，会割势或腰斩。

突厥在金山一带渐渐发展，就有了称霸之意。公元 6 世纪 40

年代，北魏亡了，突厥便在铁勒讨伐柔然之际，半路出击，以歼铁勒。突厥素臣柔然，一旦强盛，遂向柔然请婚。柔然拒之，突厥就打柔然，破之。有阿史那土门，在公元552年自谓伊利可汗，突厥汗国便建起来了。

突厥乘胜西战挹怛，东逼契丹，北方草原诸国悉归其所有，接着就要进入中原。大约公元6世纪30年代以后，突厥随西魏攻东魏之际，到了太原一带。北周和北齐皆弱，就向突厥争嫁女子为妻，以获安全。有佗钵可汗对其大臣说："我在南两儿常孝顺，何患贫也！"所谓两儿，指北周和北齐，足见突厥之气焰。

佗钵可汗死，沙钵略可汗立，拥兵四十万。当此之际，公元581年，隋刚刚诞生，突厥甚为猖獗，当然会大寇边境。凡武威、天水、安定、金城、上郡、弘化、延安，悉遭掠夺。百姓之家，或有六畜，无不被劫。

隋不但统一了中原，而且将统一江南，这使突厥惊恐，因为它明白，一个强大的隋帝国必将压缩自己的生存空间。

北周的千金公主，初为佗钵可汗妻，又为沙钵略可汗妻。隋取代北周，她在感情上和利益上显然都难以接受，从而常怀亡隋之心，日夜进言沙钵略可汗，劝其攻隋。

隋军不得不出塞反击，不过主要是利用西突厥与突厥的矛盾对突厥进行分化。隋有使者往西突厥去订交，于是其达头可汗就扰攘沙钵略可汗。突厥受西突厥之困，遂向隋既示小，又示好，以取得支持，隋便由被动变为主动。

公元584年，遵隋文帝之命，虞庆则出使突厥，终于使沙钵略可汗向隋称臣。两年以后，突厥不但为西突厥所迫，也为契丹所抑。其左右不爽，就只能诉之于隋，请求隋允许其迁大漠以南，寄居白道川，今之内蒙古呼和浩特以北的白道溪一带。隋文帝同意，沙钵略可汗便大喜，再三称颂隋皇帝，并承诺永为藩辅。以隋为君，突厥为臣，遂赐北周的千金公主杨姓，改封其为大义公主。

公元587年，沙钵略可汗派其子朝献了方物，自己也以在恒山一带狩猎为乐。可惜他的牙帐失火，情绪骤坏，竟沮丧而死。叶护可汗立，旋有都蓝可汗，沙钵略可汗之子，取代了叶护可汗。不过他们皆臣隋，并置市发展贸易。

突厥毕竟属于潜在的威胁，这也是隋知道的，尤其是大义公主，尽管得杨姓，不过她仍持覆隋之志。她与西突厥泥利可汗勾结，并向其施加影响，图谋害隋。会其私通下吏，隋文帝就把她废黜了。不过她活着，究竟是祸。怎么办？除掉！这当然要有机会。

染干是沙钵略的另一个儿子，为突利可汗，在大漠以北游牧，希望结亲于隋，便派使者请婚。隋文帝答应了，不过交给他了一个任务，就是诛大义公主。突利可汗明白需要有所表示，遂领受其意。他向都蓝可汗谮之，想借刀斩妇。都蓝可汗与突利可汗为兄弟，是可以交流信息的。忽闻大义公主私通下吏，都蓝可汗一怒冲冠，便在帷帐之中杀了她。

都蓝可汗与突利可汗虽然各为其王，总是兄弟，也许有一天会携手攻隋的。怎么办？离间都蓝可汗与突利可汗，当是削弱突厥的妙计。公元597年，突利可汗请婚成功，娶了安义公主。隋礼甚厚，并遣使者数往。突利可汗得意，也派使者屡来入朝献，共计三百七十回。彼此往来如此频繁，刺激了都蓝可汗，其生气地说："我，大可汗也，反不如染干！"不但断绝朝献，而且一再侵境。都蓝可汗也打突利可汗，于是突利可汗就更依赖隋，突厥遂继续撕裂。

隋文帝封染干为启民可汗，并在朔州筑大利城，使其移居。启民可汗表示："奉事至尊，不敢违法。"安义公主卒，隋又以义成公主妻之，这便牢牢把握了启民可汗，它也催化都蓝可汗的部众多有内属。

为形势所逼，都蓝可汗与西突厥达头可汗窜通攻隋，隋军出塞反击。隋军未至，都蓝可汗已经为麾下所杀。都蓝可汗死，达头可汗竟自谓步迦可汗，一时成了西突厥和突厥都蓝可汗部众的共主。其猛攻启民可汗，以达到统一。对此，隋不会无动于衷，反之，是要支持启民可汗的。公元601年，隋军与启民可汗联合作战，于是步迦可汗所笼络的突厥都蓝可汗之部众就四散而去。难道让其自由流浪吗？不。启民可汗随之收纳。所谓的共主已经无法控制局面，步迦可汗遂投奔吐谷浑，大约在公元610年卒。西突厥步迦可汗之部众也多为启民可汗所收纳，似乎又产生了一个共主。如果是，那么它也毕竟归附了隋。

隋炀帝面对的是一个相对平稳并顺从的突厥，启民可汗一再朝献。隋炀帝巡视榆林郡，启民可汗也至行宫觐见，并献马三千匹。

上大悦，赐帛品一万两千段。启民可汗激动地说："臣今非是旧日边地突厥可汗，臣即是至尊臣民。"

启民可汗于公元609年死，其子咄吉世嗣位，为始毕可汗。始毕可汗提出想娶公主为妻，上指示从俗处理。始毕可汗也是殷勤朝献，显然都很正常。

公元615年的一天，大臣裴矩灵机一动，建议再撕裂一次突厥，隋炀帝同意。具体措施，一是暗结始毕可汗之弟叱吉设，二是谋害始毕可汗所宠信的军师史蜀胡悉。

此举惹恼了始毕可汗，其顿然拒贡。不仅如此，隋炀帝巡狩雁门，始毕可汗还率兵十九余万布局包围，意在歼之。隋军速到，义成公主也暗中用计，称北方恐有不测，始毕可汗才引去，从而解除了危难。不过突厥一旦翻脸，必要越界。

隋有天下三十八年，对突厥的基本战略是分化，反复撕裂，使其无力占领中原。尽管隋也曾经兴师，反击两次，不过并未灭之。显然，突厥是一个在北方保持实力的国族。

天下忽然大乱，各路豪杰纷纷起义，无不想当皇帝，坐江山。得意的是李渊，他在公元618年以长安为国都，建立了唐。

当中原混战的时候，突厥的军力迅速发展壮大。控弦百余万，足见突厥之强盛。此间，起码有汉民几十万投奔突厥，甚至揭竿而起之士，包括薛举、窦建德、王世充、刘武周、梁师都、李轨、高开道，无不向突厥称臣，受可汗之号，以获突厥的支持。其顷刻为霸，从而东自契丹、室韦，西至吐谷浑、高昌，皆唯突厥之旌是瞻，因为这些国族都依靠了突厥。

李渊也不得不屈尊，称臣于突厥，以争取援助。他率众从太原出发，至龙门，关键之际，始毕可汗派兵五百，赠马两千，扩充了李渊的队伍，使其顺利进入关中。

唐高祖不抹杀突厥的援助，对始毕可汗大有所赏，算是一种报答吧。遗憾始毕可汗根本不满足于财宝，其高视阴山，觊觎着中原。

始毕可汗死，突厥出现政权更迭。在处罗可汗短暂号令以后，启民可汗的三子，处罗可汗之弟，颉利可汗执政。其继承父兄之资，深存冯陵中国之念，以掌丝绸之路。

公元620年，是唐高祖武德三年，西突厥可汗和高昌王派使者朝献。突厥当时还是处罗可汗执政，他也派使者至长安，送了条支的巨鸟。然而颉利可汗一旦统治突厥，便拘捕唐使者并袭唐。

公元621年，颉利可汗率兵攻雁门。公元622年，颉利可汗又攻朔州，又攻并州。其骑五万，浩浩荡荡矣！此年军阀刘黑闼寇山东，突厥也出兵呼应。公元623年，颉利可汗再攻朔州。此年军阀高开道寇幽州，突厥仍有行动。公元624年，颉利可汗与突利可汗联合攻唐，既寇幽州，又寇并州，几乎欲犯长安，京师不得不戒严。公元625年，颉利可汗率兵十余万，肆掠朔州，猛击太原，其他突厥也犯定州。公元626年，唐高祖见突厥气焰甚烈，遂命州县修筑城隍以备突厥。玄武门发生秦王李世民杀其皇太子李建成和齐王李元吉以后，颉利可汗判断有机可乘，就率兵十余万攻泾州，又攻武功，进逼高陵。颉利可汗率兵徘徊渭水便桥以北，环顾长安城。其心何野矣！

唐高祖以天下初定，对突厥一再忍让，这使其误以为唐可以吞并。颉利可汗屡屡寇边，唐高祖也不过是防御而已。皇太子李建成和秦王李世民也频频出兵，齐王李元吉偶尔也会领命作战，然而多是备虏。也有真打，共计两次。一次是公元 622 年，有定襄王李大恩获悉突厥饥荒，建议唐军夺取马邑，可惜不成，李阵亡，王师败绩；一次是公元 625 年，并州道总管张公瑾与突厥在太谷交锋，也不顺，王师仍败绩。

唐高祖知道唐弱，遂行防御之计。在颉利可汗与突利可汗联合侵犯以后，有大臣建议，突厥侵唐，是因为长安有年轻女子藏着，若不以长安为国都，那么攻唐自止。唐高祖相信了，竟令中书侍郎宇文士及寻找可以安居之地，以迁国都。幸而唐有秦王李世民，他极谏不能迁之。他提出要打突厥，说：“霍去病，汉廷之将帅耳，犹且志灭匈奴。”

李世民也要灭突厥，不过此任务将由李靖完成。

秦王摇身为唐太宗以后，立即改变了唐高祖对突厥的防御政策。打突厥，是从唐太宗指示行军总管尉迟敬德开始的。有一次，颉利可汗寇泾州，突利可汗也参加了劫盗。这可以忍让吗？不，唐太宗令尉迟敬德迎击，唐将军便率兵至泾阳，斩首千余级，是为捷报。

现在，颉利可汗率兵十余万，在渭水便桥以北望着长安城，颇为彷徨，因为他不清楚唐军的实力如何。其再三斟酌，就派重臣执失思力以朝献为觇，来者当然要吹嘘突厥之强了。

唐太宗毫不客气，当着执失思力的面，斥责颉利可汗的负约，接着囚他于门下省。唐太宗遂带六骑，出玄武门，至渭水，隔津警告颉利可汗负约了。颉利可汗很是茫然，顷见唐军汹汹而来，又念执失思力未返，忧患顿起，便向唐太宗请和，上同意。

按彼此的商定，几天以后，唐太宗与颉利可汗再到便桥来，行了白马之盟，突厥引退。过了一些日子，颉利可汗派使者向唐太宗赠马三千匹、羊一万头，然而上不接受。唐太宗向使者提出，颉利可汗应该放还所掠中国人。

白马之盟只是唐太宗的缓兵之计，其目的是平突厥，这当然是需要准备的。公元627年和公元628年，边境相当安定。此间，龟兹、高昌和党项皆有所贡，靺鞨和契丹都为内属。

唐的地缘政治环境越来越好，但突厥的情况却越来越糟，凡它的部众，素在阴山以北的，薛延陀、回纥、拔也古，一一背叛。突利可汗是颉利可汗之侄，虽然曾经遵示攻唐，不过他对颉利可汗也久存疑忌。颉利可汗见部众多逆，就派突利可汗镇之。以其败绩，竟惹颉利可汗之怒，遂拘突利可汗十余日。突利可汗也便有了背叛之思，并派使者至长安，建议唐军打之。

此间，唐太宗无日不在殿前教射，以使王师精锐，大破突厥。

公元629年，薛延陀自称可汗，随之派使者至长安贡方物。西突厥风止草静，也有朝献。当此之际，颉利可汗娶了唐公主，就修其婿礼，以做唐臣。

突厥已经盛极必衰，这时候不征伐突厥，何日征伐！

唐遂大幅动员，集中优势，以打突厥。一个目标，兵出五道：兵部尚书李靖和代州都督张公瑾出定襄道；并州都督李勣和右武卫将军丘行恭出通汉道；左武卫大将军柴绍出金河道；卫孝节出恒安道，薛万彻出畅武道。五道并进，悉由李靖节度。节度者，调动且指挥也。

李靖是雍州三原人，今之陕西三原人。其出身官宦之家，相貌伟岸，志存高远，颇具智谋。先仕隋，后入秦王李世民幕府，以平定割据势力表现了卓越的军事才能，尤以江陵降萧铣，岭南之安抚，在丹阳之灭辅公祏，毕显其运筹。

李靖也有打突厥的经验，对突厥并不陌生。公元 625 年，颉利可汗率兵十万攻太原，唐高祖命李靖任行军总管，统其江淮兵一万余屯太古。驻扎太古的，还有其他唐军。突厥势大力猛，唐军多不赢，有的尽覆，唯李靖所统江淮兵得全。公元 626 年，颉利可汗又率兵侵犯。其入泾阳，长安便受威胁。当时的皇太子李世民令李靖为灵州道行军总管迎击，其日夜兼程，长趋灵州，以断突厥的归路。由于白马之盟，才避免了交锋。

唐太宗知道李靖的杰出，就拜刑部尚书，至公元 629 年，拜兵部尚书，是想让其率兵灭突厥。

唐军兵出五道，大地震恐。过去为突厥所掠的汉民，遂入塞而归。到了冬天，突利可汗及其部众也投奔而来。其他突厥也纷纷内属，唐政府便开四夷为州县。户部资料显示，凡男女足有一百二十万在这一度入唐，它也证明突厥已经空洞且萎缩。

公元630年，当是正月，李靖率兵三千骑，径至恶阳岭，今之内蒙古和林格尔，以夜袭定襄。

有康苏密，是颉利可汗的心腹，李靖派间谍设法捕之，从而得到了一些情报。康苏密还携隋皇后萧氏及隋炀帝的孙子杨正道而降。唐军接收，送至长安。

颉利可汗不料唐军骤涌，惊惧不堪，就率兵数万，弃牙帐而逃。其牙帐置于定襄，今之内蒙古清水河向北一带。李靖率兵攻之，大破。颉利可汗往碛口去，不过挣脱一时，难保一生，因为李靖是要歼之的。

遵李靖之命，苏定方领二百骑为前锋，赴碛口。到碛口只有一里路的时候，雾息而旌出，苏定方遂击杀数十百。李靖率兵赶来，也多有所得。遗憾颉利可汗又挣脱而逃，遁至铁山，今之内蒙古白云鄂博一带。

颉利可汗仿佛困兽，无计可施，便不得不派重臣执失思力谒天子以谢罪，并提出让整个国族归附于唐。可以，唐太宗便令李靖迎之并接受。但颉利可汗却迟迟不行动，似乎仍在选择。于是唐太宗就遣鸿胪寺少卿唐俭和将军安修仁持节见颉利可汗，安抚并劝其迅速归附。

李靖分析了颉利可汗的精神状态，认为有唐俭和安修仁在其牙帐，他一定会放松警惕。李靖对张公瑾说：“诏使到，虏必自安，若万骑赍二十二日粮，自白道袭之，必得所欲。”张认为唐俭正在慰谕，袭之不宜。李靖坚持自己的主张说：“此兵机也，时不可失。”他愿取韩信灭田横之策，遂疾驰而进。部队到了阴山，发现有突厥的侦探，竟有千百。唐军尽俘，随之而行。

颉利可汗欣然接待唐俭和安修仁一行，以交涉归附之事。唐军忽至，是绝对出乎他意料的。李靖率兵逼近牙帐十五里之际，颉利可汗才发觉，就丢下唐俭和安修仁，纵马而去。他一走，其部众便涣散，溃不成军。李靖斩首万余级，获男女十余万，杀隋的义成公主，颉利可汗之妻，突厥遂灭。

颉利可汗骑千里马，跑向西突厥。他有从侄阿史那贺鲁为西突厥叶护，游牧多罗斯川一带，今之新疆富蕴阿尔泰山南麓的额尔齐斯河源头。大约在唐高宗永徽年间，阿史那贺鲁自立为西突厥沙钵罗可汗。颉利可汗投奔阿史那贺鲁，以获安全。不虞三月，有大同道行军副总管张宝相率兵追讨，到了阿史那贺鲁的辖区。生擒颉利可汗之后，送至京师，告于太庙。唐太宗驾临顺天门，有军吏押着颉利可汗向上献俘，表示胜利。

至此，唐太宗便为天可汗，这是诸蕃所请的尊号。

突厥之为国族，归附于唐。初居河曲，又迁河北，以复恢其土，守唐之边境。唐命阿史那思摩领之，共计十万余，可惜阿史那思摩不能镇抚其众。唐就置其于胜州和夏州之间，任其衰矣。

在中国历史上，只有突厥和西突厥。东突厥并不存在，东突厥是虚构的。

王玄策战天竺

王玄策出使天竺究竟是三次还是四次，并不重要，重要的是他屡往天竺去，每至必弘唐之威德，并有效疏通着南亚次大陆方向的丝绸之路。

有一个故事传播甚广，凡治印度学的莫不熟悉，连法国汉学家西尔万·列维也专有研究，这就是王玄策从天竺返长安，执阿罗那顺至长安，献俘于太极宫阙下。

大约公元646年，王玄策任右卫率府长史，蒋师仁为副使，共三十人，受遣出使天竺。旦夕祸福，事不顺利。尚未入境，中天竺摩伽陀王尸罗逸多死，秩序顿乱。有大臣那伏帝阿罗那顺竟篡权为王，旋踵执政。

在中天竺发生政权更迭，也并不奇怪，何处没有政权更迭呢？难以理解的是，阿罗那顺悍然发兵，强拒王玄策一行。冲突遂起，随从几十人当然不敌天竺兵，几乎尽殁，沿线诸国送唐之物也皆遭剽掠。

好在王玄策和蒋师仁都能保命而走，真是幸运。王玄策挺身骏奔，至吐蕃，得到吐蕃王弃宗弄赞之助，获兵一千二百人，又得到泥婆罗王那陵提婆的支持，获兵七千人。吐蕃和泥婆罗派兵支援王玄策，显然因为唐帝国的伟大。在他们看起来，王玄策是唐的使者，代表着唐天子，非等闲之辈。

获兵以后，王玄策受到鼓舞，便调头进军，突袭中天竺重要城市茶镈和罗城。冲锋与防御，激战三日，王玄策终于破之，斩首三千级。有万人仓皇逃命，溺水而亡。

阿婆那顺委国而去，欲寻机整合部队，再布兵反击。蒋师仁跟踪追迹，活捉阿罗那顺，并俘斩千人。有一条乾陀卫江，汹涌澎湃，阿罗那顺之妻视之为天堑，竟领其游勇，借水阻止。蒋师仁发奋勇而攻，天竺残余不得不溃。联军活捉阿罗那顺之妻之子，又虏其男女一万二千人，又收其杂畜三万头，降其邑五百八十座，是谓辉煌的胜利。

王玄策的壮举让天竺震惧！东天竺王尸鸠摩积极慰问，送牛马三万头，以馈王玄策所领之部队，又送了弓、刀和宝璎珞。天竺之属国伽没路，也赶紧送方物，送地图，还请老子像以示敬。

公元648年，王玄策拘阿罗那顺，翻山越岭，凯旋京师。唐太宗感慨曰："夫人耳目玩声色，口鼻耽臭味，此败德之原也。婆罗门不劫吾使者，宁至俘虏邪？"王玄策有功，擢朝散大夫。

天竺曾经内乱，分中天竺、东天竺、南天竺、西天竺和北天竺。中天竺富裕，通大秦。尸罗逸多掌中天竺，练兵兴师，志在统一。历六年之战，诸天竺咸服之于中天竺。

尸罗逸多能力甚强，结束了天竺的裂土状态。尸罗逸多也颇为开明，玄奘学佛至天竺，尸罗逸多还召见了他。以闻唐有颂秦王的破阵之乐，就向玄奘了解唐太宗，并恳切致礼。

公元641年，尸罗逸多派使者至长安，以发展摩伽陀与唐的关系。唐太宗很高兴，遂命云骑尉梁怀璥持节慰抚。公元643年，尸罗逸多又派使者到长安来，足见对唐的重视。有来有往为大道，于是唐太宗就计划遣使者赴天竺。

王玄策第一次出使天竺，时间是公元643年。唐太宗命朝散大夫卫尉寺丞上护军李义表至天竺，王玄策任副使。实际上是送尸罗逸多的使者归去，也是对摩伽陀的答谢。

唐使者抵摩伽陀，便有大臣以礼貌郊迎。人皆为奇，也纷纭围观。唐使者所经之处，焚香点点，气氛隆重。摩伽陀王尸罗逸多率群臣面东肃立，接收了唐太宗之诏，就赠火珠、郁金香和菩提树。唐使者遂在摩伽陀巡省佛迹，或行或止，感慨连连。

公元645年，唐使者进王舍城，登耆阇崛山，也就是鹫头山或灵鹫山，当为释迦牟尼修行之道场。有一次，释迦牟尼准备沐浴于池，便脱了袍子，不料有鹫掠空而来，衔袈裟而飞，俄顷又堕袈裟于地，化之为石，是谓袈裟石。虽然神化了，唐使者也不禁喟然，就选耆阇崛山一崖作铭曰：“驰大唐之淳化，齐天地之久长。”唐使者还在摩诃菩提寺立碑曰：“大唐牢笼六合，道冠百王。”

唐使者出使天竺，往来都过泥婆罗，其王那陵提婆十分喜悦，并带唐使者一见著名的阿耆婆沵池。几年以后，王玄策向泥婆罗请兵打阿罗那顺，此当为基础。

王玄策第三次出使天竺，时间是公元 657 年。王玄策任右卫率府长史，遵唐高宗之示往西国去送袈裟。所谓西国，指佛教发源及初传诸国。

王玄策的团队过泥婆罗，遇一个所谓的水火池，也许就是温泉吧，遂支起锅，煮饭而食。公元 659 年，至婆栗阇，看了一场杂技，有五女耍刀、走绳，颇为精彩。公元 660 年，至摩诃菩提寺，有主持戒龙为王玄策设大会，并赠华毡和食器。惜别之际，为王玄策饯行，又同行五里，彼此泣涕分手。公元 661 年，至罽宾，再至吠舍厘，春日返长安。

王玄策从唐高宗之命，带法师玄照由天竺还唐，并请释迦牟尼顶骨一片，供养于宫室。世事变幻，不知道此顶骨之所终。

王玄策第四次出使天竺不可考。我能判断的是，为拓广丝绸之路，他三次出使天竺，足以永垂青史了。

王畯智胜吐蕃

我想把王畯放在唐与吐蕃交战二百余年的历史背景之中，表现其用兵之奇。

当唐在东方出现的时候，吐蕃迅速在今之青藏高原一带崛起。即使不是克星，吐蕃也属于一个消耗着唐的巨大的麻烦。

吐蕃为国族，其生成颇具复杂性。或曰是猕猴与岩魔女所育，或曰是发羌的子孙，或曰是鲜卑南凉秃髪利鹿孤之后，他的儿子樊尼率众济黄河，逾积石，当了移民。

吐蕃之为国族，其性格也颇具原始性。他们组织严密，团体坚固，重酷刑，能协力，剽悍，尚武，不怕死。

吐蕃实际上由松赞干布，也就是弃宗弄赞所缔造。不过他的父亲囊日论赞已经在整合吐蕃了，只是半途而殁，没有成功。公元629年，松赞干布嗣其王位，这时候正是唐太宗贞观三年，有唐一代蓬勃发展之际。松赞干布胸怀大志，唐太宗也君临天下而欲平之。

松赞干布有大臣禄东赞，也就是噶尔·东赞，一个又聪明又坚毅又谨重的人。吐蕃先与泥婆罗和亲，后与唐和亲，都有禄东赞的运筹。在禄东赞父子的帮助下，松赞干布不仅稳定了内政，而且拓展了外壤，所谓苏毗、羊同、党项和嘉良夷，皆为吐蕃所掌。松赞干布逝世，赞普幼小，遂由禄东赞辅弼。禄东赞显然成了主导，任国相，也就是大论。以他的推动，吐蕃放肆扩张，吞并了白兰、白狗、春桑、附国诸羌，尽占党项所遗之土，尤其是在公元670年，吐蕃完全吞并了吐谷浑，其辖区从千里拓到万里之余。自汉以来，西域诸国盛若吐蕃，未之有也。

一旦吐蕃临唐，便会寇边。吐蕃的野心是破陇右，断河西，取得北庭和安西，以控制丝绸之路的贸易。

突厥、吐蕃、回鹘和大食，是唐之四祸，其中以吐蕃为贪且为狠。除了文化元素以外，它的地理位置也特殊：攻唐居高临下，但唐攻吐蕃却要登其高原，由于高原易寒，缺氧，便颇费士卒体能，辎重也难以运输。总之，唐对吐蕃几乎不能深入作战。

吐蕃有一贯的战略，往往是先寇边，以蚕食唐的军镇，就是兵营、据点或要塞，再长驱直入，破陇右，断河西，甚至扰攘关中，以得长安。唐对吐蕃的战术机智而诡诈，但其战略却显得随意和零乱。战不全胜，和不长期，或战或和，也有分歧，就时战时和，一直为吐蕃所牵制。吐蕃总是战之后请和，请和之后又战，反反复复。上都才见玉帛，近郊遂现烽火。八次会盟，一再划界。申甥舅之情，或宰牲祭神，或指天起誓，皆为荒诞。问题是，这所有的一切，吐蕃主动，唐被动。

吐蕃据有丝绸之路这一沿线的野心，在安史之乱以后几十年终于实现。凡陇右、河西、北庭和安西，尽为吐蕃所侵占。其数闯关中，一入长安，何等猖狂！

然而，凡以武力所聚的国族，总会以文化之弱和制度之恶，把自己拖至争权夺利的暗道，其结局往往是突然分裂并瓦解。吐蕃就是这样。吐蕃不是这样吗？

公元842年，赞普朗达玛以灭佛惹祸，佛教徒拉隆·贝吉多杰杀了他。朗达玛之妻拥立其兄的儿子乞离胡为赞普，但朗达玛的大臣却拥立他的另一妻所生的儿子俄松为赞普，分裂顿起。随之是部众离散，军官称雄，奴隶起义。至公元877年，几位领导奴隶起义的头目挖了吐蕃赞普的陵墓，瓜分葬物。以此为标志，吐蕃由分裂而衰落，乃至崩溃。

由松赞干布至朗达玛，吐蕃计有二百一十三年。

趁吐蕃内乱之机，在河西的吐蕃人遭到驱逐。张议潮是沙洲富豪，素有威望，其率众于公元848年收复了沙洲，接着收复瓜州，到公元861年，又收复了凉州。至此，河西悉归唐有。沙洲，就是今之甘肃敦煌。

不过黄昏也已经降临唐长安城的天街，因为仅仅四十六年以后，唐便亡了。

考察唐与吐蕃之交战，二百余年，几乎随同了唐与吐蕃的兴灭。唐的表现，在不同阶段具不同的状态，这既涉及唐不同的皇帝，又涉及吐蕃不同的政策。唐太宗嫁文成公主，唐与吐蕃之关系遂有稳定，但唐中宗嫁了金城公主却未保证安宁。吐蕃大举攻唐，发生在唐高宗时，其不得不一罢安西四镇，二罢安西四镇，总体胜负相当，处于守势。女皇帝武则天时，唐对吐蕃连连反击。反击之势甚强，尽管也曾经丧失龟兹、碎叶、于阗和疏勒，然而唐终于又收复此安西四镇，且置安西都护府于龟兹。不过吐蕃野心犹存，只是在缓气而已。唐玄宗时，唐与吐蕃的争斗主要在陇右、河西和西域，反击之势更猛。经过多次奋击，唐收复了河湟九曲，从而处于陇右和河西交战的上风。在西域，一破小勃律，再灭竭师国，三平大勃律和播仙，于是为吐蕃所治的西域诸国就统统反之，咸从唐命矣！到这里，吐蕃受挫，沦为劣势，唐上至顶峰。

王晙就是唐玄宗时的一个将军。

唐有几十位将军率兵打吐蕃，贯穿了彼此交战的始终。我有强烈的兴趣录其姓名，略示我的敬意。当然，囿于知识，遗珠怕也难免。他们是：侯君集、执失思力、牛进达、刘兰、薛仁贵、阿史那道真、郭待封、李敬贤、刘审礼、黑齿常之、韦待价、阎温古、岑长倩、王孝杰、娄师德、唐休璟、陈大慈、李知古、薛讷、王晙、王海宾、郭知运、王君㚟、张孝嵩、萧嵩、张守珪、张忠亮、王袆、黄甫惟明、崔希逸、萧炅、杜希望、王昱、张宥、章仇兼琼、盖嘉运、高仙芝、王忠嗣、哥舒翰、郭子仪、殷仲卿、杨志烈、马璘、崔宁、李晟、王有道、韩全义、韦皋、郝玼、田缙、史敬奉、李文悦、李祐、李听、李进诚。唐将军有捷报，也有败绩，捷报会多一些，因为吐蕃所掠之土，毕竟有所收复。

唐玄宗时，将军征伐最多，至少有二十一位，战果也最辉煌。王晙就是唐玄宗执政之初的一位将军，颇为杰出。

公元 714 年，吐蕃有精锐之兵十万进攻临洮军。所谓临洮军，就是驻扎在今之甘肃临洮一带的守疆部队。吐蕃之兵由大将坌达延、乞力徐指挥，其击临洮军以后，又寇兰州和渭州，并犯渭源县。他们到处冲杀，随之抢夺牧者及其羊马而去。

是可忍也，孰不可忍也！唐玄宗命太仆少卿、陇右群牧使王晙和陇右防御使薛讷率兵反击。为展示唐帝国的必胜意志，唐玄宗还下令招募将士，准备亲征。李隆基刚刚登基，不足三十岁，英姿勃勃，威风凛凛，急欲以明君和强君之形象呈现于天下。

王晙生于沧州景城，今之河北沧州一带，之后迁洛阳而居。二十岁左右参加科举考试，以明经擢第，进入唐政府工作。他是一个文化官员，历任清苑县尉、殿中侍御史、加朝散大夫、渭南令、桂州都督、鸿胪寺少卿、朔方军副大总管、兼安北大都护、太仆寺少卿、陇右群牧使。其累迁户部尚书，复任朔方军节度使。逝世以后，追赠尚书左丞相，谥曰忠烈。

此人曾经为朔方军副将军韩思忠辩护，使韩免罪，足见王晙之正直。其在桂州主持工作，修堤治水，屯田数千顷，从而改变了过去运粮至此以为军用的格局，百姓尤其获利。治区政通闾宁，乡民立碑颂之。

王晙身材魁梧，有熊虎之状，性慕义慷慨，具先贤之风。

薛讷是薛仁贵之子，素有军事见识，寡言沉勇，往往临危而益壮。

接到指示，王晙率兵两千，日夜兼程，骏奔临洮，以助临洮军。大来谷在今之甘肃临洮武街以南，公元714年，此地曾经有雄强的吐蕃部队集结。王晙知道不可蛮打，遂选壮士七百，都换上了吐蕃衣服，意在夜袭。壮士前边一部分，后边一部分，分开行动，前后拉开五里路的距离。按约定，前边的唐军遇到吐蕃要疾喊，后边的唐军当击鼓呼应。唐军穿着吐蕃的衣服，又有昏天黑地掩护，吐蕃大惧，又难以判断，以为遭到重围，便自己杀自己以突破，死者近万。

薛讷率兵至渭源县，在武阶驿讨伐吐蕃。武阶驿与大来谷是两个战场，这就构成掎角之势，牵制了吐蕃。在王晙与薛讷之间，吐蕃兵众连绵数十里，战斗激烈至极。为防薛讷陷阵不利，王晙调兵驰援。一旦王晙与薛讷联合对付吐蕃，其状顷颓。

吐蕃余部跑向洮水，不料在长城堡受到唐军阻击。有丰安军使王海宾为先锋，竟为吐蕃所亡。王晙率兵攻过来，大破吐蕃，灭之达万，又活捉吐蕃大将六指乡弥洪，获其器械，尽收其所掠羊马。吐蕃还有继续向洮水而逃的，可惜他们死伤一片，尸体或卧或躺，纵横相枕，洮水为之不流。

捷报传到长安，唐玄宗大悦，遂罢了亲征。上以有功，授王晙银青光禄大夫，封清源县男，兼原州都督，并拜其子为朝散大夫。薛讷也有功，上也奖了他。

唐与吐蕃干戈频动二百余年，我有感于王晙以智而胜，向其致敬。

高仙芝惨负大食

恒罗斯，或曰塔拉斯一带，或曰江布尔城一带，在葱岭以西，属于中亚，今之哈萨克斯坦辖区。

公元 751 年，唐军由安西节度使、开府仪同三司高仙芝指挥，大食由艾布·穆斯林指挥，彼此大战于怛罗斯。实际上这时候的大食应该是黑衣大食，已经取代了白衣大食。白衣大食为阿拉伯帝国倭马亚王朝，黑衣大食为阿拉伯帝国阿拔斯王朝。艾布·穆斯林任呼罗珊总督，具军事才能。

结果是，唐军惨负。唐军至少有兵三万，其中大约二万为汉民，还有大约一万由葛逻禄人和拔汗那人组成。唐军与大食在怛罗斯相持五日，终于崩溃。三万士卒几乎全部被杀或被俘，所余数千，狼狈而回。大将军高仙芝、副将军李嗣业得以保命，并获唐玄宗提拔。

怛罗斯惨负以后，唐帝国虽然恢复了安西都护府的武装力量，不过从此以后，唐军在西域鲜有硬仗和胜仗。安史之乱发生，为保江山，唐军能撤的都撤了，西域几近空虚。尽管以大食内乱，尚未尽揽葱岭以西之地，然而丝绸之路的贸易毕竟要经此运作，它对这一沿线的控制就是必然的。

高仙芝的败绩并不偶然。

高仙芝领的是骄兵，遂会轻敌。数年以来，高仙芝屡建奇功。吐蕃嫁了公主给小勃律王，小勃律便归附了吐蕃。它产生的连锁反应是，诸国纷纷向小勃律学习，也为吐蕃臣。唐怎么可以失去在葱岭一带的主导呢？打！遗憾的是，唐军数打吐蕃而不成。公元 747 年，唐玄宗特敕高仙芝为行营节度使，率兵万余，一举平了小勃律，诸国乃服。唐玄宗满意，授高仙芝鸿胪卿、安西四镇节度使、摄御使中丞。班师回朝，又加特进，兼左金吾大将军。公元 750 年，高仙芝再率兵破揭师，更立其王，以使其亲唐。到了这一年的冬天，高仙芝还率兵破了石国。公元 751 年，高仙芝献俘突骑施可汗、吐蕃酋长及公主、揭师王和石国王，是何等辉煌。唐玄宗就再加高仙芝开府仪同三司，寻以其为河西节度使。起码有三捷，非常难得，无怪乎高仙芝也会意气扬扬，以致忘乎所以。

大食自公元 632 年立国以来，大约有百年，对唐还是敬重的。凡唐高宗、周武则天、唐睿宗、唐玄宗开元年间，多有使者朝献。石国臣大食，唐灭石国，大食遂反击唐，显然是会谨慎的，要做充分准备的。

高仙芝对石国的政策甚为伪诈，无信而失道。石国夹在唐与吐蕃之间，左摇右摆，石国对唐尝有朝献，也在艺术方面向长安输入了柘枝舞和胡腾舞，然而其心离意远，终于为吐蕃臣，助益吐蕃控制丝绸之路的贸易，损害了唐的利益。高仙芝与石国议和，也许他会采取严肃态度，并考虑唐的关切，然而高仙芝的议和完全是计。在石国应高仙芝之邀准确会晤的时候，高仙芝乘其松懈，率兵平了石国，虏其王，掠其众，尽杀其老者和弱者，取其宝，扬长而去。不料石国王子得逃，其向西域诸国，主要是向大食倾诉高仙芝的诳诱、残暴和贪婪。诸国皆怒，大食为石国之主，更是气愤，便迅速结盟，打算进攻安西四镇。高仙芝获悉此消息，以为可以先下手为强，就兴师打大食，从而彼此遭遇怛罗斯。大食会觉得它是正义的，所以多助，甚至天助地助，但高仙芝却真是寡助，而且还有人背叛他。

高仙芝是高丽人，姿容颇美，骑射更擅，其性也勇敢果断，可惜文化水平肤浅，精神空间狭窄。在他看起来，似乎打仗主要就是为了军功。平石国以后，他竟劫掠其宝石、黄金、名马、珍奇，据为私有，毫无唐帝国和天可汗的荣誉感。大食迎击高仙芝，显然是反对以大凌小。

高仙芝调遣的部队由汉民、葛逻禄人和拔汗那人组成，有乌合之众的感觉。葛逻禄没有原则，谁强便归附谁。其先属突厥汗国，后属薛延陀汗国，现在为唐所使。它能先叛突厥，后叛薛延陀，现在也能叛唐。果然，高仙芝与大食交锋于怛罗斯，它竟暗中勾结大食，并帮助大食进击唐军。这也是高仙芝惨负的一个重要原因。拔汗那放马于锡尔河中游之谷地，转而随高仙芝打大食，可惜唐帝国的副将军李嗣业似乎不把拔汗那当作自己人。败绩以后，唐军要退守白石岭，由于拔汗那的辎重之车挡住了高仙芝和李嗣业的路，李嗣业恐大食追来，就令士卒拿大棒狠殴，数百拔汗那人挨揍倒毙。唐军这样的结构，能实心实意打仗吗？而大食则显得坚固，尤其它刚刚经过一场改革，甚为精锐。

从安西出发打大食，要逾葱岭，深入七百余里，属于袭远。公元前 627 年，秦穆公命秦军打郑国，上大夫蹇叔谏之曰："劳师以袭远，非所闻也。师劳力竭，远主备之，无乃不可乎？师之所为，郑必知之。勤而无所，必有悖心。且行千里，其谁不知。"秦穆公不听，遂遭晋军围击，彻底覆灭。高仙芝打大食，也是劳师以袭远。他不懂先贤的教诲，所以才有可悲之结果。

在地理上，大食熟悉怛罗斯，但唐对怛罗斯却是陌生的。显然，军事环境对高仙芝也极为不利。哀哉！哀哉！

怛罗斯之惨负，是唐的创伤，也是中国人的一个隐痛！

丝绸之路上的唐都护府

都护府或大都护府，是唐对外的一种权力机构，特点在其行政与军事功能的兼容。

形　势

唐在西域有四个大患：突厥、吐蕃、回鹘、大食。或有亡唐之心，以掌丝绸之路，或乏灭唐之力，然而具控制东西贸易之思。它们无不犯唐，又为唐所用。彼此相争，又勾结抗唐。唐帝国兴师攻之，又嫁公主以和亲。

突厥游牧于阿尔泰山一带，唐高祖起兵之际，曾经得突厥阿史那氏的支援，这也就唤醒了突厥的欲望。其一再寇边，反复劫夺，有时候骑兵竟驰至高陵和泾阳。公元 626 年，突厥颉利可汗率军突袭武功，长安的气氛骤然紧张。

唐太宗即位，纵马出玄武门，至渭，斥责颉利可汗负约。唐太宗义正，颉利可汗遂嘴软，从而议和。然而他的态度不诚，唐军便打突厥。公元 630 年，虏颉利可汗，缚其至长安。论罪当斩，但唐太宗却免其死。可惜他不适应长安的生活，几年之后，忧郁而殁，葬灞河以东。

突厥以此降的降，逃的逃。有阿史那思摩为颉利部的人，唐太宗命其领颉利的残众，居于河曲。阿史那思摩十分感动，流泪对唐太宗说："破亡之余，陛下使存骨旧乡，愿子孙世世事唐，以报厚德。"

阿史那社尔战薛延陀不胜，就率众投奔唐。公元 637 年，上封其为左骁卫大将军。他尚衡阳公主，就是唐高祖之女。阿史那社尔遂为驸马，此婚姻也几近于和亲。

吐蕃世为游牧，久在青藏高原。弃宗弄赞执政之际，西域诸国皆以为臣。不过他敬唐，公元 634 年，派使者朝献。以慕公主，便又派使者求婚，唐太宗不许。弃宗弄赞恼羞成怒，竟发兵寇松州，今之四川松潘。唐军反击，吐蕃败绩而去。弃宗弄赞就改变策略，派使者认错，并大献黄金，坚持求婚，唐太宗遂嫁文成公主。一旦和亲，关系加速密切，便有王玄策请兵之事。

回鹘初为回纥，游牧于漠北。其曾经为突厥臣，叛之，自称回纥。公元 629 年，回纥至长安，以方物朝献。一年以后，又来朝献，唐太宗请其饮，回纥就表示永为唐臣。公元 788 年，得意之中，向唐德宗请求改回纥为回鹘。也许其先是匈奴，难考矣。

大食就是阿拉伯，以穆罕默德兴起伊斯兰教而立国。自公元

632 年以后，渐向中亚发展，康国和石国为其臣。公元 651 年，大食派使者来朝献，在唐玄宗开元初，也还派使者贡马和钿带。然而大食垂涎中国，不久以后便会犯唐。

打下来的都护府

唐在丝绸之路上置有两个都护府，一个是安西都护府，一个是北庭都护府。这两个组织，有时候也升为安西大都护府和北庭大都护府。它们的任务是捍卫丝绸之路的贸易秩序，镇抚西域诸国，以防侵唐。

显然，陇右道不安全，关中就不安全，关中不安全，长安就不安全。

建立都护府容易吗？不！它是打下来的。

西域有高昌，王都在交河城，其一度为车师前王庭。公元 624 年，高昌王曲文泰向高祖赠雌雄狗一对，玲珑可爱，此为礼。唐太宗即位，曲文泰又献狐裘，此也为礼。公元 630 年，曲文泰至长安，会晤了唐太宗，然而唐并没有得到具体的承诺。

高昌处于丝绸之路上的要冲，天山南路之北道，在今之新疆吐鲁番以东的木头沟河三角洲。以其地理位置之利，曲文泰遂比较狂傲。有一次，唐太宗遣使者见曲文泰，其竟说："鹰飞于天，雉窜于蒿，猫游于堂，鼠安于穴，各得其所，岂不活耶！"高昌经常遏绝商贾，西域诸国使者朝献于唐，也往往予以拘留。发现伊吾欲内属，曲文泰便要打击之。

曲文泰对唐的态度忽顺忽逆，唐太宗不悦，就致书曲文泰，希望高昌大臣冠军阿史那矩到长安来议事，但曲文泰却派了一个长史曲雍，显然是轻慢。公元639年，唐太宗接见高昌使者，指出万国来朝，曲文泰不至，暗示要伐之。不过唐太宗还是期待他能醒悟，遂又致书，再召曲文泰，遗憾他竟称疾不至。

公元640年，唐太宗命吏部尚书侯君集率军讨高昌，阿史那社尔也率兵作战。曲文泰十分惶恐，又计无所出，发病而死。其子智盛即位，致书侯君集，以求赦免。侯告之："若能悔祸，宜束手军门。"智盛迟疑，侯君集便指挥吏士抛石攻城。无可奈何，智盛不得不降。

平高昌以后，唐就在高昌设西州，又在西突厥浮图城设庭州，以施唐政。数月之后，在交河城置安西都护府。安西都护府主要针对吐蕃，也防西突厥，辖天山南线。葱岭以西，阿姆河流域之地，当都在它的管理范围。

安西都护府的第一任都护是乔师望。庐陵公主，唐高祖之女，其嫁乔师望，足以证明都护之重要。不过乔有何功，难考矣！第二任都护是郭孝恪，许州人，农民起义出身。在都护任上，他推诚抚御，欢心尽得。焉耆有叛，郭率兵征之。龟兹臣西突厥，又蠢蠢欲动，企图叛唐，唐太宗遂以阿史那社尔为昆丘道行军大总管进攻龟兹，郭孝恪也率兵协同而战。唐军涌现，龟兹王便率其贵官匆匆逃奔。阿史那社尔追击，郭守其城。不料龟兹的相臣那利带兵转身入城，郭孝恪父子皆亡。

然而唐军终于平之，并迁安西都护府于龟兹的王都，今之新疆库车。为有效管理西域，又置四镇：龟兹、焉耆、于阗和疏勒。事在公元 648 年，两年以后，唐太宗崩。

权力交接之日，往往是国家多事之时。公元 650 年，唐高宗登基未定，突厥竟在金山一带作乱，目标是占领庭州。这一年，弃宗弄赞也逝世了，吐蕃就背信弃义，汹汹寇唐。情况不妙，唐高宗遂罢了安西四镇，又迁安西都护府于西州。

瑶池都督阿史那贺鲁发现了机会，便在公元 651 年逆变，自立为突厥可汗，直扑庭州。贺鲁曾经是西突厥叶护，由于权力相争投奔于唐。以贺鲁讨伐龟兹有功，从而得封。不料叛唐，真是其心难知。唐军反击，战斗激烈。公元 656 年，龟兹大将羯猎颠居然也加入贺鲁之列，这使西域的情况变得极其严峻。至公元 657 年，唐高宗遣右屯卫将军苏定方领兵径捣贺鲁之老巢，重击之。贺鲁亡石国，然而唐军终于逮捕了他，执其至长安，向上献俘。公元 658 年，唐又迁安西都护府于龟兹，并恢复安西四镇。唐还乘势加强丝绸之路的建设，史记：“由是修亭障，列蹊隧，定疆畛，问疾收胔，唐之州县极西海矣。”

可惜好景不长，这主要指吐蕃犯唐，企图做西域之主。公元 662 年，吐蕃开始将矛头指向唐。以吐蕃进攻吐谷浑，唐军阻之，从而发生了唐和吐蕃的战争。吐蕃灭吐谷浑，青藏高原几乎尽为其势力范围。公元 665 年，吐蕃及疏勒、弓月联合起来攻于阗，又攻西州。公元 670 年，吐蕃陷龟兹拨换城，今之新疆温宿，基于局面危难，唐不得不又罢安西四镇。

尽管有唐大将军薛仁贵英勇反击，然而吐蕃仍夺取了鄯州、廓州、河州和芳州。阿史那都支曾经是西突厥一个部落酋长，卒为唐高宗所用，任匐延都督。他也突然叛唐，随吐蕃共寇安西都护府。唐高宗考虑再三，遣吏部侍郎裴行俭解决问题。公元 679 年，裴智擒阿史那都支，止西突厥之扰，又置新的安西四镇：龟兹、碎叶、于阗和疏勒。以碎叶代替焉耆，是安西四镇的一个调整。有检校安西都护王方翼随裴行俭作战，并负责营造碎叶城。其为碎叶城置三门，迂回曲折，引向数方，以诡出入。

吐蕃对西域志在必得，遂在公元 686 年大兵进攻，唐再失安西四镇。武则天深以为愤，便任韦待价为安息道行军大总管，率兵奋战吐蕃，并遣安西大都护阎温古予以配合。遗憾唐军不胜，于是武则天就流放韦待价，杀阎温古。

武则天此间虽然忙于改朝换代，不过也没有停止反击吐蕃。公元 689 年，薛怀义任新平道中军大总管，以伐吐蕃。武则天顺利革命，以周代唐，当了女皇帝。公元 691 年，岑长倩任武威道行军大总管，以讨吐蕃。厮杀极烈，可惜安西四镇仍未夺回。

现在，女皇帝的目光落在了王孝杰身上。王是京兆新丰人，以军功而进。唐高宗执政，有一年他伐吐蕃，竟遭逮捕，赞普见之，觉得他的相貌像自己的父亲，不忍斩，遂放了王孝杰。至武则天执政，任他为右鹰扬卫将军，因为其久游吐蕃之地，了解其虚实。唐军反击吐蕃数年不胜，便在公元 692 年任王孝杰为武威道总管，并命阿史那忠节辅佐，愿能告捷。唐军鸣鼓而攻，一举收复了安西四镇。女皇帝高兴，说：“贞观中，西境在四镇，其后不善守，弃之吐蕃。今故土尽复，孝杰功也。”乃迁左卫大将军。几年以后，战吐蕃失利，女皇帝又免了王孝杰。

为加强安西四镇的防御力量，女皇帝果断增兵，以巩固丝绸之路上的都护府。不过唐军仍未完全征服突厥和吐蕃，它们还继续侵唐。约略计之：公元 694 年，武威道大总管王孝杰率兵在冷泉伐吐蕃，又有突厥默啜可汗寇灵州；公元 695 年，朔方行军总管王孝杰击突厥，又有吐蕃寇临洮；公元 696 年，王孝杰率兵在素罗山打吐蕃不克，又有契丹陷营州，并寇冀州；公元 697 年，王孝杰在东硖石谷击契丹不成，全军覆灭，其坠崖而死，而突厥默啜可汗则寇胜州；公元 698 年，突厥寇蔚州，又寇定州，又寇赵州，又寇相州，唐军遂在公元 699 年大举动员，以备突厥；公元 700 年，突厥寇凉州，又寇陇右；公元 701 年，突厥掠唐之气甚嚣，女皇帝就以魏元忠为灵武道行军大总管，以阻突厥；公元 702 年，突厥连连寇并州，又寇盐州，又寇代州，又寇忻州，大肆犯唐。吐蕃也颇恶劣，刚刚请和，竟又剑指悉州。

女皇帝为应对西域的危机，便在庭州今之新疆吉木萨尔破城子一带，再置北庭都护府。庭州曾经有唐高宗所设的金山都护府，自此以北庭都护府代之。其初仍隶安西都护府，几年以后，独立出来。北庭都护府主要针对西突厥，也防吐蕃，辖天山北线。阿尔泰山、巴尔喀什湖以西之地，应该都在它的管理范围。

唐中宗和唐睿宗主要忙于对武则天所施政策的拨乱反正，不过他们使唐在西域的权力机构及女皇帝的安排得以保持，有按过去方针办的意思。他们还比较明白，做到了内外有别，可惜这两个皇帝执政共计七年，显然只是一个过渡。尽管如此，他们也在努力保卫江山。

突厥频频犯唐，威胁甚重。公元705年，唐中宗任左骁卫大将军裴思谅为灵武道行军大总管，以抵突厥。公元706年，灵武军大总管沙吒忠义战突厥于鸣沙一带，无果。以突厥侵唐，天下暂停土木。公元707年，唐中宗又任右屯卫大将军张仁亶为朔方道行军大总管，以抗突厥。公元708年，西突厥犯唐，冲入了火烧城。安西都护府牛师奖率兵击之，殁于沙场。

郭元振出生于魏州贵乡，今之河北大名一带。此人胆正谋深，须髯甚美，曾经遵女皇帝之命，赴吐蕃侦察，从而了解其所欲，以得体应对。吐蕃与突厥勾结寇凉州，民亦苦，军亦苦。女皇帝便以郭元振为凉州都督，其南筑和戎城，北设白亭军，拓展了凉州界域，遂能阻其来犯。屯田凉州，民粮足，军仓实，河西尽赞之。唐中宗登基，仍很重视郭元振，封他为左骁卫将军、安西大都护。权力甚大，他也会尽可能地发挥之。有西突厥一个头目乌质勒示和，郭元振便至其牙帐接洽。逢天下大雪，由于乌质勒老弱，不耐寒冷，会毕即亡。乌质勒之子娑葛认为此乃郭元振所害，计划击郭。郭元振获得信息，不但不避，反而素服吊唁。娑葛感动，顿然收兵，又赠牛马羊驼以谢郭。然而娑葛毕竟是西突厥的娑葛，其又兴师骤陷安西四镇，旋又降唐。

突厥仍存其野心，唐也必备之。唐睿宗景云元年，公元710年，有唐休璟为朔方道行军大总管，专御突厥。至唐玄宗先天元年，公元712年，又以刑部尚书郭元振为朔方道行军大总管，以征突厥。

在这几年，唐对吐蕃的政策具怀柔之元素，也占优势。公元707年，吐蕃寇边，唐军予以反击。至公元710年，唐中宗嫁金城公主于赞普赤德祖赞，这是唐太宗对吐蕃采取和亲之计的沿袭。唐中宗率群臣在渭河北岸给姑娘饯行，不禁伤感。姑娘十三岁，还未成年。此年唐还割让了河湟九曲给吐蕃。皇帝有权这样行事，然而是功是罪，人民也有权评价。

唐玄宗的都护府之道

唐玄宗在制度上加强了对西域的统领，政策也甚为硬性。节度使之职起用于唐睿宗，而正式任职则是从贺拔延嗣为凉州都督充河西节度使开始。唐玄宗将此发扬光大，设十个节度使，它们是：碛西节度使、北庭节度使、河右节度使、陇右节度使、朔方节度使、河东节度使、范阳节度使、平卢节度使、剑南节度使和岭南节度使。这有利于安全，不过藩镇也滋生乱臣贼子，安禄山便是。唐竟以藩镇而衰，更为遗憾。

我要指出的是：碛西节度使有时候呼为安西节度使，有时候也呼为四镇节度使，多驻龟兹。还有，岭南节度使初为岭南五府经略讨击使。

唐玄宗对西突厥绝不姑息。

公元 714 年，西突厥默啜可汗之子同俄特勒率兵围攻北庭都护府治所，极其猖獗。郭虔瓘为右骁卫将军兼北庭都护，见其状，他要求唐军有序自守。同俄特勒忽然单骑奔至城下扬威，当此之际，有北庭都护的勇士蓦地闪现他的马前，顷斩其首。西突厥不知道其死，还提出以军资赎回同俄特勒。一旦闻其亡，无不恸哭。此年西突厥一酋长都担猝然叛唐，不过也速为碛西节度使阿史那献所擒。两年以后，西突厥默啜可汗为拔野古的游骑所杀，或为唐将军郝灵佺所杀，难考矣。总之，默啜可汗死了。公元 719 年，西突厥请居碎叶，唐允。于是以焉耆代碎叶，安西四镇就又调整为龟兹、焉耆、于阗和疏勒。

西突厥渐渐安宁，不过其妄念还在。公元 735 年，属于西突厥的突骑施可汗竟贸然寇边。对此，北庭都护并任碛西节度使的盖嘉运在公元 739 年动员各路唐军，同伐突骑施，并于贺逻岭俘获也属于西突厥的吐火仙可汗。至公元 751 年，高仙芝抓捕了突骑施。到这时候，此西突厥的异性之国族终于亡矣。

唐玄宗对突厥也绝不姑息。

唐太宗生擒突厥颉利可汗以后，将归附唐的突厥分别安排在河曲六州：丰州、胜州、灵州、夏州、朔州和代州。唐待突厥优厚，女皇帝也赐之大方，然而让突厥彻底顺服是不可能的。自唐高宗以来，一再有所谓的可汗自立并犯唐。骨咄禄可汗之后是默啜可汗，之后是毗伽可汗，之后是伊然可汗，之后是登利可汗，之后是乌苏米施可汗。突厥还一边寇边，一边请和，卒无信义。

唐玄宗执政，突厥有五次请和，不过他的愿景是灭突厥。唐玄宗曾经遣使者向乌苏米施可汗传谕，希望其归附，然而乌苏米施可汗却不从。唐玄宗想，那么你就等着。顷有突厥拔悉蜜率兵攻之，乌苏米施可汗遂仓皇而逃。不过你能往何处去呢？公元 744 年，拔悉蜜部众终于追杀之，并传首长安，献俘于太庙。乌苏米施可汗之弟白眉可汗即位，然而突厥部众不服，从而大乱。机会来了，朔方节度使王忠嗣奉唐玄宗之命攻突厥，回纥也攻之。回纥凶猛，趁机杀了突厥拔悉蜜的酋长。至公元 745 年，唐嘱回纥定其国，回纥接着便斩白眉可汗。突厥灭，其故地悉归回纥。

有毗伽可汗之妻，也是伊然可汗与登利可汗之母，名曰骨咄禄婆匐可敦。这位女杰很有意思，她见突厥灭，遂率众归附唐。唐玄宗高兴，在兴庆宫花萼相辉楼上宴群臣，赋诗以美可敦自来。天子封可敦为宾国夫人，年送其化妆费二十万。唐玄宗以此表现了他的浪漫和慷慨。

吐蕃无力吞唐，然而有意得到河西，以控制丝绸之路的贸易。至唐玄宗，知其神武，就一再请和。以我略计，请和不少于六次。然而也反复犯唐，唐军也连连反击。以我略计，吐蕃寇边不少于十八次。吐蕃犯唐有两个方向：一是剑南道，寇松州；二是陇右道，以青海为基地，持续寇瓜州，抢占河西。曲子城、大莫门城、祁连城、石堡城，皆有交锋，尤以石堡城的争夺为烈。

石堡城在今之青海湟源。这里有日月乡，石堡城遗址就在此。吐蕃所踞的铁刃城，乃是唐的石堡城。公元 729 年，唐玄宗遣朔方节度使李祎和河西及陇右诸将协商拿下石堡城。李祎强调，石堡城要不惜一切拿下。唐军日夜兼攻，吐蕃失手。取得石堡城以后，唐玄宗改之为振武军。李祎是李世民的曾孙，有信安郡王之爵。

丧石堡城，吐蕃震恐，遂派使者请和，金城公主也进行斡旋。唐应其所求，送诗书，以表善意。唐还在甘松岭设互市，以利贸易。公元 733 年，唐与吐蕃在赤岭划界立碑，彼此有大臣见证了此仪式。吐蕃向唐示好曰："唐、吐蕃皆大国，今约和为久长计，恐边吏有妄意者，请以使人对相晓敕，令昭然具知。"

吐蕃不诚，竟在公元 741 年陷石堡城，并以其为犯唐之要点。哥舒翰久斗吐蕃，经验丰富。公元 749 年，唐玄宗遣哥舒翰任陇右节度副大使，集朔方和河东吏士，再取石堡城。石堡城三面临崖，仅辟一径。有数百吐蕃士卒紧扼于斯，他们往往以檑木礅石滚下，唐军难战。哥舒翰又气又急，欲杀将领高秀岩和张守瑜。此二将领盼哥舒翰给三天时间，不攻破再杀吧！拼命一搏，死伤数万，唐军终于又拿下了石堡城。

以哥舒翰有功，晋封凉国公，兼河西节度使。至公元 754 年，哥舒翰率兵又攻破吐蕃的大莫门城和洪济城，收复了唐中宗所割让的河湟九曲。

吐蕃还在葱岭阻唐，不过没有得逞。有一个小勃律，曾经有朝献，唐玄宗便以其地为绥远军。小勃律近吐蕃，总是为其所困。吐蕃对小勃律曰："我非谋尔国，假道攻四镇尔。"就占领了小勃律九城。唐不愿意，出兵夺其城，并下诏册立小勃律王。至苏失利做小勃律王，竟受吐蕃的诱惑，娶了吐蕃之女为妻，从而为吐蕃臣。这一带渐有二十余国为吐蕃所羁，停止向唐上贡。是可忍也，孰不可忍也，伐吐蕃！可惜自安西节度使田仁琬以来，三征无功矣！至公元 747 年，唐玄宗遣安西副都护高仙芝战之。高仙芝率兵登葱岭，过特勒满川，平小勒律，并执苏失利及其妻至长安，周边诸国无不惊惶。

回纥受唐之制，对唐有功。灭突厥乌苏米施可汗，有回纥骨力裴罗之助。灭突厥白眉可汗，还是回纥骨力裴罗所为。以其功，唐玄宗拜骨力裴罗为左骁卫员外大将军，允其有古匈奴之地。然而回纥怎么会永远屈居唐之下？一旦有机会，它就将辱唐，甚至欺唐，所以唐不能颓，可惜难保不颓啊！

大食在公元 715 年和公元 717 年先后进犯龟兹、碎叶、于阗和疏勒，唐军反击，大食乃去，而安西四镇则自励且自强。然而大食侵唐之心会去吗？不！大食必然寇唐，否则怎么在丝绸之路牟利呢！

公元 750 年，高仙芝伐石国，约石国王降，嘱其归附。此间，高仙芝乘其不备，杀其老弱，抓其王，送至长安，献俘于阙下，随之斩其王首。石国王子诉诸大食，大食暗喜，因为终于有了一个理由攻唐了。

大食遂联合诸国打安西，此乃大食的精选。公元 751 年，高仙芝奉诏，率士卒三万拦击大食，这便发生了怛罗斯之战。遗憾高仙芝几乎全军覆灭，所余数千皆逃返安西。

这一仗影响深远，大食乘其之赢，要在葱岭以外称雄了。尽管这时候大食还未掌握丝绸之路的贸易，不过总有一天它会把持此贸易的，并投射它的文化影响。

唐军被俘甚多，其中有造纸匠、金银匠和画师。中国造纸术传至欧洲，就是阿拉伯人先从唐造纸匠得到，再为欧洲人所取的。

都护显然是重要之职，有时候会让唐王任之。唐玄宗三子李亨封陕王，便尝任安西大都护。给李亨所配的副大都护是张孝嵩，颇为唐玄宗信任和喜欢。公元 724 年，有濮州人杜暹，接任张孝嵩为安西副大都护，也为上所器重。杜暹过去任监察御史时，曾经赴安西处理讼争，涉及副都护郭虔瓘与西突厥可汗阿史那献不合之事。杜暹入突骑施帷帐调查郭虔瓘，不得不受蕃人所送黄金。然而他是立意不要的，遂偷埋于幕下。公务结束，离开安西，杜暹才文告蕃人，让其在幕下挖掘黄金而收之，蕃人无不敬畏。杜暹如此贤臣，能不优质地辅佐李亨吗？公元 725 年，于阗王尉迟朓勾结突厥及西域诸国叛唐。杜暹觉察其阴谋，兴师征剿，杀尉迟朓，更立于阗王，于阗方稳。杜暹在安西四年，不辞辛劳，夷夏都喜欢他。公元 727 年，李亨毕其安西大都护之任。

李林甫是唐高祖李渊堂弟李叔良之曾孙，官极宰相。他也兼任过陇右节度使和河西节度使，还兼任过安西大都护。

唐对西域之管理是有支出的，一般包括对西域诸国的报赠、册吊、程粮和传驿之费，消耗巨大。丝绸之路的贸易，唐与西域诸国皆有获得，商胡之过所也是应该缴税的，这可以供都护府之用。欧阳修说：“开元盛时，税西域商胡以供四镇，出北道者纳赋轮台。地广则费信，此盛王之鉴也！”

最后的都护

安史之乱，一失洛阳，二失长安，江山危在旦夕之间。唐玄宗避难于蜀，唐肃宗在灵武即皇帝位。交班无奈，接班仓皇，尽以应急。

为了平乱，西域驻军多以东调，凡在西域工作过的唐将军高仙芝、封常清、哥舒翰及任天德军使并兼任九原太守和朔方节度右兵马使的郭子仪，统统率兵讨贼。安西都护府和北庭都护府的武装力量骤减，甚至西域顿为空虚。

乘唐有乱，吐蕃遂疯狂进犯。公元756年，吐蕃陷巂州，今之四川西昌，至公元757年，吐蕃又陷西平郡，今之青海乐都，接着陷廓州，今之青海化隆。党项羌也寇宝鸡，烧了大散关。

唐代宗立，吐蕃请和。然而在唐代宗即位当年，吐蕃竟连寇秦州、成州和渭州，其信义何存！至公元763年，吐蕃入大震关，连得诸州，陇右之地尽丧。

以泾州刺史高晖之降，吐蕃获得了向导，从而陷邠州，寇奉天，掠武功，占领长安，立金城公主之弟李承宏为皇帝，计有十五日。以郭子仪之术，吐蕃顿溃，离开了长安。

还有三次，长安几乎又为吐蕃所陷，京师不得不戒严。尤其是公元765年，吐蕃率诸虏包抄长安，唐军或屯奉天，或屯泾阳，或屯渭桥，或屯便桥，或屯周至，或屯凤翔，或屯同州，或屯坊州。唐代宗也未闲着，史记："天子自率军屯于苑。"吐蕃终于在礼泉碰壁而退。然而吐蕃久存败唐之妄想，寇唐将不止。

以吐蕃所阻，安西都护府和北庭都护府与唐政府在此间已经难以联系，处在了孤立状态。

唐德宗知道吐蕃有败唐之念，但他却心存远回纥而亲吐蕃之思，是因为曾经受回纥之辱。他甫即皇帝位，便遣太常少卿韦伦持节赴吐蕃送还其俘虏五百，并赠衣物。此是以德绥怀之，也为示好。吐蕃也派使者随韦伦入朝，有特产上贡。然而公元780年，吐蕃接待殿中少监崔汉衡的时候居然争礼，要求使者上奏唐德宗，认为吐蕃与唐虽然为甥舅之国，不过其礼本均，赞普亲见唐使者，皇帝也当亲见吐蕃使者。唐弱，竟许之。

为求安宁，唐与吐蕃三番五次会盟，不过吐蕃自以为强，始终缺乏诚意。公元783年，约清水会盟，议题主要是划分彼此边界。唐决定承认吐蕃已经所据之地，相约："唐地右尽弹筝峡，陇州右极清水，凤州西尽同谷，剑南尽西山、大度水。吐蕃守镇兰、渭、原、会，西临洮，东成州，抵剑南西磨些诸蛮、大度水之西南。"天子啊，割让广袤之地，大唐还大吗？接着，又提高级别，在长安右郊再会盟一次，礼如清水。

既然吐蕃没有恳愿，相约遂坏。恰逢泾原兵变，唐德宗先逃奉天，再逃梁州，不得不请吐蕃支援平乱，唐对吐蕃当然也有承诺。显然由于未能满足吐蕃的领土要求，仅以帛赠，吐蕃怨唐甚矣。公元786年，唐德宗遣使者拜会赞普，但吐蕃却大寇邠州、宁州、泾州和陇州，又陷盐州和夏州。只是吐蕃粮饷有限，难以继战，从而又约会盟。

平凉会盟便以如此背景展开，可惜这是唐之不幸。公元787年，春夏之交，唐有一批重臣赴平凉，吐蕃也有宰相尚结赞出席。不料这是吐蕃的阴谋！河中节度使浑瑊任唐的会盟主监使，他刚进帷帐更衣，吐蕃就猛击其鼓，不知何故！浑瑊速出帷帐，纵身上马，伏身而驰，完全是出于求生的本能。他活了下来，然而吐蕃掳唐官六十余，杀士卒五百余，擒汉民一千余。

吐蕃夺得敦煌以后，遂进犯西域。公元786年，任北庭节度使的李元忠和安西四镇节度留后的郭昕，终于派使者假道回纥，抵长安上奏。唐德宗深为感动，他的大臣竟自守如此，便拜李元忠为北庭大都护，郭昕为安西大都护。可惜这时候，丝绸之路上的唐都护府，已经黄昏降临。公元787年，吐蕃开始向唐都护府发起连续进攻。至公元790年，有沙陀叛唐，吐蕃以此机会陷北庭都护府，安西道绝。史记：“是岁，吐蕃陷北庭都护府，节度使杨袭古奔于西州。”

在公元756年，唐肃宗召郭子仪至灵武，拜兵部尚书兼宰相，以议平安史之乱及收复长安的战略。上欲向回纥借兵，遂命敦煌郡王李成宷拜会葛勒可汗。仆固怀恩本出铁勒，在郭子仪麾下平乱，甚为能战。以其熟悉回纥，便陪李成寀同往。回纥同意助唐，以喜李成寀，又以葛勒可汗之女嫁李成寀。葛勒可汗就是英武威远可汗，就是磨延啜。唐肃宗高兴，赐回纥女为毗伽公主。

公元 757 年，回纥兵至，天子答应回纥："克城之日，土地、士庶归唐，金帛、子女皆归回纥。"在葛勒可汗之子叶护指挥下，回纥援唐，以收复长安。唐军布阵于香积寺以北，沣水一带。关键之际，仆固怀恩引回纥兵而来，大食和南蛮也参加讨伐。叛军大败，便收复了长安。乘胜东征，已经取代安禄山的安庆绪惊骇万分，弃洛阳而逃，也就收复了洛阳。

回纥在洛阳欲望顿生，四处抢劫。有父老贿之罗锦万匹，回纥才缓然住手。叶护西返，唐肃宗命百官列队在长安驿欢迎，并请叶护在大明宫宣政殿一晤，巴结之态尽显。叶护表示，将继续为唐扫荡范阳余孽。天子封叶护为司空，又封为忠义王，岁赠绢二万匹。

为安回纥之心，唐肃宗在公元 758 年嫁宁国公主给英武威远可汗。其为唐肃宗幼女，上不舍，遂送至咸阳。幼女辞诀曰："国家事重，死且无恨。"唐肃宗流泪而返。旋有回纥骁骑三千，助唐再讨安庆绪。不久，史思明杀安庆绪，自称大燕皇帝。唐肃宗在公元 761 年，史思明又为其子史朝义麾下所杀，史朝义即皇帝位。

唐肃宗有忧，以郭子仪为汾阳王，率唐军征史朝义。郭子仪行前晋谒皇帝，感慨道："老臣受命，将死于外，不见陛下，目不瞑矣。"皇帝也很动情，拉郭子仪进卧室，说："河东之事，一以委卿。"河东之事，显然指史朝义撼唐之事。

忽然唐玄宗崩，接着唐肃宗崩，唐代宗即皇帝位。事在唐代宗宝应元年，公元 762 年。

唐代宗急于结束史朝义之乱，便遣中使刘清潭见回纥登里可汗以借其兵。不料登里可汗已经为史朝义所诱，毕露轻唐之色。唐代宗便又遣仆固怀恩见登里可汗，一番交流，回纥同意进击史朝义。

回纥至陕州，唐代宗命雍王李适与登里可汗一见。李适不仅是雍王，他还任天下兵马大元帅，遗憾登里可汗对其不敬。有包括御史中丞药子昂在内的一批大臣相陪，登里可汗竟斥责雍王李适未舞蹈。回纥认为登里可汗与唐代宗是兄弟，雍王李适晚一辈，所以礼当舞蹈。药子昂坚决拒绝，说：“元帅，唐太子也，将君中国，而可舞蹈见可汗哉？”彼此相争，雍王返营。由此李适怨恨回纥，从而在即皇帝位以后，调整外交政策为远回纥而亲吐蕃。

此为插曲，也颇有趣。当是时也，唐军骏奔陕州，仆固怀恩与回纥也勇往直前。收复洛阳以后，史朝义走投无路，遂跑到一片丛林之中自缢了。事在公元 763 年。

回纥这一次又在洛阳夺取宝物，并烧杀盗窃。以其有功于唐，留在长安的回纥也霸道至极。他们或抢掠女子于市，或引骑攻含光门，或夺长安令绍说之马。公元 775 年，有回纥在横道害命，京兆尹黎干捕之，上竟指示饶恕此回纥。又有回纥在东市以刀行凶，理官依法缚之投万年县监狱，回纥竟破监狱，残其吏，扶囚而去。

仆固怀恩率兵平乱，功莫大焉，然而他也以种种原因渐起叛唐之念。在公元 763 年至公元 765 年，仆固怀恩数次引回纥、吐蕃和党项诸胡侵唐，长安数处困境，唐代宗甚至不得不屯于苑。仆固怀恩暴死鸣沙以后，郭子仪见回纥大帅药葛罗，对其动之以情，晓之以理，回纥才解释错在仆固怀恩之误导，并表示要进击吐蕃以谢罪。郭子仪与药葛罗为誓，郭以酒酹地曰："大唐天子万岁！回纥可汗亦万岁！两国将相亦万岁！有负约者，身殒阵前，家族灭绝。"药葛罗也以酒酹地曰："如令公誓。"郭子仪便遣彩三千匹，回纥甚快。吐蕃闻之，连夜而遁。

唐德宗之弃回纥，是源于其当雍王的时候登里可汗使他受辱，常有隐痛。

然而平凉会盟粉碎了他对吐蕃的希望，也改变了他对回纥的态度。药葛罗为回纥武义成功可汗，其屡求和亲，唐德宗久不答应。宰相李泌反复谏之，唐德宗才意识到和亲有助团结回纥，抗击吐蕃。公元 788 年，唐嫁咸宁公主于回纥。可汗大喜，说："昔为兄弟，今婿，半子也。陛下若患西戎，子请以兵除之。"回纥断了自己与吐蕃的关系，派使者至长安，请易回纥为回鹘，取捷鸷犹鹘之意。唐册封其为长寿天亲可汗。

公元 790 年，吐蕃猛攻北庭都护府。以沙陀降吐蕃，吐蕃得意，节度使杨袭古不得不弃其治所，携麾下两千吏士走西州。杨袭古战吐蕃不胜，俄为回纥所杀。吐蕃陷北庭都护府，安西道阻，无法驰援，随之也陷安西都护府。李元忠是最后的北庭都护及节度使，郭昕是最后的安西都护及节度使，这一点应该纪念。在绝望的大漠与长风之中，西州仍为唐坚守，这一点更当致敬。

2015年10月24日，一场瑞雪吹我至乌鲁木齐的红山上，四下而望，白茫一片，也安安静静。此地汉时为车师后王国所有，晋时归铁勒。唐太宗以平高昌，隶庭州，轮台县辖之，为安西都护府所统，几十年以后，又为北庭都护府所统。不料吐蕃来了，夺我唐之地。聚睛乌拉泊，举目破城子，想象尚未湮灭之遗址，不禁慨然。此地曾经一再易手，西辽据之，回鹘据之，瓦剌也先据之，其终于属清，呼之曰乌鲁木齐而至当世。凡往天山南北，必经此地，遂为丝绸之路要冲矣！

诗人的体验

丝绸之路上的贸易，并非绝对安全。有时候贸易是顺利的，但有时候贸易却是危险的。唐都护府专为贸易提供安全保障，所以难免作战。实际上打仗是经常的，甚至是十分激烈的，尤其是艰苦的。

岑参先后任安西节度使高仙芝的幕府书记和安西北庭节度使封常清的判官，往来西域十余年，烽墩塞堡，金甲铁戈，无不经历。

走马西来欲到天，辞家见月两回圆。
今夜未知何处宿，平沙莽莽绝人烟。

随高仙芝的部队进入西域，仍在碛中。旷野倒是平坦，不过尽为沙漠。左不见人，右不见人，唯天在前。天仿佛是一个诱惑，似乎很快就可以登天了。月缺月圆，已经两月，难免要东眺故园。然而还得继续行军，甚至不知道今夜在何处安营。

火山五月行人少，看君马去疾如鸟。
都护行营太白西，角声一动胡天晓。

岑参送刘判官赴碛西，想象五月之火山，刘判官径奔而过，迅度之快仿佛鸟飞。诗不仅指出都护行营之远，也暗示交锋存在着牺牲之可能，当然也展望了唐军之胜利。在武威送刘判官，多有鼓舞之意。

火山六月应更热，赤亭道口行人绝。
知君惯度祁连城，岂能愁见轮台月。
脱鞍暂入酒家垆，送君万里西击胡。
功名只向马上取，真是英雄一丈夫。

碛西击胡显然是连续的，前仆后继的。五月送了刘判官，六月又送李副使，足见边境的动荡。事在公元751年，以石国之故，引起的大食和唐的战斗。

李副官遵命往碛西去，当然是希望能出师大捷，不过战场上总是有生有死的。岑参选了一个酒家，为其饯行。他赞颂李副官久经疆场，既然惯度祁连城，那么望轮台之月也就没有什么忧惧的。火山固炎，赤亭也荒，然而杀虏立功，是谓英雄。胸臆直抒，是向李副使行礼，不也表达了自己的一种壮志吗？

轮台城头夜吹角，轮台城北旄头落。
羽书昨夜过渠黎，单于已在金山西。
戍楼西望烟尘黑，汉兵屯在轮台北。
上将拥旄西出征，平明吹笛大军行。
四边伐鼓雪海涌，三军大呼阴山动。
虏塞兵气连云屯，战场白骨缠草根。
剑河风急雪片阔，沙口石冻马蹄脱。
亚相勤王甘苦辛，誓将报主静边尘。
古来青史谁不见，今见功名胜古人。

这一次是送封常清征虏，时在公元754年，唐玄宗任封为安西北庭节度使摄御史大夫，岑参是封的判官。诗人想象轮台为击虏之地，形势之严峻在夜吹号角、烟尘发黑，环境之恶劣在雪大风急、石头冰冻，厮杀之惨绝在丧命甚众、白骨累累。诗人的祝福是：封大夫不畏艰辛，必将得胜，从而青史留名。

高适入陇石节度使兼河西节度使哥舒翰的幕府，掌书记。五十岁以后，他风雅而吟，多是慷慨悲歌。

雪净胡天牧马还，月明羌笛戍楼间。
借问梅花何处落？风吹一夜满关山。

边塞何等平静，显然是赢敌之后难得的小憩。胡天之下，夕阳甚好，牧马遂还。月照戍楼，明光洒地，忽有羌笛吹起来。这时候，高适不禁想家了。关山无梅，然而梅花仿佛乡愁，落满了关山。

唐军能战能打，不过他们也有感情，何况是诗人。

诗人在西域的体验，今天尽是审美了。也许这是岑参和高适没有料到的，谢谢！

长安城与丝绸之路

汉长安城

想到汉长安城，我就会想到刘邦，随之是辅佐他夺得江山的张良、萧何和韩信，谓之汉初三杰。

汉文帝和汉景帝有极为英明的治国理念：轻徭薄赋，甚至以三十税一的标准收取田租；解山泽之禁，促进民富；修律改令，判罪从宽，从轻，从短，社会有暖意，身体添精神；给人公平的台阶，入粟遂能拜爵。知道无为之深意，自己的生活便节俭。

汉武帝显然是伟大的。他属于那种只要给其权力，就能创造时代的英雄。

以征伐匈奴的战争，马便受捧。汉武帝时，身毒赠连环羁，以玛瑙为勒，琉璃为鞍，除此以外，皆用白玉。其光辉灿烂，夜明昼照。从此马之盛饰，成了汉长安城的时尚。为美化马，凡白蜃、紫金、铃镊，无不采而饰马。马奔遂鸣，声若钟磬，流苏飘摇，扬若旗帜。得大宛马以后，汉武帝不惜以玫瑰石为鞍，嵌以雕刻的金银与黄铜。障泥锦极其华丽，甚至以散射绿光的熊罴皮为之。

想到汉长安城，我也就想到居于椒房殿的美人。凡戚夫人、卫皇后、李夫人、赵婕妤、班婕妤、赵飞燕，都是让天子爱得执迷的绝品。王昭君虽然葬于塞外，不过她也在汉长安城呼吸了几个春秋。她是充盈着烈性的美人，命运悲惨，香魂永垂。

公元前200年，汉高祖入汉长安城。当时这里还比较简陋，不过百年以后，汉长安城就成了世界上最大的城。它的围墙大约25.1千米，城内遗址面积大约34.39平方千米。在相当长的一个时期，它比罗马城大，比拜占庭城大，比巴格达城大。它的城内有长乐宫、未央宫、北宫、桂宫、明光宫，城外有建章宫，还有明堂和辟雍。建章宫的遗址面积大约9.3平方千米。建筑群南北起伏，东西跨越，壮丽且巍峨！它每面开三城门，共有十二城门；每个城门有三门洞，置三道，足使十二辆马车并驾齐驱。汉长安城人口近乎五十万，出出进进，忙忙碌碌，各过各的日子。

汉长安城还是一个国际化大都市，此乃随匈奴的溃散和丝绸之路的开辟所形成。匈奴人降汉，留居汉长安城的甚多。凡弓高壮侯韩聩当、襄城哀侯韩婴和襄城侯桀龙，都是以匈奴相国率众降汉的，其他几十位也以匈奴王、匈奴都尉、匈奴大户当率众降汉。他们受汉优待，往往有爵位，有封邑，而且子孙承袭。有的在汉政府为官，也效忠于汉。汉武帝便宠信金日磾，以功授车骑将军，拜光卿大夫，并留其辅佐汉昭帝。除了匈奴人，西域诸国也有质子在汉长安城的。楼兰、危须、尉犁、大宛、康居，皆送子为质。这种质子制度，显然是春秋以来，诸侯国之间坚盟从约在西域诸国的移植。除了质子，车师王乌贵及其妻也生活于汉长安城。南越王太子婴齐为宿卫，他在汉长安城娶妻生子，优哉游哉。汉有频繁的外事活动，身毒、大秦、安息、黎轩、驩潜、黄支、夫甘都卢、弱水西国、西海国及倭，都有使节来朝，献其方物。

当然，无可奈何的和亲政策也兴于汉长安城。

出汉长安城，凡陵邑一一可见。北望咸阳原，有五陵邑，是汉高祖长陵、汉惠帝安陵、汉景帝阳陵、汉武帝茂陵、汉昭帝平陵。远眺白鹿原，以起汉文帝霸陵，成一陵邑。举目少陵原，以起汉宣帝杜陵，成一陵邑。陵邑多居富豪，少年尤侠。

多年以后，李白有诗曰："南登杜陵上，北望五陵间。秋水明落日，流光灭远山。"可惜多年以后，我踏着李白的足迹，顺着李白的视线，什么也没有看到。何故雾霾横空，挡住了我的眼睛？

汉长安城向南是昆明池，昆明池以远是上林苑。上林苑环汉长安城，广地三百里，山深禽珍，谷幽兽猛，处处奇花异草，天子想娱乐了，就喝上侍从于斯狩猎。上之林苑，民是不能进的。

渭水为界，岸北是秦咸阳城，岸南做汉长安城。汉立国都在龙首原上，原因多种多样，但它对峙着咸阳城，却是要以汉势压秦气。萧何踩点并主持了汉长安城的基础工程，他懂得怎么做。他是文化人，素有方略，又熟悉关中地理，能不懂吗？

汉长安城巍峨且壮丽，然而政权更迭，沧桑之变，早就湮灭为荒了。1998 年，我登临未央宫前殿遗址的时候，这里还有星散的村

汉长安城天禄阁遗址

子，还有1933年由中华民国政府西京筹备委员会所建的天禄阁小学。那天虽然有乌云与强风，不过书声可闻。2012年以后，为使汉长安城未央宫遗址进入世界遗产名录，这里的村子拆迁了，天禄阁小学也拆迁了。现在，这里嘉木竞耸，花草争媚，似乎有了新貌。然而弯腰摸土，起身测天，我觉得汉长安城仍是废墟。

不能不承认，公元前2世纪初至公元1世纪20年代，汉长安城不仅是一个政治的中心，而且也是军事、经济和文化的中心，中华民族在此间得到了一次重要的整合。我向从汉长安城走进历史的一批将军致敬，我更向从汉长安城走到今天并走向未来的一批文学家和思想家致敬。我要录其姓名，他们是：贾谊、晁错、董仲舒、司马相如、东方朔、司马迁、刘向、刘歆、扬雄。

从渭水北边的秦咸阳城出来的政策是愚民的，它制定有挟书之律令，知识分子动辄获罪，但从渭水南边的汉长安城出来的政策却废除了自称始皇帝的挟书之律令。不仅如此，它还可贵地组织博士抄书，以求表达准确。它还敞开捐书之路，或派官征书于天下，谨防书之流失与损毁。为书编目，从而使书分门别类，繁而不乱。石渠阁和天禄阁既是书库及文献资料库，又是学术交流的会堂。

想到秦咸阳城，我便感到阴森，欲去，但汉长安城却有温馨。偶尔我想，若生活在那个时代，也许只要我努力，就可以入太学，随博士读书，或成为贤良方正文学之士，为天子所招，效忠于汉帝国。

长乐宫

秦始皇筑兴乐宫于渭河以南，虽然秦亡之后弃用，不过基础尚实。

刘邦当皇帝，彷徨一度，终于在公元前202年决定以长安为国都。其入关中，初住栎阳。考察秦所存兴乐宫还可以再居，遂迅速改造和维护。到公元前200年，兴乐宫焕然整洁，汉高祖就改它为长乐宫，从栎阳迁之。

没有朝仪，群臣诸侯见皇帝便显无礼，或争功吵嚷，或醉酒乱喊，有的甚至拔剑击柱，刘邦遂厌烦并忧虑。征得汉高祖同意，博士叔孙通率弟子遂制定了一套朝仪。

徙长乐宫，逢群臣诸侯有十月之朝会，朝仪就依叔孙通所定而行。天尚未亮，参加朝会的人都依次进前殿门。廷中悬旗设兵，一片森然。武官和诸侯以次陈西方、东向，文官和丞相依次陈东方、西向。肃静之中，皇帝辇出。百官旋即传声而唱警，并引群臣诸侯依次向皇帝奉贺。势大气聚，无不震恐。礼毕，群臣诸侯一律倾身而伏。接着宴饮，凡陪皇帝进餐的人，尽是含胸俯首。给皇帝敬酒，便恭敬而起，目光仰视。行止动静，咸有尊卑高下之度。这一场下来，刘邦完全感受了皇帝的威风，说："吾乃今日知为皇帝之贵也。"任叔孙通为奉常，赐其黄金五百斤。

汉高祖率军打匈奴不遂，就在长乐宫接受娄敬建议，以和亲应对匈奴的侵略。和亲六十七年，实际上是委屈图存。直到马邑之谋以后，汉武帝才发动了对匈奴的征伐战争。

公元前196年，吕后欲除韩信，并获得了萧何的支持。萧何遂诱韩信到长乐宫来觐见刘邦，韩信赴之。过钟室，忽遭壮士绳缚，韩信说："吾悔不用蒯通之计，乃为儿女子所诈，岂非天哉！"

刘邦和吕后所生的刘盈是太子，不过刘邦喜欢其妾戚夫人所生的刘如意，打算废刘盈，扶刘如意做太子。吕后甚患，更怕，便照张良计，请刘邦所尊重的四位高士从太子游。公元前195年，刘邦发现四位高士随太子左右，知道易太子不可能了，戚夫人遂悲伤地哭起来。刘邦也连连喟叹，然而无奈至极，便让戚夫人跳舞，他歌曰："鸿鹄高飞，一举千里。羽翮已就，横绝四海。横绝四海，当可奈何！虽有矰缴，尚安所施！"不久在长乐宫崩。

太子刘盈即皇帝位，移未央宫，吕后升为太后，仍居住长乐宫。以长乐宫在未央宫东侧，遂为东宫。曾经有白马之盟："非刘氏而王，天下共击之。"然而吕后野心蠢蠢，企图掌握朝政。公元前188年，汉惠帝崩，吕后乃用事。其立汉惠帝后宫子为皇帝，不过皇帝幼小，吕后便临朝称制。其封吕氏子弟为王为侯，以变刘家天下为吕家天下，放肆且猖獗矣！至公元前180年，吕雉以病而亡。

汉传十世以后，王莽篡位执政，改长安为常安，也改长乐宫为常乐宫。

史记，长乐宫周回二十余里，有殿十四座。计其重要的有前殿、长定殿、长秋殿、永寿殿、永宁殿、临华殿、温室殿。其鸿台当然也不可轻之。

王仲殊据1962年的勘探认为，长乐宫面积大约6平方千米，占长安城六分之一。刘庆柱据1986年的勘探认为，长乐宫周垣10370米，遗址包括今之西安市未央区未央街道办事处各村，它们是阁老门村、唐寨村、张家巷村、罗寨村、讲武殿村、李家壕村、叶寨村、樊寨村、雷寨村、查寨村、南玉丰村。

何清谷有记：长乐宫前殿遗址，在1958年仍有巨大的夯土台基，卒以夷平。国都之构件，漠然怠然，不保护，不肖子孙啊！

未央宫

事有凑巧，刚刚进入汉长安城遗址，便日坠西方，于是残阳斜照，龙首原上零乱的村子，红砖的楼房，民居之间葱郁的树木，蓦然就深陷黄昏之中。

北行二里余，至未央宫所在的地方。前殿早就毁灭了，不过它的台基突兀而出，仍有崇高之感。夏风在这里似乎追加了自己的强劲，虽然其不拔木，不过树皆低枝，摇来晃去的，若翩翩起舞。不知道是从何处汇聚于斯的，人有男女，三五成群，乘凉聊天。当然也有孤独之士，脚踩黄土，视通万里且思接千载，不觉暮霭遍野。

十二年以前，我与未央宫曾经有会。当时，我是从汉长安城遗址南行考察的。空旷荒寂，冬风凄厉，有狗嗅着一片草灰匆匆而去。我攀缘前殿的台基，在顶端上远望了一番废墟，以不胜形单影只，便回家了。

未央宫是在公元前199年，由汉政府丞相萧何监修的。未央宫以十余代皇帝持续建设，才臻于宏伟。初竣仅仅立东阙和北阙，造其前殿，作武库，营太仓。不过刘邦征伐匈奴返长安，见未央宫甚为壮丽，心有不能承受之动，就批评萧何："天下匈匈苦战数岁，成败未可知，是何治宫室过度也？"萧何说："天下方未定，故可因遂就宫室。且夫天子以四海为家，非壮丽无以重威，且无令后世有以加也。"刘邦觉得丞相有其道理，便意转欣然。

可惜刘邦总是劳碌，至死也没有享用未央宫。公元前202年，刘邦采纳娄敬和张良的建议，以长安为国都。不过当时长安也只有灭秦之所余，遂把兴乐宫改为长乐宫，居之办公，刘邦就崩于斯。当然，刘邦也尝在未央宫前殿设宴大酺群臣，高兴之际，向父亲敬酒，笑问他的产业与其兄刘仲的产业谁多。父亲过去认为刘邦生计没有依靠，不治产业，是不如其兄刘仲的。

汉惠帝是刘邦和吕后所生的儿子，质性仁弱，其继位之后，居未央宫。吕后篡权之意膨胀，又妒火燃烧，便把刘邦所爱的戚夫人砍手削足，挖目灼耳，灌哑药吃，做成人彘，置之于厕所。她还满怀阴险谋算，携汉惠帝观察。见戚夫人的惨象，汉惠帝大惊失色，结下一种病根，症候为疏懒朝政。

汉政府的工作，遂演变为由吕后在暗中操盘。汉惠帝崩，吕后又先后立二婴为皇帝。天子幼稚无知，她就以太皇太后的身份发号施令。她宣示二婴是汉惠帝的儿子，实际上二婴皆是别的男人与宫女所生。如此苦心，不过为了主宰臣民而已。然而她还是惶恐，便以诸吕做重臣，时达八年之久，刘姓的天下几乎是吕姓的天下了。

公元前 180 年，吕后薨，汉的开国元勋丞相陈平和太尉周勃合计，一举铲除诸吕，并迎代王刘恒到长安来，为汉文帝。刘恒在公元前 179 年入主未央宫，象征天下复归刘姓。

在刘邦看起来，萧何所作未央宫已经甚为壮丽，不过其子孙显然还不满意，遂一再扩充。这里有宣明殿、广明殿、昆德殿、麒麟殿、承明殿。宣室属于前殿的正庭，皇帝接见群臣一般于斯。玉堂殿属于皇帝会晤作家和学者之处。清凉殿为皇帝夏天避暑之处，是装有降温设施的。温室殿是皇帝冬天活动之处，以植物种子抹墙，就生了暖意，以桂木为柱，便发香气，并有锦帛制帘以挂门悬窗，挡其寒风。

椒房殿为后宫，四方倩女以各种各样的方式云集水汇其中，供皇帝生育与玩乐。以椒和泥涂壁，取意热性，芳气，繁殖多多益善。汉武帝既好大喜功，也好色喜淫，便把后宫设为八区，是昭阳、飞翔、增成、合欢、兰林、披香、凤凰、鸳鸯，以后还有所增补，安处、常宁、茞若、椒风、发越、蕙草，似乎都是追加的。

未央宫偏北方向有天禄阁和石渠阁，皇家档案与图书尽存在此。

未央宫是汉政府的枢纽，当然也是权力中心。在这里，宫廷斗争残酷，也事有荒唐。我常常想，未央宫何尝不是一个秘密的舞台，它上演的是活剧，又是连续剧。我也难免喟叹：皇帝都是一些什么东西！

汉文帝有一次梦见自己登天，天梯难攀，很是焦急。忽然感到有头着黄帽之人推他一把，遂登上了天。回头俯视，发现推他之人，背有衣带拖拉着，就留下印象。醒来便长思，并切切注意未央宫的侍者。未央宫有池，可以行舟，汉文帝偶尔会游之。一天发现一个船工，正是头着黄帽，衣带拖拉于其背的，了解到此人姓邓名通，想：邓者登也，通即通天。汉文帝兴奋之至，便赏其官，赏其财，终于任太中大夫，可以开矿铸钱。孔子敬鬼神，远避之，但汉文帝却对鬼神兴趣浓厚。一次，他刚刚祭祀毕，遂邀贾谊适宣室，了解鬼神之情况。几百年以后，李商隐讽刺他："可怜半夜虚前席，不问苍生问鬼神。"汉文帝还算汉的优秀皇帝呢！

汉景帝以周亚夫反对他废太子而不满。周亚夫军细柳，何等有威，然而有一次应邀，赴汉景帝之宴，侍者上菜，给周亚夫盘子里放了一块大肉，竟迟迟不给筷子。周亚夫是周勃之子，当时任丞相，见君臣用餐，唯自己不得食，十分纳闷，就喊侍者拿筷子来。汉景帝笑，借机奚落周亚夫。周亚夫觉得受辱，便站起来免冠致谢，汉景帝也便站起来。周亚夫只能离席，不久遭罢。汉景帝也是汉的优秀皇帝。

汉武帝姑母窦太主守寡经年，然而欲望尚旺，五十岁以后竟召英俊少年董偃鬼混，对此长安人皆知。汉武帝在后宫有妃嫔近乎八千，不过他也喜欢这个美少年，赐其宝，还邀他在清凉殿休息。董偃以奇石为床，以紫琉璃装饰帷帐，以玉晶为盘，奢侈至极。然而有一次，汉武帝设宴款待窦太主和董偃，硬是让东方朔执戟挡住了。朔的理由是，宣室是先王的大堂，不议论军国之事不能进去。

汉武帝固然有好色甚至猎艳之质性，不过他也有非常伟大的遗产。汉武帝一反和亲政策，开始进击匈奴，此战略选择是在未央宫做出的。他遣张骞一再出使西域，开辟了丝绸之路。张骞从未央宫赴乌孙，又携乌孙使者至长安，他的副使也引领西域诸国使者至长安，致礼汉武帝。显然，未央宫是丝绸之路的起点。

汉昭帝八岁继位，十二岁有皇后上官氏，是辅政的上官桀之孙女和霍光之外孙女。先在建章宫养育，后迁未央宫。上官桀死，霍光欲使汉昭帝独宠皇后以生儿子，可惜汉昭帝有病，召海内医生诊治，无果。要求禁欲，遂给妃嫔及宫女穿绲裆袴的裤子，前后具挡，不得交通。不过，汉昭帝还是在二十二岁就崩了。

汉宣帝比较仁厚，尤尊儒学，曾经在石渠阁召数儒生讨论五经的学术问题。

汉元帝真是昏庸极了。其以宦官石显为中书令，放纵擅权，加害忠良。石显为试其威，特请汉元帝同意他自由出入宫门，即使夜晚也当为他开启宫门，以成所谓的及时征发。凡天下之事，由汉元帝与石显商量于帷幄之中，事无大小，皆以石显所论而定。然而汉元帝仍不明白自己相信的是谁，并承认天下乱透了，若知道谁是自己所相信的，那么一定不用他。汉元帝也宿疾在身，所幸妃嫔及宫女，以画师毛延寿所绘其画像而择，便漏掉了王昭君。一旦王昭君要随呼韩邪单于出塞，才发现掖庭竟藏如此丰容雅姿之美人，追悔莫及，遂以弃市处理了毛延寿。从汉元帝起，汉渐现衰势。汉宣帝尝曰：“乱我家者，太子也！”当时的太子就是以后的汉元帝。

汉成帝像汉武帝一样好色喜淫，甚至更为糜烂。刚刚继位，遂令花鸟使采其良家妇女，以充实后宫。宠一个，弃一个，频繁变换。许皇后、班婕好、卫婕好，尽吮其香，还不满足，就把美少年张放当妃嫔与宫女一样玩乐。张放是富平侯张安世的子孙，以桃花之面遭弄。汉成帝携张放微服出游，竟自云他是富平侯家人，何等堕落！赵飞燕体轻腰柔，特长舞蹈，其妹妹赵合德弱骨丰肌，尤工笑语，她们色如红玉，先后入宫，轮流侍寝。旋封赵飞燕为皇后，封其妹妹为昭仪。然而上对赵皇后渐渐爱弛，对赵昭仪深深眷恋，令其居昭阳殿，是为纵情之巢。公元前 7 年春天的一个晚上，汉成帝与赵昭仪在白虎殿同床，想起来可能是良辰妙合吧。天亮了，当诸王在早晨向汉成帝辞行的时候，汉成帝已经暴卒，其被褥上有斑斑污秽。

汉哀帝心理变态，见美少年董贤秀丽而怡然，便悦其仪貌，拜为黄门郎，并专幸之。同床共枕，随卧随起。董贤和颜善媚，汉哀帝完全入迷。一次昼寝，汉哀帝欲起身，见衣压在董贤腰下，不愿惊之，遂断衣以后而身起。又诏董贤妻入宫，以董贤妹为昭仪。赐董贤父为光禄大夫、少府、关内侯，也赐董贤岳父和董贤弟之职，封董贤为大司马、大将军，又在未央宫北阙之下为董贤造宏大宅第。一次在麒麟殿宴请董贤父子亲属，汉哀帝望着董贤笑曰：“吾欲法尧禅舜，如何？”大臣王闳在侧服务，其直谏曰：“天下乃高皇帝天下，非陛下之有也。陛下承宗庙，当传子孙于亡穷。统业至重，天子亡戏言！”汉哀帝默然，不悦，不过他也真是不肖。忽然未央宫燃起大火，烧毁很多栋宇，是人为，也是天意，预示未央宫将要易主了。

汉平帝九岁登基，状如傀儡。他十五岁那年，大司马王莽趁为其祝寿之机，用酒毒死汉平帝。接着立两岁的孺子婴，王莽仿效周公辅佐周成王的方式摄政。

几年以后，王莽宣告汉祚尽矣，自立为皇帝，国号曰新，用的仍是未央宫。这一年是公元 8 年，公元 9 年是新始建国元年。以王莽降低了对匈奴的地位，西域诸国也随北匈奴叛新，丝绸之路遂断。

尽管王莽迅速推行改革，不过社会危机，农民起义。公元 23 年，长安人响应绿林军的号召，攻入未央宫，王莽躲在渐台，有商贾杜关冲上去杀了他。

未央宫是朝政运作之地，难道这里就没有精彩的节目上演吗？非也。汉武帝诏打匈奴，皆由此起，丝绸之路也由此出发。

呼韩邪单于再三来朝，并在公元前 33 年主动提出愿娶汉女，做汉婿，汉元帝就在未央宫以王嫱赐之。冒顿单于对吕皇后是何等骄横，但呼韩邪单于却对汉元帝表示，要永远为汉保塞，以休天子人民。匈奴终于内附矣！

历经风雨之后，未央宫仍为唐所用。公元 634 年，唐军在汉长安城与唐长安城之间举行阅兵，唐高祖欣然参加。阅兵结束，唐高祖在未央宫置酒，凡三品以上百僚皆陪太上皇。唐太宗虽然执政，不过父子之道必行。其恭恭奉觞，并把宇内混一之功归其父。太上皇大悦，命突厥颉利可汗起舞。

汉降匈奴，唐降突厥，未央宫都做了见证。

想象当年，未央宫是何等威严和华贵。以葛洪所记，它的前殿是随龙首原之势赋其形的。资料显示，未央宫有殿四十三、池十三、山六，可惜战乱把这些都毁掉了。现在，它的废墟上有马家寨、刘家寨、何家寨、卢家寨，农民栽树植木，也种庄稼，草也会自己生长，绿满了沟沟坎坎。在前殿周边，也有农民的坟茔和墓碑。长天晚霞，林间叶摇，使人不胜感慨。

沿着一面斜坡，我慢慢登上前殿的台基。风拂而过，盛夏犹爽，人多于斯乘凉。我问："石渠阁在哪里？"一个农民站起来，指着北方说："有树木的地方是周河湾村，靠东一点就是石渠阁，土堆而已。"苍茫之中，树木在望，影动姗姗的，然而看不到土堆。我又问："天禄阁在哪里？"有数位农民围过来，指着北边说："小刘寨村靠北的地方就是天禄阁。天禄阁小学是很悠久的小学，可惜学生越来越少了。"谢谢啦！我很恭敬，农民朋友也很认真，收获有了，喜悦也有了。

石渠阁位西，天禄阁位东，几乎在一条线上。辞赋家、哲学家和语言学家扬雄当年就在天禄阁上班，由于其学生刘棻与甄丰、甄寻父子反对王莽，他受到了牵连。一天，扬雄正在天禄阁校书，狱吏赶来抓他，其急中夺门而出，从天禄阁跳了下去。没有死，遂进了监狱。王莽还明理，见扬雄只是因为有人拜他为师学习知识，并无反意与反举，便令狱吏放了他。

建章宫

公元前104年，柏梁台遭火而毁。有巫进言，当再筑更大的栋宇，可以得到吉祥，这便是所谓的厌胜法。

刘彻总是想成仙，信巫，就接受了巫论，筑建章宫。其在长安城以外，未央宫西侧，上林苑之中。这里有建章乡，遂为建章宫。

其豪华之极，深奥之极。南门阊阖门，以象比天帝所居的紫微宫之门。其椽头有玉璧装饰，也谓之璧门。阊阖门内有别风阙，高迈过墙，上有铜凤凰，置之于转枢，迎风而旋。这一带还有玉堂殿，阶陛尽以玉砌。北门内有嶕峣阙，崇而有度，严不失雅。

建章宫北起圜阙，张衡有赋曰："圜阙耸以造天，若双碣之相望。"又有流行的歌曰："长安城西有双圜阙，上有双铜雀，一鸣五谷生，再鸣五谷熟。"建章宫东营凤凰阙，西营神明台。

前殿颇为崔嵬，临未央宫，并可以俯察其亭。现在它仍存隆起近乎八米的夯土台基，有高堡子村盘踞其顶。

所谓飞阁，乃给天桥加盖并镶栏，成一个空中楼廊，它也就是阁道或辇道。建章宫便有飞阁越垣跨池，进长安城，连未央宫，并由未央宫至桂宫，至北宫，至明光宫，至长乐宫，真是巧夺天工！

有奇华殿，傍建章宫所做，西域诸国进贡的奇珍异宝，无不充

汉长安城建章宫双凤阙遗址

塞其中。凡土实方物尽走丝绸之路而来，当为汉武帝所乐。

建章宫盛超未央宫，不唯汉武帝，之后的汉昭帝和汉宣帝，都于斯处理军国大事。

史记，建章宫周回三十里，殿二十六座，有千门万户之美。可惜王莽当了皇帝，要造九庙，竟拆而用其柱梁砖瓦，建章宫遂毁。

汉长安的大学

汉朝的大学谓之太学，老师谓之博士，学生谓之弟子，由汉政府主管，隶太常寺吧！

我在汉长安城的遗址上走来走去，想发现一点痕迹，然而风吹云飘，一无收获。考古认为，唐长安城普宁坊一带，今之西安土门一带，是汉长安城的大学校园之所在。借着阳光寻找，希望略有所见，即使微弱之得也行，可惜我看到的皆是沥青道路，混凝土建筑，幕墙玻璃像水晶一样反射其光，就是没有汉砖，连半块也不见。

但汉长安的大学却是存在过的，它的创办由董仲舒提出。他应诏对策，对汉武帝说："太学者，贤士之所关也，教化之本原也。今以一郡一国之众，对亡应书者，是王道往往而绝也。臣愿陛下兴太学，置明师，以养天下之士，数考问以尽其材，则英俊宜可得矣。"主意甚好，只是汉武帝正在酝酿一场对匈奴的战争，遂未立即落实。十年以后，公元前 124 年，汉军已经收复河南之地，设朔方郡，对匈奴的征伐也越来越顺，当是时也，汉武帝决定开设大学。其诏曰：“太常其议予博士弟子，崇乡党之化，以历贤材焉。”具体负责此工作的是公孙弘，初任丞相，他安排由博士授业于弟子。

大学一立，便始终呈发展之势，学生一代比一代多。学生在汉武帝时五十人，汉昭帝时一百人，汉宣帝时二百人。逾汉元帝，到汉成帝时增至三千人。逾汉哀帝，到汉平帝时，王莽为宰衡，大学扩招，竟增至一万零八百人。此间有博士三十人，其他职员包括主事、高弟和侍讲之类四十二人，共七十二人。汉长安的大学显然以自治和自学为主，否则七十二人不可以承担完全的管理。

王莽这个人，也有其思想。大学扩招，不仅仅是广纳学生，也新置了学科。除固有的五经以外，还添有天文、图谶、钟律、月令、兵法之属，文化内涵遂骤然然宏阔且丰厚。史记，王莽筑舍万区，布局周环之，应该有博士的住房，也有其他职员的住房，当然主要是学生的住房。学生行无远近，统统随檐，从而雨天不涂其足，暑期不暴其首。大学的附属机构有狱，其置令丞吏、诘奸宄、理讼辞，还设立有一个会市，以供学生买卖自各郡国带来的特产及需要出让的书籍、乐器或别的东西。学生按规定在朔望之日交易，大约是极为轻松热闹的一天吧！这里的常满仓显然是粮库，也许还储蓄有其他生活物资吧，难考矣。

凡学生悉由各郡国推荐，基本的要求是喜欢文学，有研究文献经典之兴趣，尊敬长上，肃正教而顺乡里，出也不悖，入也不悖。当然，年逾十八，相貌端正，仪态大方，也是要求。一旦选定，上计吏就率他们至长安。是否录取，由太常寺决定。能进汉长安的大学，总是优秀的，其将成为贤者，或为国之大臣。校园广植槐树，蔚然成林。学生三五为群，好在树下讨论问题。雍容揖让，气度轩昂，尽现文明之邦的未来。

刘贺为昌邑王的时候，王式是其老师。刘贺的运气不错，汉昭帝崩，他登基做了天子。可惜顽劣淫乱，仅二十七天遂遭废。以王式的责任，罪大当死。不过面对追究，王式认为自己以诗三百零五篇朝夕授昌邑王，此乃谏，是尽了心，也尽了力的。负责审理此案的人颇为通达，觉得其申诉也有道理，便放了他。王式返乡东平，今之山东泰安之东平，过悠闲的生活。

有张长安、唐长宾和褚少孙先后事王式，皆得学问，尤其唐长宾和褚少孙，皆入汉长安的大学，表现十分突出，诸博士无不惊讶，就知道王式曾经是他们的老师。诸博士遂共荐王式，汉宣帝也很英明，允许王式回归长安，任大学之博士。然而他不敢高兴，因为祸福是无常的。

有一天，博士聚会，也邀请了王式。其纷纷向他敬酒，以示景仰。不料博士江公嫉妒王式之才，想逼王式离席，便让学生唱："骊驹在门，仆夫具存；骊驹在路，仆夫整驾。"王式何等渊博，他一听就知道不妙，因为此歌是客所唱的，主不当唱，主唱此歌是赶客走。王式遂说："诸君为主，时间也尚早，此歌未可也。"江公问：

“根据何在？”王式说：“在曲礼。”江公气急败坏，口出粗言道：“何狗曲也！”王式觉得江公对他是以轻贱而耻之，便假装醉了，颓然倒地。他不愿为竖子所辱，以病辞职，再返乡东平，卒于家。我为王式不禁连连感慨！嫉妒出乎人性，坚固至极，学历和学问都不足以抑平嫉妒之心。汉长安的大学如此，今之大学仍如此！

汉宣帝神爵与五凤之间，就是公元前 61 年至公元前 54 年这一段吧，天下富裕，上喜欢作诗以配音律而歌。益州组织了一个团队，大颂时代的风化。有童子何武在团队，练了嗓子，特别能唱。几年以后，何武竟考上汉长安的大学，遂经常在校园歌之，以美形势。汉宣帝知道了，欣然召见何武及其他学生。观其歌唱，大悦，赐之以帛。何武谦逊地说：“此盛德之事，吾何足以当之！”何武终于任御史大夫，封了汜乡侯。

汉长安的大学在安门之东，杜门之西，希望有校舍的瓦当发现，以证史记之实。大学的校舍会用瓦当吗？暂无实物证明。

2015 年，有海昏侯墓入选中国十大考古发现。海昏侯墓出土文物一万余件，包括青铜器、玉器、漆器、马匹、马车，表示财富的，足有十余吨铜钱及大量的金饼、马蹄金、麟趾金，悉举世罕见。海昏侯是汉宣帝所封，海昏侯墓主就是刘贺，王式为其老师也。

汉长安城的东市与西市

市是交易的地方，古之市井就是今之市场，任何人都会到这里来的。汉长安城设置九市，凡是需要物品购销的区域，都开了市。

九市的东市、西市、南市、北市，皆设城里。九市的柳市在昆明池以南，直市和交门市，在渭桥以北，孝里市在雍门以东，交道亭市在便桥以东，悉置城外。

居长安城的皇帝、皇后、太子、嫔妃、百官、庶民，无不以市提供衣食及春秋之用。无市难以生活，有市而不繁荣，繁荣而货不真，价不实，尽是社会问题。

拘以经验，让我想象汉长安城的九市必有偏差。好在班固和张衡的文章还在，可以借以想象九市之景，只是班张二兄的赋多有夸张，也不敢全信。班固形容九市之盛之密曰："人不得顾，车不得旋，阗城溢郭，旁流百廛，红尘四合，烟云相连。"张衡注意到了对九市的管理，曰："旗亭五重，俯察百隧。"

凡物品入市，会以种类排成行列，行列之间留有的空隙供人来往，谓之隧。旗亭就是旗亭楼，就是市楼，就是市亭，是隆起于市的建筑，高高在上，管理者在此举旗启市，落旗闭市，并观市之动静。当然，也有认为市之开关是以击鼓指挥的。实际上开关的方式是变化的，市所在的区域不同，开关的方式便不同。

市之管理者大约有市长、市令、市丞，又有市吏、市掾、市啬夫，各有分工，各司其职。凡铺面的注册，违禁物品的检查，度量衡器械的标准，价格的评估及市租收取，咸在管理者的掌握之中，不过总负责是三辅都尉。

东市和西市是汉长安城最重要最热闹的交易之处，然而东市与西市各在何址，意见不一。或曰杜门大道以东的三市为东市，杜门大道以西的六市为西市，或曰横门大街以东为东市，横门大街以西为西市。

横门大街南自横门，北至横桥。关于东市与西市之划分，以横门大街为界的意见现在似乎占了上风。考古发现：东市位于横门大街以东 90 米之处，东西 780 米，南北 650 米到 700 米，面积 52. 65 平方米；西市位于横门大街以西 120 米之处，东西 550 米，南北 420 米到 480 米，面积 24. 75 平方米。东市与西市悉有市墙，其宽在 5 米到 6 米之间。长安人谓市墙曰阛，市门曰阓。

东市与西市所提供的物品颇为丰富。姜呀，韭呀，各种蔬菜都是有的。杏呀，桃呀，橘呀，枣呀，各种水果也都是有的。还有从西域过来的葡萄。实际上，葡萄的故乡在地中海沿岸，其先传大宛，张骞出使西域之后，又传长安。肉类有猪、有羊、有牛，也有鱼。凡饮品，酒类和浆类皆售。还有经营食品的，什么杨豚韭卵，什么狗脑马朘，什么煎鱼切肝，什么羊淹鸡寒，什么粱饭肉羹，比较复杂，不知道怎么烹饪，怎么吃，是何味道。胡饼也属于食品，当然也是从西域过来的。皮类有猪皮、羊皮和牛皮。貂皮昂贵，不过也是有的。丝绸类有帛、有絮，也有以丝绸所制之衣。器具类有木器、漆器、铜器、铁器，还有匡床和旃席。建筑材料不过是原木和竹竿，玻璃和瓷片当然是没有的，甚至也没有砖和瓦。当年的奢侈品无非是玳瑁、珠玑和旄羽。君子佩玉，显然不可随便交易。

东市比西市大，容纳杂而影响强，是因为东市的功能多。东市有卜肆，就是通过一定的程序预测命运的铺面，卜官鱼龙相混，然而也必有高士。东市更是刑场，遂有弃市发生。

贾谊是无所不通的，所以汉文帝才半夜召他以问鬼神。李商隐针砭汉文帝不问苍生，是抒发自己不得重用的窘况。汉文帝可以问苍生，也可以问鬼神，可以向贾谊问苍生，也可以向贾谊问鬼神。贾谊既懂苍生，又懂鬼神，为什么不能半夜受召以答鬼神呢？关键是贾谊对渺渺之事有兴趣，也有琢磨。

有一天，长安细雨，霏霏绵绵，街道空旷且安静。贾谊和宋忠相约，乘车抵东市。贾是博士，宋任中大夫，皆为汉官。他们博闻饱学，好考世变。会休假之日，经贾谊提议，到卜肆来，想试一试卜官之业。

司马季主执掌其卜肆，有弟子陪侍。见贾谊和宋忠是智者，便以礼待之。司马自楚游学长安，精易，也精黄帝老子之术，属于贤者，是不慕功名的。请贾宋坐定，司马就继续刚才对弟子的教诲，无非是天地之始之终、星辰之纪、仁义之际、吉凶之符。他的课程告一段落，弟子便沉思默想，以消化理解。贾谊和宋忠瞿然有悟，挺身正襟曰："吾望先生之状，听先生之辞，小子窃观于世，未尝见也。今何居之卑，何行之汙？"甚至妄言操弄甲骨和蓍草的卜官是为世所轻贱的。司马捧腹大笑，谴责他们何以侮辱长者。稍有停顿，遂从容推演祸福枯荣之理，结语是："故骐骥不能与罢驴为驷，而凤凰不与燕雀为群，而贤者亦不与不肖者同列。故君子处卑隐以辟众，自匿以辟伦，微见德顺以除群害，以明天性，助上养下，多其功利，不求尊誉。公之等喁喁者也，何知长者之道乎。"贾谊和宋忠茫然失色，怅然噤口，慌乱之中摄衣而起，作拜而去，样子颇为狼狈。

几年以后，贾宋皆有灾难。贾谊为太傅，以梁怀王刘揖坠马丧命，他也忧愤而死。宋忠出使匈奴，由于不能完成任务，遂受惩罚。司马迁评议贾宋二人曰："此务华绝根者也。"

尝有数人在东市腰斩，这显然是要广而告之，惊怵四方。

晁错任御史大夫，建议汉景帝削诸侯之地，以减诸侯之势。上知道此是为天子尊，宗庙安，政策是对的。不料吴楚七国起兵，骤然向长安骏奔。爰盎一度任吴相，多受吴王刘濞之财，难免包庇吴王。一旦吴王串通诸侯造反，爰盎就大隐吴王之恶，极怕晁错治他的罪。不仅如此，爰盎还先下手，向汉景帝诬告吴楚七国之乱责在晁错，只要灭了他，恢复诸侯之故地，血刃乃止。恰恰吴楚七国起兵的借口是诛晁错、清君侧，汉景帝便转念要牺牲晁错。他任爰盎为太常，交涉吴王退兵之事。十天以后，丞相庄青翟一伙蓦然上奏告晁错大逆不道，应该腰斩。汉景帝制曰：可。有中尉陈嘉通知晁错上朝议事，晁错误以为情况紧急，换上朝服，匆匆赶路。一切都按固有的剧本演出：晁错经过东市，中尉宣读了诏书，他遂顷遭腰斩。晁错死了，朝服还在身上。

汉武帝时，刘屈氂为丞相，其私欲深重，竟作巫蛊诅咒上亡。汉武帝发现此勾当，就令用装饭的车拉刘屈氂往东市去腰斩之。

汉昭帝时，一个夏阳人成方遂在长安做卜官，风闻自己貌似已经自缢的卫太子刘据，竟以此行骗。拙劣至极，便受腰斩于东市。

王莽以汉平帝幼稚，有计划有步骤地进行篡权。王莽之子王宇恐汉平帝长大以后报复，遂联络吴章趁夜黑血涂王莽宅门，以示鬼神之威，希望王莽悬崖勒马。此案一破，王莽怒杀王宇，腰斩吴章，并裂吴尸于东市之门。

我猜，腰斩之日，东市一定人山人海，构成了长安的狂欢。

唐长安城

李渊把隋文帝的大兴城拿过来而改之，就是唐长安城。

大兴城的主要规划者和具体构思者是宇文恺。那时候，龙首原还是一片颇近原始气象的土地，可以一览无余。宇文恺走来走去，用心观察，发现龙首原自东北至西南而倾，其大平，小起伏，隐然呈六坡，有高有低。他遂以乾卦六爻的意义寓于自己的设计之中：九二置宫城，九三立百司，九五为贵位，从而以玄都观与大兴善寺镇之。

唐长安城的宫城、皇城和外郭城平行而陈，不过皆压其轴线。轴线纵而贯穿，衡而无偏，以齐于天。宫城象征着北辰，皇城之衙署象征了围绕北辰之紫微垣，外郭城便象征了环拱北辰之群星。实际上这些也并不玄乎，无非是天人合一和君权神授的一种表达而已。

唐长安城背靠龙首原，目击终南山，左临浐与灞，右挽沣与涝，确乎是雄踞关中。它的大内有三：太极宫、大明宫、兴庆宫。大内的故事无不精彩，甚至今之人仍会津津乐道。东西设十四条大街，南北设十一条大街，初划一百零八坊，卒为一百零九坊。面积大约八十四平方千米，人口大约一百万。在此生活的不仅有唐人，还有其他国族的使节、质子、商贾、演艺者及宗教传播者，还有留学生。唐长安城固然是天子的城，它也是国际化大都市。胡人活跃，蔚然有了胡风。

唐长安城北面为禁苑，不开城门。它南面有三门，居中的是明德门，偏东是启夏门，偏西是安化门。东面有三门，居中是春明门，偏北通化门，偏南延兴门。西面有三门，居中是金光门，偏北开远门，偏南延平门。城门多置三门洞，唯明德门五门洞，其至宽极阔，经朱雀门街，通朱雀门，再经承天门街，达承天门并玄武门。其纵长大约 8.651 千米，谓之轴线。

唐高祖在这里坐江山，为唐之发踪。算武则天，共有二十二位唐皇帝，其中杰出的是唐太宗和唐玄宗。唐太宗有贞观之治的荣誉，是因为他的文治武功。唐玄宗也有开元之治，颂为太平盛世。杜甫赞其：“稻米流脂粟米白，公私仓廪俱丰实。”可惜唐玄宗的太平盛世也存在两极分化，所以杜甫也责曰：“朱门酒肉臭，路有冻死骨。”

唐皇帝身在龙幄之中，但宏愿却常至西域之远，遂有安西都护府和北庭都护府的设置、丝绸之路的绝与通。

唐长安城曾经出现过信仰自由。唐政府的高官也多是诗人。宰相张九龄与苏颋、尚书右丞王维、监察御史刘禹锡与柳宗元、左赞善大夫白居易、同中书门下平章事元稹、京兆尹兼御史大夫韩愈，无不有杰作流传。当官为文，见证了他们的精神高度、学问积累和语言艺术，也是所有时代官员的一个参照。然而诗人多难，李白和杜甫，皆失意于长安。

从唐长安城脱颖而出的两个女人，尽为中国历史之最。武则天，最具权势的女人，杨贵妃，最具美貌的女人。

唐长安城也有自己的阴影。吐蕃兴师进犯，据之十五昼夜，天子不得不离开了它。为防吐蕃入之，京师的戒严一而再，再而三。回纥更是可恶，以其有功，便在唐长安城威风凛凛，动辄作怒。唐嫁公主有七：弘化公主嫁吐谷浑，文成公主和金城公主嫁吐蕃，宁国公主、咸安公主、永安公主、太和公主，皆嫁回纥。公主本当有福，不过以和亲而嫁就惨极了。七公主外嫁，实为唐长安城的隐痛！

明清的西安城，营于唐皇城夯土之上，其面积只占唐长安城面积十分之一略强一点，小巫见大巫矣！自立西安市之后，这里的建筑遂四面膨胀。进入21世纪以来，高楼大厦见缝插针，无空不作，看起来已经完全覆盖了唐长安城的基础，甚至逾越了它的外郭城，可叹遗址所剩无几矣！凡皇城、大明宫、兴庆宫、圜丘坛、芙蓉苑、曲江池、朱雀门、含光门、明德门、大慈恩寺、荐福寺、大兴善寺及青龙寺，固然都是遗址，可惜其故态多有所改，究竟还保留着多少唐的元素呢？遗址几乎皆在高楼大厦的间隙之中，呼吸难免气喘。从西安美术学院门口东望而去，会发现岑参所咏的耸天宫而压神州的大雁塔顿然变矮。其东边的高楼大厦，赫然一片，遂使大雁塔仿佛偎在了它的怀里！

太极宫

太极宫就是隋宇文恺所设计的大兴宫。

它坐落于长安城北部，又居中央，并压明德门至朱雀门至承天门至玄武门之轴线。唯我独尊，至高无上，南面为王，是皇帝的普遍心理。太极宫的位置及其形式，便典型地体现了此心理。

太极宫之门颇多。南六门，最雄阔最庄重的是承天门，其东长乐门，再东广运门，再东永春门，其西永安门。北三门，有玄武门，其东安礼门，再东玄德门，也就是东宫之北门。东一门，曰凤凰门。西二门，靠南曰通明门，靠北曰嘉猷门。

李渊为唐高祖，登基以后，封长子李建成为太子，次子李世民为秦王，三子早就死了，封四子李元吉为齐王。李世民久立凌云之志，想当太子，攻势甚猛。李建成和李元吉遂结成同盟，反击李世民。斗争激烈，一触即发。到公元626年夏天的一天，李世民向唐高祖密奏太子和齐王淫乱嫔妃，并藏害上之谋。唐高祖惊诧，召太子和齐王质询。李建成和李元吉并不知道真相，乐见唐高祖。走到临湖殿，忽觉异常，俄顷调马而逃。实际上李世民是先下手，已经伏兵玄武门。其发现兄弟跑，拉弓就射杀了李建成，尉迟敬德也冲上去射杀了李元吉。局势便由李世民掌控，唐高祖不得不封秦王为太子。两个月以后，李世民取代唐高祖，为唐太宗，李渊做了太上皇。此为玄武门之变。

太极宫四面筑墙，以保证安全。南墙在今之莲湖路跨北大街通西五路一线，贴莲湖路的西五台，当是一段残垣。北墙在今之西安城安远门外自强路一带，起高伏低，遂有气势。东墙在今之解放路一带，这里楼厦遍地，完全湮灭了。西墙的基础就是今之西安城西墙北段的基础。经测，太极宫东西长大约 2820 米，南北长大约 1492 米。

太极宫以东是东宫，太子住于斯；以西是掖庭宫，嫔妃住于斯，官宦之家的罪妇也住于斯。太极宫与东宫之间，太极宫与掖庭宫之间，皆以三丈五尺之墙隔阻着，若壁垒一般，严禁乱窜。不过史记太子李建成为打倒秦王李世民，曾经结交嫔妃，以让她们诽谤秦王，夸赞太子。资料显示，太子李建成与张婕妤及尹德妃之间还有暧昧关系，不过这也未必可靠。失败者已经闭嘴，但胜利者却大享传播之权力，既可以述，又可以作。公元 627 年，李世民即皇帝位，便是在东宫的明德殿进行的。

太极宫前殿是太极殿。在隋其为大兴殿，公元 618 年，唐高祖改之为太极殿，设东上阁和西上阁。中朝于斯，无非是皇帝召见大臣，处理朝务。也许是考虑君臣会晤的方便，唐政府的机构，凡门下省、中书省、弘文馆、史馆、舍人院，皆在太极殿东墙外侧或西墙外侧。唐高祖和唐太宗共执政三十二年，基本上令从此出。名相房玄龄、杜如晦，名将李靖、尉迟敬德，谏臣魏徵，也多在此工作。

太极殿以北是两仪殿，其在隋为中华殿，公元 631 年，唐太宗应瑞改之。内朝于斯，无非是皇帝的日常活动。一旦有军国大事密谋，皇帝遂令亲信到此。两仪殿的气氛比较轻松，不十分拘礼。

唐高祖传位于李世民以后，心情总体上还好。公元634年，西突厥有使节至长安，唐高祖在两仪殿设宴请之。感慨顿生，就对长孙无忌说："当今蛮夷率服，古未尝有。"显然是夸奖唐太宗，并高兴地以酒赐之。唐太宗甚为激动，赶紧奉觞敬父。唐太宗尽管为上，然而毕竟是子。他流了泪，表白自己所做，遵循的是父意。

环两仪殿，主要是东侧、西侧和北侧，还有甘露殿、神龙殿、武德殿、承庆殿、千秋殿、百福殿、凝阴殿、承香殿、紫微殿、雍和殿、嘉寿殿。唐太宗尝在嘉寿殿请突厥人贺鲁用餐，以结互利关系，不过到唐高宗执政，关系便转向对抗。甘露殿宽宏，唐玄宗自蜀返长安，居兴庆宫一段，遂迁居在此，不久于神龙殿逝世。

太极殿以南为承天门，它是太极宫颇为特殊的一个门，横街甚阔，俨然广场。外朝于斯，凡改朔、元旦、大赦、阅兵和受俘，皇帝都会登临承天门举行一定的仪式。承天门遗址当在今之莲湖公园。

平吐谷浑的战略是在太极宫决定的。唐太宗也在太极宫决定打高昌，随之设西州和庭州，置西域都护府。唐能有效治理西域，掌握丝绸之路上的贸易，这是关键的一步。

大明宫

大明宫在当年多为诗人所咏。

公元634年，唐太宗在龙首原上，禁苑之内，长安城东北一带筑永安宫，以让唐高祖清暑。这里地势隆起，秦岭可视，当是旷放凉爽之处。可惜唐高祖崩，无福享受。一年以后，取意如日之升，改永安宫为大明宫。到公元662年，唐高宗取意如山之寿，则曰蓬莱，又改大明宫为蓬莱宫，并修缮而迁之。唐高宗离开太极宫，是由于他患有风痹，湫湿之地，妨碍健康。当然，太极宫的房子也拥蔽，空间小，不敞亮。于是公元663年，唐高宗就征十五州民财，减百官一月俸禄，筹其经费，扩建蓬莱宫，遂为壮丽。公元670年，又改之为含元宫。到公元701年，武则天又改之为大明宫。

经测，大明宫东墙长大约2614米，西墙长大约2256米，略呈楔形。大明宫南墙与皇城北墙的一段重叠。大明宫南墙有五门，正门是丹凤门，其东望仙门，再东延政门，其西建福门，再西兴安门。大明宫北墙一门，曰玄武门；东墙一门，曰太和门；西墙一门，曰日营门。

丹凤门相当于太极宫的承天门，其以大明宫前殿含元殿配合，皇帝于斯举行外朝。含元殿左右有砌道盘曲上下，谓之龙尾道。王维诗曰：“降帻鸡人报晓筹，尚衣方进翠云裘。九天阊阖开宫殿，万国衣冠拜冕旒。”颂其大明宫早朝之盛。

在唐政府任职的，也有西域诸国之士。天竺的、波斯的、康国的、安国的、龟兹的、疏勒的、于阗的，以功以技，皆置岗位。大明宫的早朝，他们也参加，遂有王维之吟。

宣政殿在含元殿以北三百米处，皇帝多于斯举行中朝，也在此

唐长安城大明宫大福殿残墙

举行大试，录取贤良方正之士。杜甫诗曰：“天门日射黄金榜，春殿晴曛赤羽旗。宫草微微承委佩，炉烟细细驻游丝。”状其宣政殿退朝之怡。宣政殿两侧有门下省、中书省、弘文馆、史馆、御史台、待制院，以图工作之方便。宣政殿也用于外事活动。公元730年，吐蕃有重臣论名悉猎一行入朝示和，唐玄宗于斯接见。上列以羽林仗，又赐其袍带器物。唐肃宗曾经在此设宴慰劳对收复长安和洛阳有功的回纥叶护，并赐锦绣缯彩及金银器物。公元788年，应回纥之求，唐德宗欲嫁咸安公主。回纥叶护极为重视，竟派宰相一行男女一千余，至长安赫赫迎接。上也重视，选宣政殿接见。

紫宸殿在宣政殿以北，皇帝多于斯举行内朝。紫宸殿也是会用于外事活动的。公元727年，唐玄宗上于斯接见突厥毗伽可汗的使者梅录啜。七年以后，梅录啜竟毒杀毗伽可汗，不成。毗伽可汗不饶梅录啜，报复了他。梅录啜虽然为突厥工作，不过他是一个回纥人。唐肃宗有求于回纥，以平安史之乱，便多次在这里飨会回纥的使者和权贵。公元758年，请使者亥阿波一行八十人，又请大首领盖将一行，以感谢照顾嫁回纥的宁国公主，又请了回纥的三个豪妇。公元759年，请回纥王子骨啜特勒及宰相帝德一行十五人，旋以骨啜特勒返其行营，上又请之。

延英殿在紫宸殿以西，是重要的议政之所。从唐肃宗起，皇帝每有咨度，或大臣欲奏，便在此召对。公元760年，回纥使者延支伽里一行十人至长安，于斯拜谒唐肃宗。公元762年，唐代宗在此会晤吐蕃使者烛番、莽耳一行，其献方物，上也分别有赐。公元765年，以郭子仪的智勇，回纥同意盟约，重申协唐打击吐蕃之愿。唐代宗大悦，遂在这里设宴祝贺，回纥宰相护地毗伽一行一百九十六人出席，可谓盛矣！

大明宫有太液池，水波粼粼。在其西岸是麟德殿，皇帝往往在这里召见亲信，偶尔也会晤外国使者。武则天为女皇帝，似乎尤好于斯进行外事活动。公元702年，有都督陈大慈四战吐蕃，无不胜之，斩首千余级。吐蕃赞普器弩悉弄示和，派使者论弥萨一行入朝，武则天在此会晤，并置酒以享。皇帝兴之所至，就在麟德殿举行蹴鞠或乐舞一类的娱乐。武则天接见论弥萨，也便奏了百戏。百戏为表演艺术，节目甚多，论弥萨睹之大为惊诧，向女皇帝说："臣生于边荒，由来不识中国音乐，乞放臣亲观。"武则天慷慨，同意论弥萨一行自己看一看。论弥萨一行欣赏之后愉快至极，对武则天拜而谢之，说："臣自归投圣朝，前后礼数优渥，又得亲观奇乐，一生所未见。自顾微琐，何以仰答天恩，区区褊心，唯愿大家万岁。"尽管吐蕃展现了谦逊，然而它仍会攻唐的。公元703年，武则天还在此会晤并请了日本执节大使粟田朝臣真人。唐德宗曾经于斯接见回纥公主，且有礼赠。唐宪宗时，回纥改回鹘。至公元813年，回鹘提出和亲，派使者伊难珠来朝，唐宪宗遂在这里请之，并赐其帛品和银货。

唐高宗以后，大明宫固然已经是唐的政治中心，不过皇帝即位、婚礼和葬礼，仍在太极宫举行。

现在有了一个大明宫遗址公园，可惜流行元素太重，堵塞了思唐之灵穴。

兴庆宫

初适兴庆宫公园是一次活动，我正在读大学。当时情有所恋，心不在焉，遂粗略浏览，只留下了木茂水曲的印象。之后携孩子乐游，因为总念其安全，也便未能专心欣赏。

此公园南门以一街之隔正对西安交通大学，所以有一个观点认为，1958年修建兴庆宫公园，是为了大学教授的休闲。他们是从上海过来的，素有以跳舞为娱的习惯，西安没有这样的环境，未免委屈他们，就选唐兴庆宫遗址造了此公园。虽然并无官方文件作为证词，不过想起来这也符合情理。

唐有三大宫殿，太极宫和大明宫皆依龙首原而作，唯兴庆宫靠南，不仗其高亢之势。这是唐玄宗的决定。破俗越习，也只有唐玄宗胆壮如是。

李隆基是李旦的三子，富于英武之才。七岁那年，他以严整的车骑至朝堂，将军武懿宗见其仪仗十分威重，顿生嫉妒，便打算削弱之。不料遭李隆基抗议，他叱喝道："吾家朝堂，干汝何事？敢迫吾骑从！"当此之际，武则天大揽朝政，武懿宗当然也是她的人，不过知道孙子七岁竟如此自信坚毅，也颇为喜悦。庸才只能得到庸才之好，然而异人所好的总是大才，可惜世间永远是庸才多，异人和大才少。

宫廷未免出现斗争，有时候斗争还非常惨烈。公元710年，李隆基联合太平公主剪除了韦氏势力，立李旦为皇帝，乃唐睿宗。李隆基有功，遂为太子。两年以后，唐睿宗让位给李隆基，是唐玄宗。公元 713 年，唐玄宗又逼太平公主自杀，并消灭了她的势力。太平公主是武则天的女儿、唐玄宗的姑姑，然而只要妨碍执政，他照样动武。

唐玄宗有气魄，也有措施。登基以后，他先整肃军队，接着调动大臣，当罢的罢，手段很硬。以姚崇为宰相，委以治权。狠纠奢华之风，反对厚葬。当然，他也常常读史。欧阳修论唐玄宗说："方其励精政事，开元之初，几致太平，何其盛也！"不过唐之衰，也是从他开始的，此并非没有根源。

李隆基兄弟五个，小的早逝。武则天赐他们居长安城东南的隆庆坊，为五王子宅，附近就是春明门。有一年，这里的井水涌流，汪然为池，因为处于隆庆坊，遂称隆庆池。望气者认为隆庆池有天子气，遂在上巳节泛舟其水以压之，并频频在此宴游。五王子宅临水，不久便出了皇帝唐玄宗。改隆庆坊为兴庆坊，隆庆池为兴庆池，是为避讳李隆基之大名。

唐玄宗似乎对太极宫和大明宫没有多少兴趣。他显然有自己的打算，遂在公元 714 年，于兴庆坊大兴土木，为自己做兴庆宫。诸兄弟都是明白人，欣然献其宅，以增广之。兴庆宫之大当然不止于兴庆坊，永嘉坊和胜业坊的一半以后也归纳其中了。

兴庆宫共营造了十五年，始为离宫，卒为朝堂。从公元 728 年开始，李隆基于斯处理军国大事。在此之前，公元 726 年，筑其复道北上，以方便唐玄宗往大明宫去。在此以后，公元 732 年，又筑复道南下，以方便唐玄宗偕丽人游曲江池和芙蓉苑。复道也是夹城，沿外郭城东墙而修，共 7970 米。在工作和生活上，兴庆宫显然都占尽了优越。然而事有不妙：公元 756 年，安禄山攻破潼关，唐玄宗仓皇之中，弃京师而去。从头至尾，他居兴庆宫二十九年，足证其对这里的喜欢。

经测，兴庆宫东西墙长大约 1080 米，南北墙长大约 1250 米，面积大约 1035 平方千米。其以墙分兴庆宫为北区和南区：北区以殿堂为主，有兴庆殿、南熏殿、大同殿、龙池殿。南区以园林为主，是温柔之乡，有兴庆池或龙池，水上频行彩舫花船，还有沉香亭和长庆殿。今之兴庆宫公园在其南区，也只是兴庆宫园林的一个部分。

凡皇帝之居，朝堂之门多向阳，太极宫和大明宫便是如此，不过兴庆宫突破了中国传统建筑的审美理念：其西面而作，正门兴庆门，对着日落的方位，确实有反常惊世之异。李隆基兄弟宁王、申王、岐王和薛王，献宅有德，遂环兴庆宫而住，栋宇皆在其西。兴庆宫有一个重要建筑是花萼相辉楼，两层，以一街相望并相连于诸王宅。其豪华，不失恢宏。李隆基与兄弟关系亲密，题花萼相辉是以棠棣之意喻兄弟的合欢。史记，一旦唐玄宗闻诸王奏乐，就召其上花萼相辉楼，同榻而坐，击鼓吹箫。

唐玄宗在花萼相辉楼也飨群臣，这往往是乘兴为之。突厥毗伽可汗之妻见突厥灭，自己便带了一批随从归附唐，唐玄宗能不喜悦吗？他一乐遂请百官吃饭，甚至诗咏突厥夫人至长安。

兴庆宫公园有西门，走出去就是卧龙巷，是明清及民国以来的街巷。这一带属于隆庆坊五王子宅的范围，也当为兴庆宫所辖。现在它尽为民房，杂货店、馒头店、手机收费店，零星而设，还停着一辆收破烂的架子车，显得脏和乱。不过在卧龙巷的深处，有一棵巨大的国槐，老皮苍枝，颇有历史感。

龙池以北是兴庆殿，巍峨壮丽，为兴庆宫的主体，唐玄宗的外交活动往往于斯进行。可惜未发现他在此接见谁，印度、波斯或高丽的宗教家和旅行家，似乎都没有到兴庆殿来过。当然也可能我有疏忽，没有发现。

兴庆宫公园的北门设于过去的兴庆殿一带，遗憾这里也多是饭摊、麻将摊、鞋摊，人来人往的。越街巷而过，曾经是一家印染厂，破产以后，其地就供一家公司盖楼，其宣传策略便要借势：什么皇家故地，什么近在龙池，并可以呼吸兴庆宫公园的芳气。楼起而高，显然会卖得大价。

勤政务本楼应该为前殿或相当于前殿，凡改朔、受俘、宣布大赦、会晤大臣，多在这里进行。不过也未必严正，唐玄宗也喜欢在这里请百官吃饭和赏戏。此楼竣工于公元 720 年，当时李隆基三十六岁，正是把社会推向太平的日子。

不过也有苗头显示，唐玄宗将自满骄傲，追求享受，直至沉溺声色之中。有大臣发现了征兆，遂要迎合唐玄宗，搞一点个人崇拜。到公元 729 年，逢唐玄宗四十五岁生日，这一天百僚便表请每年的八月五日为千秋节。唐玄宗同意，并布告天下，设宴豪酺，热烈祝贺。群臣竞进万寿酒，王公士庶也纷纷献礼。唐玄宗甚为得意。

李隆基的颓废是在其执政二十五年以后变得严重了。这一年他所宠的武惠妃亡，感情顿然失落。他也五十三岁了，渐入老境，心理便倾向消极。大约三年以后，唐玄宗见杨玉环，眼睛蓦亮，虽然她是自己的儿子寿王李瑁之妃，也决定纳，不过这需要一番道教的手续。开元二十九年正月二日是唐玄宗母亲窦氏忌日，杨玉环愿意为窦太后追福，就度寿王妃为女道士，号太真，住太贞观，这便解除了李瑁和杨玉环的婚姻关系。公元 745 年，唐玄宗下诏册立杨玉环为贵妃，唐玄宗六十一岁，杨贵妃二十七岁。实际上几年之前见杨，杨就侍寝唐玄宗了，不过办理了这些手续，便合法了，杨也就能名正言顺地侍寝唐玄宗了。唐玄宗显然酷爱她，甚至难以割舍。有杨贵妃的生活似乎变成一种享受，遂把工作都交宰相李林甫了，李亡，便交宰相杨国忠，杨贵妃的堂兄了。这些几乎都是在兴庆宫发生的，它将见证唐的盛衰转折。

兴庆宫有沉香亭，就是以沉香木做的亭。唐玄宗天宝某年春天，牡丹绽放，唐玄宗偕贵妃赏牡丹，一时兴起，命李龟年演唱，艺术家便按惯例歌起来，皇帝不悦，说:“赏名花，对妃子，焉用旧乐词为！”立即遣李龟年持金花笺，觅翰林学士李白进乐词。李白当时正在酒肆醉眠，然而不敢有违皇帝之诏，遂在陶然之中填词三首以为乐。李龟年持乐词匆匆返兴庆宫，唐玄宗看了高兴，呼梨园弟子弄其丝管，李龟年歌之。杨贵妃端玻璃杯浅酌西凉州葡萄酒，微微而笑，含有厚意。唐玄宗兴味更浓，竟吹玉笛以伴奏。

李白所填词三首，其中一首是：

一枝红艳露凝香，
云雨巫山枉断肠。
借问汉宫谁得似，
可怜飞燕倚新妆。

高力士悄悄告诉杨玉环：“以飞燕指妃子，是贱之甚矣！”赵飞燕是汉成帝皇后，可惜没有儿子，乱交，其妹妹又使汉成帝纵欲猝死。一旦高力士如是联系，杨玉环便积怨李白了。李白初到长安来那年，狂狷得很，曾经让高力士为他脱靴，高深以为辱。挑拨杨贵妃憎恨李白比自己恼李白有用多了，因为杨贵妃可以在枕边向唐玄宗进其谗言。果然，李白断了仕途，不得不离开长安，浪荡天下。

难得倾国倾城之貌，唐玄宗昏昏庸庸，耽于妩媚，陷入凝脂。春宵帐暖，秋夜帷爽，军国之事日日敷衍，直到范阳鼙鼓滚滚而来，大梦方醒。匆匆向蜀避难，过马嵬驿，六军行义，箭杀了杨国忠，接着要求对杨贵妃正法。唐玄宗无可奈何，只得让高力士协助杀了杨贵妃，遂入剑阁。唐玄宗一失兴庆宫，二失美人，三失皇帝之位，尤其是唐朝以震荡而衰。

公元 757 年，唐军收复长安，李隆基才愀然归京师，仍居兴庆宫，不过身份已经是太上皇了。当时是冬天，万木萧条，龙池一层白冰。不知道为什么在他七十八岁那年要从兴庆宫迁太极宫，总之不久就崩。

不过唐玄宗对西域始终有足够的重视，甚至任其三子李亨为安西大都护。他对突厥和吐蕃的措施都很强硬，因为他知道，西域诸国，凡大一点的，包括大食，无不在谋取对丝绸之路的控制。

随着兵火和风雨的摧残，兴庆宫一路倾圮，剥蚀，悄然湮灭。到清朝终结之前，这里已经蜕为农田，长麦子，长菜。不过毕竟是兴庆宫遗址，遂常常于斯可以捡到唐瓦和唐砖。到 1958 年，用其遗址的一个部分，轰然造了一个公园。

2011 年 7 月 9 日，我情怡意散，考察了兴庆宫遗址，徘徊公园的桥上与树下，进南门，出北门，走西门，辞东门，唐的痕迹一无所见，唐的气象稀薄近无。几个仿古之亭楼虽然在点染着，不过欠其韵味，便显生硬，尤其不堪的是，公园里的儿童玩耍设施随意安放，也有失先进，更在一隅挖潭养鱼，诱客垂竿而钓，钓而火烤，青烟袅袅，随风飘之，变历史感和悠远性之地为平淡的市井之状，使我摇头惋惜。

然而它毕竟是兴庆宫公园，木生几十年，蓊郁成荫。凡国槐、雪松、雪杉、侧柏、刺柏、银杏、皂荚、柽柳、三角枫、五角枫、白蜡树、核桃树，往往粗壮难搂，高能蔽日。地有起伏，水呈逶迤，在西安也是一种可贵。

唐长安的大学

唐朝的大学，在唐玄宗时增加了一所广文馆，不过唐之大学一般指国子学、太学、四门学、书学、律学、算学。国子监为唐政府主管的教育机关，驻长安城的务本坊，此六学皆隶国子监。

国子监制度并非固有，也并非不变。它在唐高祖时为国子学，隶太常寺。至唐太宗时，国子学从太常寺独立出来，为国子监。唐高宗时，先改国子监为司成馆，后又恢复为国子监。至公元 684 年，武则天再改国子监为成均监。女皇帝崩，唐中宗即皇帝位，遂又恢复为国子监。事在公元 705 年。

国子监制度渐渐成熟稳定，并得以延续一千余年，至清。清末废科举，立学部，出现了大学堂，于是国子监就只掌文庙辟雍典礼。到中华民国时，以教育部取代清之学部，蔡元培为首任教育总长。

公元 630 年，唐在国子监立孔子庙，以向圣人致敬。唐也有二石经立国子监，一是唐玄宗所书并作序且作注的台石孝经，二是唐文宗支持所制之开成石经，以供生员学习。黄巢攻掠唐长安，孔子庙尽为灰烬，唯二巨碑得以存焉。韩建以皇城为界缩建长安城，当弃便弃，不过他将台石孝经从外郭城移入了皇城，以免其废。过了几年，刘鄩在长安执政，又把开成石经移入了变小的长安城之中。此二巨碑现藏西安碑林博物馆。

国子学是唐朝的最高学府，设国子博士五人，正五品上；设助教五人，从六品上。一般百姓子弟，不当有入国子学的念头。国子学所招生员，包括三品以上子孙，若从二品以上曾孙，及勋官二品、县公和京官四品带三品勋封之子。显然，全是贵族。其以儒家经典为课业。

太学也是唐朝的最高学府，设太学博士六人，正六品上；设助教六人，从七品上。太学所招生员，包括五品以上子孙、职事官五品期亲若三品曾孙及勋官三品以上有封之子。留学生多在太学读书，凡高丽、百济、新罗、日本、高昌和吐蕃，都曾经有生员于斯学习。公元 641 年，弃宗弄赞娶文成公主以后，渐慕唐文化，包括礼仪服饰，遂派吐蕃贵族子弟至太学进修。这里也以儒家经典为课业。

四门学属于高等学府，设博士六人，正七品上；设助教六人，从八品上；设直讲四人。四门学所招生员，包括勋官三品以上无封之子、四品有封之子和七品以上之子。庶人之子，有奇才的，也可以入四门学。仍以儒家经典为课业。

律学是培养司法人才的学校，设博士三人，从八品下；设助教一人，从九品下。律学所招生员，为八品以下之子和庶人之有学青年。

书学是培养书法人才的学校，设博士二人，从九品下；设助教一人。书学所招生员，皆为普遍官员之子和庶人之聪明青年。

算学是培养天文学和数学人才的学校，设博士二人，从九品下；设助教一人。算学所招生员，也是普遍官员之子、庶人之聪明青年。

广文馆也属于唐朝的高等学府，设博士四人，正六品上；设助教二人，从七品上。在此专门培养国子学中攻进士科的俊杰，庶人之子是免进的。

唐朝近乎三百年，不同阶段所招生员不尽相等。唐太宗时，生员多达三千二百六十人。唐玄宗时，生员也多达二千二百一十人。安史之乱以后，生员锐减，反映了社会的盛衰之转。一般四门学生员最多，足有生员五百人，书学生员最少，有时候仅仅十人。年龄十四岁以上，十九岁以下，律学可以放宽到十八岁以上，二十五岁以下。

国子监的主要职务构成是：祭酒一人，从三品；司业二人，从四品下；有丞一人，从六品下；主簿一人，从七品下；录事一人，从九品下；府七人；史十三人；亭长六人；掌固八人；典学十八人；庙干二人；大成四人，编制颇简。国子监祭酒固然不如三省六部重要，不过此职务掌儒学训导之政，尊荣之至，非硕儒定不授之。

韩愈为文学家和思想家，一生有数次用事国子监，其经历显然携带着这个教育机关的幽情。

他三十四岁赴长安候选，得授四门博士。其素怀救世之思，也希望富贵，可惜俸薄之岗位难以养家，遂使他郁闷。然而对求学问道的青年，他竭心尽力，敢于以师自居。有感于十七岁的李蟠坚持执弟子之礼，他说："弟子不必不如师，师不必贤于弟子，闻道有先后，术业有专攻，如是而已。"其举一反好为人师之戒，震动朝野，有士侧目，有士骂，但韩愈的弟子却越来越多。几年以后，他迁监察御史。

三十九岁，他在江陵法曹参军任上，得授权知国子博士，然而返长安不久，便陷进了官场是非之旋涡，就请司东都，赴洛阳。两年以后，韩愈任国子博士，不过洛阳的国子监甚为冷清。

公元 809 年，韩愈迁都官员外郎，不过仍司东都，居洛阳。至公元 811 年，得授职方员外郎，欣然奔长安。遗憾的是，旋以妄论华州刺史而改任国子博士。此间，他做文章尽情自嘲，并巧放其箭以射重臣。有的观点已经是箴言了，他说："业精于勤荒于嬉，行成于思毁于随。"他说："动而得谤，名亦随之。"这些都特别耐人寻味。

韩愈五十三岁任国子监祭酒。以他在长安的影响，国子监的生员多很喜悦，有的兴奋地说："韩公来为祭酒，国子监不寂寞矣！"虽然韩愈掌国子监只有数月，不过他非常清楚问题之所在，遂进行了适度的改革。对太学，他请求只要是常参官八品以上之子，便允许入之。对四门学，他请求只要是长安五百里以内，无其资荫而有其才业之青年，便允许入之。一旦放宽入学资格，非贵族之子就有了晋升的机会。除此之外，他还请求给庶人之子提供基本的经济保障。

务本坊北抵皇城，南达崇义坊，西连兴道坊，东接平康坊。有漕渠过其南与其东而流，想来务本坊一定木茂草丰了。宋敏求尝有考察，指出其南北纵大约三百五十步，东西横大约四百五十步。今之考古测量认为，其南北长五百米，东西长七百米，面积三十五万平方米。

务本坊有进奏院和先天观，还有几个公侯的宅院，这些尽在东部，大约占其坊的一半。务本坊还有国子监，在西部，大约占其坊的一半。

出于强烈的兴趣，我夜觅国子监的踪影。它当在今之西安城永宁门以外，长安路北段偏东之区域。资料显示，务本坊处东后地与文艺路之间，如此，国子监的方位可以知道了。可惜再三相问，多不知道有东后地。终于在国槐下遇一老者，他指出，东后地就是仁义村一带。借光从西向东走过去，皆为高楼大厦，有世纪金花时代广场、香港宏信国际花园和嘉仕堡国际公馆。其皆踞地戳天，看起来又强又霸。这里没有一点国子监之迹，毫无感觉，我便彷徨于森然的钢筋混凝土建筑之下。忽然心有所动，想呈一提案，请西安当局于斯立碑，注明：唐长安的大学在此。花一点钱，就存储了丰富的历史文化信息，不亦乐乎！

唐长安城的东市与西市

在唐长安城，集中买卖货物的地方谓之市。市设朱雀门街以东的，谓之东市，设朱雀门街以西的，谓之西市。

买卖货物，必往东市或西市去，久而久之，遂呼买东西，卖东西，于是货物就演化为东西了。

长安人骂：他不是东西！他是什么东西！责其德缺、性恶，当归之货物一类，甚至猪狗不如。此乃货物演化为东西的一种延伸。

市固然是买卖货物的地方，不过它也并非一个随便敞开的场所，从而可以随便占位摆摊，叫买叫卖，不是这样的。实际上东市与西市皆有围墙，是封闭的。如何出入呢？凿墙装门。东市四面各置二门，西市四面各置二门，足够畅通了。开门定时，关门定时，夜禁其经营。我注意到唐政府的文件规定："凡市，日中击鼓三百以会众，日入前七刻，击钲三百而散。"

东市与西市，其中各有横道两条，纵街两条，彼此是平行的。

以道之横，街之纵，东市与西市遂划分成了九个长方形。九个长方形，其中各有数巷，或一，或二，或三，遗憾早就尽为土埋，不可辨识矣。凡店铺都临道而设，临街而设，临巷而设。左右相邻，或大或小，是十分的密集。有业主在正铺之前加偏铺，在正店之后加偏店，虽然是私造，也会成之以盈利。

有权贵发现建店铺于市很容易赚钱，便在东市或西市寻机营造，以租赁的形式得酬。唐玄宗意识到争利于民是糟糕的，遂下诏规定一个店铺在每月的租赁费不得超过五百文。几年以后，又下诏禁官置店铺或馆舍。唐玄宗显然知道，唐政府之官从事经营活动会损害社会的公平正义。

唐帝国自唐太宗开始还要求其官不得入市，甚至不得过市，尤其是五品以上的官。久存一种认识，商为贱，官为贵，官怎么可以混迹于商呢？官是统治者，统治者只有保持一种高雅的风度才能有效进行统治，否则是会损败威仪的。有大臣张衡，已经位至四品，将入三品，可惜一天退朝过市，见蒸饼新熟，热气腾腾，就买之骑马而食。以此遭御史上奏，遂敕其不许入三品，因为张衡之举是流外之举。

东西二市各置常平仓，王溥曰：“夫常平者使谷价如一，大丰不为之减，大俭不为之加。”显然，常平仓是唐政府所建，用以储粮。若有商囤积居奇，逢灾逼民以高价买其米，常平仓便能使之得到抑制。常平仓粮之足够，还能备荒救命，防止出现饿殍。

公元760年，长安米贵，唐政府遂煮粥于市，以济饥民。公元

811 年，长安及周边地区青黄不接，唐宪宗便令先将常平仓所存粟两千万石借于民，等小麦收获以后再征之。唐帝国在此展露了其仁慈，可敬而可念！

不过唐毕竟是 6 世纪至 10 世纪的社会，市有奴婢，律比畜产，是自由买卖的。

为保证交易公平，杜绝捣鬼，东市与西市各设市署。刀呀，矢呀，这些器物必须按标准生产，并题有作者之名，否则不许出售。度量衡应该统一，不当私造，更不当买盐用一把秤、卖盐用一把秤、买谷用一口斗，卖谷用一口斗，否则予以惩罚。

平准局的职责是根据物价之涨落进行调节。油价有涨，便平卖其油，布价有落，便平买其布，以稳定于市。平准局也承担百司衙门之物的采买，百司衙门之物不用了，它也出售。东市与西市，各设平准局。

东市设于万年县。隋就有了，当时谓之都会市。其西接平康坊和宣阳坊，东连道政坊和常乐坊，北邻胜业坊和兴庆宫，南通安邑坊，大约占两坊之地。经测，南北长 1000 米，东西长 924 米。考古发现这里有唐砖和唐瓦，还发现有开元通宝钱币。放生池在东市东北隅，其水源于龙首渠，经兴庆池注之。

东市处唐皇城东南一带，遗址范围大约是：东线在今之西安交通大学西侧，西线在今之安西街东侧，南线平今之友谊东路，北线平今之咸宁西路。一年之中，我数过这一带，楼高楼低，车来车往，树下常聚闲散之徒，或是待价而沽之劳力，难以想象此地曾经是唐长安城的东市。

东市周边广居权贵，包括国子监，还有进奏院，就是诸州、诸藩镇驻京师机构的寓所。进士考生难免活动，也住这一片。东市不乏奢侈品，更是百货陈列，计有二百二十行，凡肉行、鞦辔行、秤行、铁行、药行、绢行、金银行，无不兴旺。店铺多，生意盛，也怕火。日本有僧圆仁在长安求法，遇东市失火，印象极为深刻，其记曰："夜三更东市失火，烧东市曹门以西二十四行四千余家，官私财物，金银绢药总烧尽。"

陈子昂宅在宣阳坊，其苦于无所成名。一天逛东市，见有胡琴兜售。其标价百金，有富豪接二连三传视，只是不能判断它的优质。陈子昂走过去，慨然以千缗得之，并对众杰说："余善此乐。"众杰好奇，也想欣赏，陈子昂便邀众杰往自己的房子去闻乐。斟酒饮客之间，他手捧胡琴，客遂无不正视，侧耳以听。不料陈子昂忽然峻色，欲摔胡琴，尽情诉愿："蜀人陈子昂，有文百轴，驰走京毂，碌碌尘土，不为人知。此乐贱工之役，岂宜留心。"胡琴投地，就毁为万片。俄取其稿，遍赠众杰。一日之内，陈子昂名震长安。

回纥以助唐平安史之乱享功，至唐代宗大历年间，其居长安的，成百上千，颇为恶劣。一天，有回纥在东市刺了人，狱吏不得不捆绑嫌犯送万年县牢房关起来。回纥竟结伙而至，打伤看守，劫其徒而逃，真是猖狂至极。

2015 年，对东市遗址中部偏东处的考古发现公布了。中国社会科学院考古研究所介绍，凡街道、沟渠和作坊的痕迹，皆显于世。井有水井、渗井和窑井。水井甚浅，以砖砌壁且砌底。坑有灰坑、活土坑和陶瓮坑，还有一个卧泥池。从玉器和骨器的残片分析，也许这里存在工艺品制造点。砖、瓦、三彩器、石器、铜器和玻璃器，悉有出土。玻璃器的镀膜尚在，应该是西域某国所产。

西市设于长安县。隋也有的，当时谓之利人市。其西接群贤坊和怀德坊，东连延寿坊和光德坊，北抵醴泉坊，南达怀远坊，大约有两个坊的面积。经测，南北也1050米，东西也1050米。在此考古发现有唐瓷器，还有石臼、石杵和铁块，钱币不仅有开元通宝，也有乾元重宝。放生池在西市西北隅，其水以永安渠注之。唐政府把刑场置西市的东北隅，这里有独柳，凡命案要犯，会押送于斯腰斩。

西市处唐皇城西南一带，遗址大约在今之西安市糜家桥与东桃园村之间。建筑耸天，以玻璃幕墙反光百里，华灯列空，洒辉万点，这里确实是焕然一新。昔者农业文明，现在除了它的生活方式所养成的人的肢体动作仍在延续以外，别的荡然无存了。环顾四野，我难免觉得这里是以北京或上海为榜样，也像深圳，总之，已经没有一点皇都的韵味了。

西市比东市繁荣一些，凡东市有的肉行、鞦辔行、秤行、铁行、药行、绢行、金银行，西市尽有，也许东市所缺的客舍，西市也有，而且还有麸行、坟典肆、酒肆、帛肆、衣肆、凶肆、饼子团店、窦家法烛店、张家楼食店、寄附铺、油靛店和珠宝店。

唐三彩载乐驼俑——陕西历史博物馆展品

胡人走丝绸之路到长安来做生意，进了开远门，往往会至西市卖其货物，并买别的货物。西市不仅是唐长安城重要的生活生产用品购销中心，而且是国际贸易交流中心，凡粟特人、波斯人和大食人，都乐于在此做生意。西市的波斯邸，应该是专供波斯人住宿和存放货物的馆舍吧！波斯人擅长经营珠宝店，他们具甄别真假珠宝及其品质之能力，总是贵蚌珠而贱蚍珠。在西安市化觉巷一带，现在还有一些深目高鼻者和长须白肤者，不知道他们是否为胡人的后裔。

西市大，容易发财。有人卖粥，在店铺之间转来转去，也能发财。有人卖饮子药，药很平常，一服不过几味，百文可买一服药，然而其药灵验，可治诸病，遂喧阗于长安。居遐居迩，咸至而取。业主颇忙，甚至昼夜剉斫煎煮，也应接不暇。如此饮子药，能不发财吗？

西市大，也就飞来了魏丞鸟。是这样的：魏伶任西市丞，拿了俸禄，还不满足，想再得一些。他打算巧取，便养了一只鸟。此鸟红嘴，经驯极灵，每每飞至众人之中乞钱。虽然熙熙攘攘，比肩接踵，不过它一次唯选一人，也仅索一文。衔之送魏伶，之后再飞来，另选一人乞钱。勤勤恳恳，日得数百文。西市业主都知道此吏，谓之魏丞鸟。

唐长安城代有巨富，多是以在东市或西市做生意做大的。唐高宗时有邹凤炽，宅在怀德坊。他见上，请购终南山树，认为一树值一绢，树可尽而其绢不会尽，足证他之富。唐玄宗时有王元宝，上问他家资如何，他答上，以缣系终南山树，树尽而其缣未穷。上叹曰："元宝天下之富！"唐僖宗时，修安国寺，需要捐款，遂下诏，谁舍钱一千贯，允谁登钟楼撞钟一次。有王酒胡径往钟楼去，连撞钟一百次，随之从西市取钱十万贯以赠。唐长安城的巨富，都牛得任性了！

唐长安城也有黑暗，这就是剥削。不过一旦唐政府过分勒索搜刮，做生意的人便会罢市。东市关门，西市关门，甚至坊里之间也关门。唐长安城毕竟是伟大的，因为长安人还有抗议的权利。

在长安总会找到信仰

法门寺

法门寺的影响在于其地宫藏有佛骨，谓之佛指舍利，为释迦牟尼圆寂以后火化所留的结晶，是佛教徒崇拜之圣物。

佛骨初由印度八王均分，诸国皆起塔供奉。以后有阿育王在印度执政，他要广传佛法，遂掘诸国之塔，取出佛骨，分为八万四千份，远送天下，一一建塔以纪念。阿育王唯独没有取出蓝莫国的佛骨，因为这里有龙喷水，挖塔不得。

法门寺的佛骨源于阿育王所分，法门寺也当随之所置。阿育王统治的时代在公元前273年至公元前232年，相当于战国晚期。也许已经到秦，可惜断之颇艰。也有观点认为法门寺营于东汉，或是北魏、西魏，甚至是北周的。想象起来，还是阿育王所分佛骨之际造塔显得合情且伟大，它也对应着战国的风云变幻。我赞同这样的分析：是阿育王派使者赠佛骨到中国来了。

实际上法门寺在隋为成实道场，在隋之前为阿育王寺，塔为阿育王塔。至公元 618 年，唐高祖改成实道场为法门寺，并升格为皇家寺院，它也便有了一番辉煌的经历。

有唐一代的皇帝，相信佛教界所传之言：舍利塔过三十年开封一示，可以生善，从而国泰民安，社会富裕，自己也能得福而长寿。既然如此，就启舍利塔，大行瞻礼。

公元 631 年，佛骨面世，不过唐太宗没有迎至长安，只是在法门寺展示。僧俗之人，成千上万，争相围观。这是第一次。

公元 659 年，遵唐高宗之令，有僧智琮、慧辩及给使王长信，携上所赐钱五千及绢三千五百匹往法门寺去，以迎佛骨。天下风闻，从长安至凤翔数百里，人来人往，无不激动。佛骨先到长安，再到洛阳，完全是循规而示。武则天赐物甚多，并以金银为佛骨制棺做椁。至公元 662 年，送佛骨回法门寺。这是第二次。

公元 704 年，武则天已经当周皇帝十五年了，其命凤阁侍郎崔玄韦并僧法藏、纲律师一行迎佛骨。作法数日，谨肃发其地宫，以得佛骨。人从四方云集，遂成一时之盛。到了除夕这一天，佛骨至长安，置崇福寺。有在长安的留守会稽王率官属，以种种方式表达尊意。异花之香，上下飘浮，鼓乐之妙，遐迩以赏。过了年，佛骨又至洛阳，武则天便命王公以降及洛阳一带僧俗投体以迎。置佛骨于明堂，武则天认真祈祷，伏身叩首。武则天登极的理论基础为佛教，佛骨之迎就特别隆重。俄顷武则天退位，接着她又逝世，唐中宗开始执政。权力转手，上有数年之忙，佛骨便存洛阳。到了公元 708 年，唐中宗有闲，遂为法门寺题大圣真身宝塔，并令法藏造白石灵帐一铺，送佛骨归法门寺。唐中宗和韦皇后显然也十分虔诚，他们率子女皆剪头发放之地宫。这是第三次。

公元 760 年，唐肃宗敕中使宋合礼、府尹崔光远及僧法澄迎佛骨，置之于长安内道场。虽然尚在消灭安史之乱的残余，宇内还未稳定，不过唐肃宗仍亲临大位，以呈佛骨之心。两月以后，佛骨还法门寺。唐肃宗所赐甚为丰厚，有瑟瑟像一铺、瑟瑟数珠一索、金袈裟一副，还有金银之具和沉檀之香。这是第四次。

公元 790 年，唐德宗令迎佛骨至长安，置之于禁中，又令长安诸寺轮流敬奉。长安万众竞瞻，施舍累累。历二月，佛骨返法门寺。这是第五次。

公元 819 年，迎佛骨至长安，留禁中三天，送之于长安诸寺。王公贡献，士庶奔走。佛骨所至，人山人海，有的竟焚顶烧指，解衣散财。自晨而暮，城沸坊腾，百姓多有停业。刑部侍郎韩愈为儒家，见佛教如此之热，慨然上疏，反对皇帝迎佛骨。由于心切，表达了这样的观点：敬佛求福，反倒得祸，敬佛祝寿，反倒短命。唐宪宗震怒，要以死罪治之。大臣裴度和崔群赶紧恳请上以宽大为怀，因为韩愈毕竟是出于忠君。唐宪宗似乎颇感委屈，对大臣说：“愈言我奉佛太过，犹可容；至谓东汉奉佛以后，天子咸夭促，言何乖刺邪？愈人臣，狂妄敢尔，固不可赦。”虽然态度强硬，不过唐宪宗还是听了劝，便贬韩愈至潮州。仪式全然结束，佛骨还法门寺。这是第六次。

公元 873 年，唐懿宗令迎佛骨。有大臣极谏，甚至暗示唐宪宗

陕西扶风法门寺塔

是迎佛骨而驾崩的，然而上曰："朕生得见之，死亦无恨。"从长安到法门寺，数百里之间皆由禁军兵杖引导，车马轰鸣，梵音连绵。皇室专门制作了敬佛之物，凡浮图、宝帐、香舆、幡、幢、盖，皆饰以金玉、锦绣和珠翠，各立各位，十分华丽。唐懿宗亲临安福楼致礼，迎佛骨至内道场。魂有所感，上竟泣下沾衣。见唐懿宗这样信靠，有僧就用火点燃一把艾放在自己头上，谓之炼顶。灼烧剧痛，僧遂倒地扭曲，纵声号哭。三天之中，内道场设金花帐，摆温情床，用龙鳞之席和凤毛之褥，焚玉髓之芳，荐琼膏之乳，玄幻至极。三天以后，送佛骨至安国寺，又至崇化寺。宰相以降，百官竞相施舍，不甘于弱。所经之地，长安人无不聚众以歌，夹道而呼。然而事有难料之忧，在迎佛骨掀起一浪高于一浪的崇拜之中，唐懿宗卒，唐僖宗登基。到了十二月的一个吉日，唐僖宗诏佛骨回法门寺。凡皇帝、皇后、王公大臣，皆有珍宝相赐。至公元 874 年，唐僖宗择正月初四之日，以密宗的方式，把佛骨并供养之物统统装进地宫，紧关石门而封之。这是第七次。七为盛，所以这也是唐皇帝最后一次仰佛骨。

整整有一千一百一十三个春秋，此地宫再也没有开启，直到 20 世纪 80 年代的一次考古，才得以让佛指舍利及数千件供养之物出土见天。供养之物既有唐僖宗所赐，也有之前的唐皇帝所赐，不过以唐僖宗所赐为多。数千件供养之物，大约包括金银、玻璃、水晶、玉器、琥珀、秘色瓷、铜、玳瑁及丝绸，体现了唐的文明程度。

出于一种精神探索，我曾经一再往法门寺去，感受其神秘，也体验周原的沧桑。周原荒凉，不失旷野之美，法门寺寂静，不失朴素之美。把旅游和佛教联系起来，以带动消费、发展经济，思路没有问题。然而法门寺对世界的吸引，关键在于这里有大德，有神灵，使福寿心理得到满足。除此之外，别的一些装扮，也许并无什么魅力。

祖庭

中国汉传佛教的宗派有八，其中六宗派在长安，祖庭犹存，香火永旺，令天下仰慕者和追思者相望于道！

三论宗与草堂寺

长安以南，重峦叠嶂，唯圭峰山起地向天，如圭之上圆而下方，以迎诸侯。圭峰山以北，便是草堂寺，气象之非凡，在其深妙。

当年鸠摩罗什带领弟子于斯汉译龙树和提婆的著作，以弘扬三种法义。几十年以后，他也圆寂在此。国槐、梧桐、泡桐、柿、柳、竹，青葱一片，鸠摩罗什舍利塔就立于这些嘉木之中。此所以三论宗之祖庭也。

余尝总结曰："所谓三论宗，指以印度佛教大乘学者龙树和提婆的三部经论为立宗根据的佛教宗派。三论宗认为，思维和语言具分

草堂寺鸠摩罗什舍利塔

别有无及是非的特点，但它却并不能反映独立于意识之外的本体。它有三种法义：其一，破邪显正。破邪就是破有所得之念，显正就是显无所得之念。其二，真谛和俗谛。真谛和俗谛皆是假名，是一种教化上的方便，并不能达到对绝对真理的认识，从而不必执着，不必过分在乎得失。不过佛之言教、圣贤之高论、众生之见解，也都有一定的真理的元素。其三，八不即是中道。一切事物皆因缘聚散，遂不生也不灭，不常也不断，不一也不异，不来也不去，总之，本体不可知也。如是追究，让人纯粹而高尚，脱离低级趣味。”

到草堂寺来，一而再，再而三，见其建筑在扩大，在增高，尤其多了混凝土的制作。此乃时代变化之反映矣！

初至草堂寺是 1992 年，它有红门、小径、积雪、阳光，还有一个盘腿坐在椅子上念经的僧人。我喜欢这种意境。

它关着红门，我从田野走过来，固执地推敲，才进了草堂寺。

华严宗与华严寺

小时候，我随祖父祖母走亲戚看望姑奶奶，往往会见两塔高耸，也知道这是华严寺，然而何为华严寺，完全不懂。

姑奶奶家在少陵原畔，其半坡造有华严寺。向南樊川，再向南秦岭，形势甚壮。

华严宗有五祖，从公元 6 世纪到公元 9 世纪，接力探讨，终于使印度之华严宗中国化了。初祖杜顺，其无尽缘起说，或法界缘起

风铃悠远——少陵原南坡

说、五阶次第说，打下了华严宗的理论基础。二祖智俨，是其弟子。三祖法藏，是智俨的弟子。其逢武则天秉政，女皇帝赐贤首之号。法藏是康居人，以其父沿丝绸之路流寓长安，他遂生于长安。会梵文，能汉译佛经。总之，他提升了智俨的理论，是华严宗的实际创立人。四祖澄观，活跃于唐德宗、唐顺宗、唐宪宗、唐穆宗、唐敬宗和唐文宗六朝，极受天子敬重，是法藏之弟子。其多有著作，充盈了中国哲学思想。五祖宗密，是澄观的弟子。

余尝曰："华严宗又称贤首宗，因为法藏大师是华严宗实际创立人，他有贤首之号。又称法界宗，因为华严宗的根本教义是法界缘起说，指出一切事物或现象都是佛智慧本体的表现和作用，其相互依存，相互关摄，相互平等，圆融无碍，和谐统一。又称圆明具德宗，因为华严宗把自己的理论判为释迦牟尼教法的最高境界，谓之圆明具德。"

大约公元640年，初祖杜顺圆寂，葬少陵原半坡，遂有华严寺。

这里曾经有初祖杜顺灵骨塔、二祖智俨塔、三祖法藏塔、四祖澄观灵骨塔、五祖宗密塔。漫漫岁月，寒来暑往，华严寺现在仅存并列的两塔，东是杜顺灵骨塔，西是澄观灵骨塔。小时候我看到的那两塔，当是此两塔。云过，香过，风过，鸟过，灵骨塔的砖瓦皆有感受。

华严寺为华严宗的祖庭。以智俨及其弟子法藏和义湘尝在秦岭至相寺修行，至相寺也为华严宗之祖庭。

法相宗与大慈恩寺

法相宗的祖庭是大慈恩寺。

余尝自问自答曰：“那么什么是法相宗呢？总之，它是探究一切事物的相对真实和绝对真实的。强调无心外之境，万法唯识，也就是唯识宗了。其以玄奘长期在大慈恩寺进行佛经汉译，反复琢磨，日夜推理，法相宗或唯识宗成于斯，遂也为慈恩宗。法相宗之根在印度大乘佛教。”

隋有无漏寺，以唐太子李治纪念其母文德皇后，改之为大慈恩寺。旋见殿阔楼昂，阁丽房畅，高僧广招，大德云集，是佛教之盛。

玄奘自天竺求法返唐，久任大慈恩寺上座长老，主管翻经院，率弟子做佛经汉译和研究工作，终于创立了法相宗。

唐太宗和唐高宗都很支持玄奘，汉译成册，或为之作序，或为之作记。凡记和序，又由褚遂良书之刻石，于是大慈恩寺就有了至珍至贵的两通碑。

为置玄奘所取得的佛经和佛像，修了大雁塔。唐是开放的，诗人纷纷登之而远眺，慨叹且抒情。今之人游大慈恩寺，能诵高适或杜甫的文章才有意思。

大慈恩寺在晋昌坊，东南临曲江池，凡皇族、丽人和诗人，都喜欢至此踏青。

1973 年春节，我初瞻大雁塔，走着走着，忽感风动，头上的一

大雁塔

顶军帽就遭抢了。疾追紧撵，小偷已经翻墙越坎钻进一片古木之中，哪还能抓住他呢？现在这一带热闹极了，也没有谁戴军帽了。

玄奘及其弟子窥基和圆测皆葬于兴教寺，兴教寺也是法相宗之祖庭。

律宗与净业寺

净业寺是律宗的祖庭。

它在终南山沣峪，距西安三十五千米，坐落在凤凰山半坡，我只至此一次。国槐为唐时所植，古老庄严，别的草木也高高低低，错错落落，确实有难得的幽静和清明。

道宣者，大德也，律宗所创立也。

公元597年，道宣出生长安，小时候就出家，久务律宗。慧颙、智首，都是造诣甚深的法师，道宣有幸随之学习。他还是玄奘上座长老的合作者和交流者，能以精准的语言进行佛经汉译。大约在公元624年，他到净业寺来琢磨律宗。通过他的努力，属于佛教小乘的戒律与汉传佛教大乘的精神会而通之，律宗遂成。他于斯对律宗的著作删繁补缺，分类简化，提出了一套符合中国僧人实践的观点，并筑坛传戒。公元667年，四海高僧毕至净业寺，道宣为之再授具足戒，就是专门针对比丘和比丘尼的一种新的戒律。不久圆寂，弟子葬他于斯，建了舍利塔。

所谓律宗，就是指凡僧人，不管其出家或在家，都当遵守一定的规矩和约定，目的在于强化防非止恶的能力。律宗分为戒法、戒

曲径禅房——净业寺

体、戒行和戒相，为四分律宗。以道宣在终南山的所成，四分律宗也称之为南山律宗、南山律和南山宗。

看了道宣的舍利塔以后，我至天王殿，正逢本如法师率皈依的佛教徒立誓。不杀生，不偷盗，不邪淫，不妄语，不饮酒，响遏行云矣！

在净业寺附近，还有丰德寺和灵感寺，道宣曾经在这里也有工作，从而也是律宗之祖庭。

净土宗与香积寺

有一年，王维拜佛，往香积寺去，数里以外，善导灵骨塔在望。林深钟响，松青水流，路窄，路断，几乎没有什么路。

1992 年我至香积寺，这里已经变成普通的农村，不过路两边还有田野，鸡随童转，羊由叟牧，还是有乡曲之气的。到了 20 世纪，到处开发，香积寺渐渐陷入了喧闹之中。它在神禾原一角，可惜神禾原楼涌楼漫，其邃密之感尽矣！

香积寺是净土宗的祖庭，在于善导圆寂以后，其弟子怀恽携僧人选神禾原葬之，起灵骨塔，并建香积寺。

佛教的净土理论，源在印度，早就传至中国。至唐，有善导广见大德，精读经书，发现了净土的真谛，便出山西交城玄中寺，诣长安，以宣净土之认识。长安僧人纷纷听其教导，唐太宗和唐高宗也都向他致意。

其逝世于实际寺。

山门拱桥——神禾原

余尝有言："在印度宗教史上，关于净土的观念渊源颇深。不过到公元前12世纪，随佛教之大乘的酝酿，净土思想才形成了体系。何为净土宗呢？佛教著作指出，众生所居，又烦恼又肮脏，谓之秽土或秽国。不过有佛教认为，还存在着一个西方极乐世界，由阿弥陀佛所主导，谓之净土或净国。在这里，法音微妙，饮食丰富，精舍相连，玉树参差，并尽饰七宝。阿弥陀佛一直于斯进行教化，所以在此之人无不品洁智足，貌端目悦，没有什么痛苦。净土净国，广袤无涯。人通过一定的修行，是可以往西方极乐世界去的。如是佛教之宗派，便是净土宗。"

密宗与大兴善寺

大兴善寺从隋过渡到唐，皆为天子所御用，素有高僧住持，也是长安一等佛经汉译之所。

唐玄宗时，开元三大士于斯传播密宗，甚为有功。先是东印度的善无果，在此汉译密宗之篇。接着是南印度的金刚智，其孜孜以求，汉译密宗著作二十余卷，蔚然一种气候矣！接着是不空，难明他是北印度人还是狮子国人，总之是金刚智的弟子。他对密宗的求索和感受颇具深度，为唐玄宗所钦佩，遂召其入大兴善寺，以汉译密宗之大籍。

尽管有安史之乱，然而不空对密宗的传播并未停止。唐肃宗和唐代宗也特别尊崇不空，这当然也有助密宗之流布。大兴善寺终于成为设坛灌顶之道场，这也标志着汉传佛教一个新的宗派产生了：

1910 年前的大兴善寺

密宗。

密宗的祖庭是大兴善寺。

余尝总结曰："密宗有很强的实践性，必须师徒相传，并具谨严的修行步骤，颇为神秘。即身成佛，是密宗修行的目的。密宗认为，不一定要经过累世修行，今生便能成佛。这真是拨云见日，豁然开朗，让人看到了希望。"

不空在大兴善寺圆寂，这里也营造了不空舍利塔。虽然大兴善寺南有古玩市场，北有西安音乐学院，东是长安路，西是朱雀路，无不发声，不过此庙还是存其清幽。我至小寨一带，随意便进了大兴善寺。从山门慢慢行到法堂周边，能感受一种遥远的素朴。窃以为这里生草长树的土都是唐的或隋的。

青龙寺也是密宗的祖庭，因为惠果曾经于斯传播过不空之法。他也有国师之誉，日本的空海便是其弟子。

六宗派，凡密宗、净土宗、律宗、法相宗、华严宗和三论宗，皆从丝绸之路而至。不过它们在长安的扎根、开花和结果，便使长安变成佛教文化的中心。日本及今之韩国和朝鲜的佛教，显然也是从中国东传的。东传之佛教，多有长安的推动。

汉传佛教之天台宗和禅宗，祖庭不在长安，然而此二宗派也是有缘于长安的。起码在长安得到承认，也是此二宗派所需要的，因为长安是国都。当然，余未居空门，不争什么。余没有别的意思，只是对长安的祖庭略做梳理而已。

长安：法显取经的发踪之地

大约七十岁那年，法显在耶婆提搭商船返乡。耶婆提或为苏门答腊岛，或为爪哇岛，尚未定论。

商船欲到广州，遂东北行。风暴猛袭，偏航迷途，七十余日竟不至广州。又西北行，以求港问讯。

日夜兼程，十二天之后，从一个海湾上岸，终于看到了藜藋，就是可以食用的灰藋、灰菜或豆叶。法显豁然发现这里已经是汉地，然而是不是广州呢？

找到一个佛弟子，才知道这里是北青州长广郡，为东晋所辖。太守李嶷也信佛，见法显是高僧，便欢迎他至长广郡的衙门。

经了解，商船早就绕过了广州，上岸的海湾实为崂山。商船遂往扬州去，以继续其贸易。

有兖青州刺史刘道邻，盛邀法显留下。不过居于何处？或居彭城，或居京口，这一点也尚未定论。

晋安帝司马德宗义熙九年，后秦姚兴弘始十五年，公元 413 年，法显夏坐，就是依佛教徒的习惯安居于舍，不出门。

夏坐毕，法显便想赴长安，因为他想念诸高僧了。考虑所营事重，法显又欲赴建康见西域禅师佛驮跋陀。佛驮跋陀者，觉贤也。

刘道邻仍劝法显留下，法显说：“贫道投身于不返之地，志在弘通，所期未果，不得久停。”遂南下建康，在道场寺汉译他所得的佛教戒律。觉贤精通梵语，也懂汉语，从而给法显以帮助。

法显姓龚，平阳武阳人，在今之山西临汾西南一带吧。三岁为沙弥，二十岁受大戒，一向注意学养，严格以佛教仪轨而为，几近整肃。

难考法显是何年到长安来的，不过他生逢中国丧乱，南是东晋，北为十六国。他大约公元 342 年生，公元 418 年卒，恰在此伤痛之时。

前秦在公元 351 年至公元 394 年拥有关中，曾经以长安为国都。后秦在公元 384 年至公元 417 年拥有关中，曾经以常安——长安为国都。前秦之王和后秦之王都虔诚信佛，长安遂为佛教之圣地。

法显至迟也是在后秦姚兴治下到长安来的。高僧甚多，佛弟子也越来越多。前秦时，长安五重寺设有道安的译场，后秦时，长安草堂寺设有鸠摩罗什的译场。然而戒律皆是师徒口传，文本颇少。以篇籍不备，难免失真，就常生困惑。法显尽管已经年近六十岁，但他却毅然决定赴天竺，以觅戒律。

法显在做了一些准备以后，便从长安发踪，投身存在牺牲可能

甘肃武威凉州钟楼

的取经之途。此时应该是后秦姚兴弘始元年，晋安帝司马德宗隆安三年，公元 399 年。法显的同志有慧景、道整、慧应和慧嵬。

西行翻陇山，至乾归国。此是西秦政权，鲜卑人乞伏乾归为主，国都金城。

夏坐结束，法显再西行，至耨檀国。这也算鲜卑人的一个政权，利鹿孤为主，不过实际上由耨檀执事。此政权先据乐都，后迁西平，辖区在今之青海一带。

法显越养楼山或养女山，至张掖。张掖动荡，便暂停于斯，从而遇到了智严、慧简、僧绍、僧景和宝云。一旦可以交通，法显诸位遂至敦煌。

只有穿过一片沙漠，才能从敦煌到鄯善。走兽不在下，飞鸟不在上，常有热风，触之毙命，真是死地。沙漠茫茫，唯能以亡者的白骨做标志。

行十七天，至鄯善。鄯善人崇奉佛教，有僧四千余。法显发现他们都在学习天竺语，读天竺书，修的是小乘。

西北行，至焉夷国，就是焉耆国。其人也修小乘，可惜待客甚薄。智严、慧简和慧嵬便赴高昌。

法显遂辞焉夷国，再西南行，至于阗国。过塔克拉玛干沙漠，艰难至极！瑞典的斯文·赫定 1896 年 1 月 14 日至 2 月 23 日也曾经过此沙漠，以考察沙雅遗址，虽然他与法显逆向，是东北行，不过他领略了什么是沙漠上的风暴和风暴中的沙漠。法显注意到于阗国颇为丰饶殷实，僧有数万，多修大乘，门前皆起小塔。

在于阗国遇到慧达。但慧达及慧景、道整却往竭叉国去了，僧绍也随胡僧赴罽宾国，今之克什米尔一带。法显就奔子合国，今之新疆叶城一带。这里有僧一千余，皆修大乘。

渐入葱岭，至於摩国。二十五天以后，至竭叉国，今之新疆塔什库尔干一带。法显在此会合慧景、道整和慧达。这里有僧一千余，修小乘。此地草木丰茂，不过法显觉得唯竹、石榴和甘蔗与汉地相同，别的植物与汉地大异矣！

深入葱岭以度之。西行一月，便要走北天竺和西天竺了。有陀历国，玄奘呼其为达丽罗川，今之克什米尔西北部印度河北岸达迪斯坦的达丽尔，其僧皆修小乘。法显行悬崖之上，新头河，今之印度河，流在峭壁之下。这里是佛教东传之道。

过新头河，至乌苌国，玄奘呼其为乌仗那国，今之巴基斯坦北部斯瓦脱河一带。伽蓝甚壮，佛教甚盛。法显夏坐于斯，慧景、道整和慧达性急，遂奔那揭国，玄奘呼其为那揭罗曷国，今之阿富汗贾拉拉巴德一带。

法显完成夏坐，南下，再东下，至犍陀卫国，玄奘呼其为犍驮罗国，英国的奥里尔·斯坦因呼其为犍陀罗，今之巴基斯坦白沙瓦东北一带。有阿育王在大约公元前 273 年至公元前 263 年任摩竭提国王，扶持佛教，并派使者往四海去弘扬释迦牟尼之法。其王子法益，尝以犍陀卫国为邑。起塔，以修小乘为多。

自犍陀卫国南行，至弗楼沙国，玄奘谓之健驮罗国，其布路沙布逻城遗址在今之巴基斯坦白沙瓦。

释迦牟尼曾经预言：将有罽腻伽在此起塔。多年以后，释迦牟尼的预言实现了。亚历山大大帝东征，留下的希腊人在公元前3世纪中叶，于斯立国，为巴克特里亚王国。到贵霜王朝，其王迦腻色迦就是罽腻伽，他信仰佛教，甚为热烈，就一再起塔，颇为壮丽。显然，从这个时候开始，佛教便发展为一种印度文化融入了希腊文化的佛教。

世界是联系的，也是变化的。大约公元前172年至公元前161年，有大月氏人为匈奴所逼，从河西走廊西迁至伊犁河一带。大月氏人来了，塞种人不得不从伊犁河一带南迁至罽宾，今之克什米尔一带。大约公元前171年至公元前139年，有大夏人也西迁，又南进，攻击巴克特里亚王国，终于渡妫水，取而代之成为大夏国。大约公元前139年至公元前129年，大月氏人又为乌孙人所逼，不得不离开伊犁河一带，也渡妫水，并战大夏国而胜之，以大夏为臣。这个大月氏就是张骞遵汉武帝之令要寻找的大月氏，他们征服大夏国之后，也信仰了佛教。先是大夏人，后是大月氏人，都受到贵霜王朝佛教的影响。在印度文献中，贵霜人就是吐火罗人。也许吐火罗人，就是接受了佛教的大月氏人。十分复杂，让我松一口气吧！

要取佛教真理的中国人，在弗楼沙国发生了分歧。慧达、宝云和僧景决定返汉地。道整决定往那揭国去以瞻仰佛齿和佛骨。慧应于斯圆寂了。唯法显继续向前，以得戒律。

西行至那揭国，玄奘呼其为那揭罗曷国，今之阿富汗贾拉拉巴德一带，法显敬拜了佛顶骨。这里有醯罗城，筑了精舍，佛顶骨置于其中一室。法显看到的佛顶骨为黄白色，方圆四寸，凡国王、长者和居士，无日不礼并供养。

盘桓三个月，法显翻小雪山，今之阿富汗贾拉拉巴德南部一带的塞费德科山。慧景在此口吐白沫而亡，法显大为悲伤。南下，至跋那国，玄奘呼其为伐刺拏国，今之巴基斯坦北部一带，有僧皆修小乘。又东行，渡新头河，便要走中天竺和东天竺了。

法显至摩头罗国，玄奘呼其为秣兔罗国，今之印度北方邦马士腊一带。见遥捕那河，今之朱木拿河，水泄如注，奔向恒河。人殷实安乐，行动自由。两岸伽蓝起伏，有僧三千余。社会习俗不杀生，不饮酒，不食葱，不食蒜。

自摩头罗国东南行，至僧伽施国，玄奘呼其为劫比他国，今之印度北方邦法鲁哈巴德一带。有僧一千余，也有尼，兼修大乘与小乘。再东南行，至罽饶夷城，玄奘呼其为曲女城，今之印度北方邦卡瑙季城，其僧尽修小乘。再东南行，至沙祇大国，玄奘呼其为鞞索迦国，今之印度北方邦法扎巴德一带。

自沙祇大国北行，至据萨罗国，玄奘呼其为室罗伐悉底国，今之印度北方邦巴耳兰普尔一带。这里有舍卫城，是释迦牟尼游化之地，起塔，筑了精舍，处处流布佛之故事。法显与道整结伴而观，想起同志或有返汉地者，或有圆寂者，不禁怆然。舍卫城之僧见法显和道整，十分诧异，说：“我等诸师和上相承以来，未见汉道人来到此也。”

以舍卫城为中心，法显向西至都维邑，向东南至那毗伽邑，向东至加维罗卫城，玄奘呼其为劫比罗伐窣堵国，或是今之印度北方邦东北部巴斯提一带，或是今之尼泊尔南部提劳勒科脱一带。比较荒凉，仅有居民数十家，然而僧众。乔达摩・悉达多之父首图驮那，迦维罗卫国王，他的故居在此。乔达摩・悉达多成佛以后，会晤其父，也在此，是一个应该纪念的地方。乔达摩・悉达多之母摩诃耶入池洗浴之处、王子出生之处、王子移趾走七步二龙为其沐身之处，皆是值得纪念的地方。有榕树甚老，释迦牟尼尝在荫下沉思，也是一个可以纪念的地方。遗址颇多，可惜荒为废墟，不可妄行。

东行至蓝莫国，玄奘呼其为蓝摩国，今之尼泊尔南部达马里一带。在佛教史上，有八国王各得佛舍利之事，蓝莫国也分到了佛舍利，并筑有蓝莫塔。多年以后，阿育王欲破八塔营造八万四千塔。别的七塔都破了，遂破蓝莫塔，不料有龙出池护其塔，从而住手不敢破。也许这是神话，所传如此。法显慨叹这里也成了废墟，又有大象乱窜，望之生畏。

东行至拘夷那竭城，玄奘呼其为拘尸那揭国，今之尼泊尔南部巴伐沙格脱一带。释迦牟尼在希连河双树之间涅槃，须跋闻之急救，竟先于佛涅槃。释迦牟尼的弟子遍散天下，须跋是释迦牟尼在世的最后一个弟子。这里起塔，僧众，居民颇少。

再东行，至毗舍离国，玄奘呼其为吠舍鳌国，今之印度比哈尔邦北部木札法普尔一带，属于恒河中游的交通中心。有种种遗址，多对应佛教神话，无不活灵活现。

渡恒河南下，至摩揭提国，玄奘呼其为摩揭陀国。在中天竺，摩揭提国最大，其人富裕，当仁行义。有城曰巴连弗邑，玄奘谓之波吒釐子城，今之印度比哈尔邦的巴特那，曾经是摩揭提国的首都，孔雀王朝留下的遗址都还在。砌石为墙，殿堂华丽。释迦牟尼尝游化于斯，佛事甚盛。阿育王摧七塔，筑八万四千塔，最早之塔就立在此。

法显在巴连弗邑徘徊再三，以饱览佛迹，细阅精舍。法显看到一高大石柱有铭文曰："阿育王以阎浮提布施四方僧，还以钱赎，如是三反。"又看到一高大石柱额雕狮子，并记泥犁城所建之因缘和时间。有塔耸于两根高大石柱之间。

小孤山，玄奘呼其为因陀罗势罗窭诃山，释迦牟尼当年坐禅石室之中，以指画岩，答天帝释之问。这也是神话吧，所传如此。法显看到了石室，见画岩之痕犹存。

王舍新城，玄奘呼其为曷罗阇姞利呬城，在今之印度比哈尔城一带，是摩揭提国阿阇世王所造。法显观之，惊喜于佛舍利塔。阿阇世王之父所造的旧城，精舍破败，空而无僧。

法显缘谷行，登耆阇崛山，玄奘呼其为鹫峰山，或曰灵鹫山。有石窟在此，是释迦牟尼坐禅之处。法堂毁矣，根基尚存。法显不禁激动，便持花、香及油灯，献之曰："法显生不值佛，但见遗迹处所而已。"声音悲戚，泪流满面。

至伽耶城，法显所看到的遗迹有：释迦牟尼洗浴之处、食糜之处和坐禅之处。坐禅是在菩提树下，这里起塔，筑有伽蓝。

顺恒河西行，至伽尸国，玄奘呼其为婆罗痆斯国，今之印度北方邦一带。在恒河北岸，有波罗㮈城，今之贝拿勒斯城。这里的仙人鹿野苑筑有精舍，释迦牟尼成佛之前一度居于斯。起塔，做伽蓝。还有别的遗址，法显都一一瞻仰了。

从伽尸国西北行，至拘睒弥国，玄奘呼其为憍赏弥国，今之印度北方邦阿拉哈巴德一带，释迦牟尼曾经在此游化。法显欣然而入，看到伽蓝，发现这里有僧一百余。

由伽尸国南行，至达嚫国，玄奘呼其为憍萨罗国，今之印度中部马哈纳迪河与哥达瓦里河上游一带。这里的波罗越寺共五层，五层不算高，奇特在一层象形，二层狮子形，三层马形，四层牛形，五层鸽形。波罗越者，天竺语鸽也。很遗憾，以山道艰险，法显未登之欣赏。

自波罗㮈国东行，至巴连弗邑。法显到北天竺来索戒律，然而北天竺竟没有戒律之文本。他便往中天竺去，终于在波罗㮈国的巴连弗邑觅得。这里的摩诃衍伽蓝，有僧所用之戒律。顺藤摸瓜，他又觅得别的数种戒律及经典。

从长安至天竺，法显真是千辛万苦。一旦觅得，遂十分喜悦。法显在此三年，孜孜于学梵书，学梵语，以抄其戒律。

道整见巴连弗邑僧仪威严，僧举规范，就心生羡慕，竟决定永居不还。法显本是求戒律以传汉地的，便毅然独行。

顺恒河东行，至瞻波大国，玄奘呼其为瞻波国，今之印度比哈尔邦东部巴格耳普尔一带。这里曾经有释迦牟尼的精舍，起塔。

顺恒河再东行，至多摩梨帝国，玄奘呼其为耽摩栗底国，今之印度西孟加拉邦加尔各答西南的坦姆拉克。这里僧多，伽蓝多，足有二十四座。法显于斯住了两年，抄戒律，抄经典，画佛像，不亦乐乎！

大约晋安帝司马德宗义熙五年，后秦姚兴弘始十一年，公元409年，法显乘一艘商船航海而行。信风浩荡，走十四天，至狮子国，今之斯里兰卡。佛迹所践，遂起塔，有的颇为崇峻，饰以金银。

无畏山有佛殿，刻镂甚工，有僧五千余。法显看到这里立青玉佛像一尊，神情肃穆，遍蕴焰光。法显蓦地发现青玉佛像旁敬献着一把汉地白色绢扇，以为供养，顿感故乡遥远，凡同志皆分崩离析。环顾左右，唯自己的影子，不禁怆然泣下。

狮子国天爱帝须王信仰释迦牟尼，其执政也逢阿育王兴佛，这里当然广植菩提树。有精舍藏佛齿，只要展出，往往举国皆望。凡居士、长者和阿拉伯贸易之人，多居其城。房子整齐，街巷平坦，法堂辄作于道头道尾，以便聚会习法。

法显在摩诃毗诃罗看到一位罗汉的葬况，十分讶异。积薪灌油，点火燃烧，取骨而起塔。返汉以来，其景象仍历历在目，惊心动魄。这里有僧三千余，精舍遂广。

一位天竺僧在狮子国所诵之经，使法显久久难忘，其云：“佛钵本在毗舍离，今在揵陀卫。竟若干百年，当复至西月氏国。若干百年，当至于阗国。住若干百年，当至屈茨国。若干百年，当复来到汉地。住若干百年，当复至狮子国。若干百年，当还中天竺。到中天已，当上兜术天上。”钵之去，佛法渐灭，从而人寿转短，彼此相残。唯起慈悲心者，才能增寿并得度。法显大得启示，就向天竺僧讨经本，答：“此无经本，我止口诵耳。”

法显在狮子国两年，觅得戒律及经典数册，其皆汉地所缺矣。

急归汉地，便仍乘商船辞狮子国，浮海而去。途中风浪汹涌，商船漏水欲沉，主家骤呼下人弃物。乘者遂从大船换小船，为活命也不得不断所系之绳。法显把自己的水瓶和澡罐速扔大海，唯守护着他的戒律和佛像。恐主家强逼他尽弃其物，法显向观音祈祷说：“我远行求法，愿威神归流，得到所止。”

走十三天，商船至一岛补船之漏。塞实商船的洞窟，接着再前。此时应该是晋安帝司马德宗义熙八年，后秦姚兴弘始十四年，公元412年。为避海盗，就绕道而进，大约走了九十天，至耶婆提。耶婆提或为苏门答腊岛，或为爪哇岛，未可知也。

在耶婆提，法显改乘另一艘商船，其目标是广州。然而阴错阳差，商船到了东晋之长广郡，从崂山上了岸。踏汉地，见汉人，法显喜悦至极。

一年以后，他抵建康，启动了汉译戒律。陆路而往，海路而归，首尾经过了十五年。如此追求真理，法显是伟大的。

法显所生活的时代恰逢中国人对精神崇尚的上升期。

此上升期以春秋始，以唐而终。当然唐也是高峰，之后闪烁期，之后下滑期。上升期的标志是：士出现了，士活跃于天地之间。士是中国人对精神崇尚的杰出代表。士追求义，淡泊的是利，甚至一旦当仁，不惜其命。

自佛教流布中国以后，中国人视佛教为真理，既要度自己，又要度众生，并把对义的追求扩大为对真理的追求。当然也有把佛教贬为夷狄之一法的，不但要抵排异端，而且要攘斥老子，以独尊儒术。争鸣可以，然而不以言论治罪为妥。

追求真理，所以法显便赴天竺。法显身处小时代，但他却完成了觅戒律的盛举。刀山火海，见证了中国人对精神崇尚的上升期。

实际上在法显往西域觅戒律去之前，已经有中国人至西域取经了。自三国的朱士行以后，竺法护、康法朗、于法兰、慧睿、友法领、支昙猛，都曾经赴西域取经。法显也是受他们的影响奔西域的。不过确实到了天竺的，怕只有慧睿和支昙猛，他们的贡献似乎也都小于法显。

慧远问法显的游历，法显对曰："顾寻所经，不觉心动汗流。所以乘危履险，不惜此形者，盖是志有所存，专其愚直，故投命于不必全之地，以达万一之冀。"左右闻之，钦佩法显为古今罕有。诚然，向这样追求真理的人致敬！

法显卒于荆州新寺，或曰辛寺，春秋八十有二，或曰八十有六。

玉华山：玄奘的圆寂之地

子午岭沿黄土高原与关中平原之间的边际徐徐东进，南折而行，忽然一个斡旋，遂耸成了玉华山。川流不息，冲出四个峡涧，都极为幽邃，它们是芝兰谷、凤凰谷、野火谷、珊瑚谷。唐太宗李世民曾经说："有玄奘法师者，法门之领袖也。"玄奘便圆寂于斯。古者有言，生有时，死有地。玄奘居然应验了。

在中国历史上，有创造意义的思想家几乎都出现于小时代，因为小时代相对宽容，春秋、魏晋南北朝、民国，都是这样的小时代。唐是大时代，唐有玄奘，为卓越的佛学家、哲学家，似乎可以证明大时代神经的紧张并不妨碍出现伟大的思想领袖。实际上这并不能证明。

实际上唐有玄奘，完全属于个案。公元 627 年，玄奘二十七岁，开始了西域之行。他是随商队出境的。他曾经再三上书，盼能批准其往天竺去学习佛经，卒无音讯，就不惜违反法律，擅自出境而去追求真理。见他走了，官方遂发布了通缉令，指出："有僧玄奘，欲入西蕃，所在州县，宜严候捉。"到凉州，通缉令便到凉州，到瓜州，通缉令便到瓜州，好在有仁者相助，他才没有半途而废。

玄奘是河南偃师人，慧根深长，十二岁便在洛阳净土寺出家。之后持钵云游天下，足迹遍布今之河南、陕西、四川、湖北、河北和山西，谦虚请教高僧大德。不过他终于遗憾地发现，佛教流行中国几百年，争论纷纭，迷惑久存，信徒也各执其辞，就发誓往释迦牟尼的故乡去澄清问题。

西域路上，玄奘九死一生。风暴，沙漠，雪山，骄阳，迭起袭身。尝有四天不得饮食，而且常常便迷失方向，只能寻白骨和马粪向前。胡佬之谋害，盗匪之抢劫，甚至部族之强留，也都是致命的危难。然而他发誓，宁可死，不能屈，并坚持走到了天竺。他数渡恒河，遍巡圣迹，尤其是在那烂陀寺随戒贤大师学习的五年，使其对佛经的领悟大明。遵戒贤大师之命，玄奘为众僧设坛授业，释义排难，从而声名鹊起。应戒日王之邀，在曲女城参加法会，连续十八天宣扬大乘之旨，千目仰视，万耳倾听，竟无一声诘责反驳，从而威望隆盛。这是公元641年春天的情况，玄奘四十一岁。

然而到佛教之源来学习，是为解决中国的问题，天竺再惬意，玄奘也要归去，遂告别了他的崇拜者和仰慕者，启程返唐。在抵达于阗国的时候，玄奘不忘他是偷渡出境的，便恭谨上书，承认自己是私入天竺，触犯了宪章。公元645年，唐太宗下诏，表示欢迎其还，并愿见玄奘。

一个彻底追求真理的人既不惧怕，甚至准备牺牲，也能拒绝富贵和权力。当年在赴西域的路上，有高昌王敬爱玄奘，提出要供养他一生，并奉为国师，让其民崇拜和仰慕，不过玄奘坚决拒绝，因为其目标并不在地位与生活的优越。在洛阳，他向唐太宗汇报了西域十七年的收获，上欣悦有加，觉得其具松风水月之清华，仙露明珠之朗润，竟建议他辅政治国，不过玄奘也婉拒了，因为他所盼的不是世俗之显赫。矢志成事，就当像玄奘一样去欲无畏。怯狼怯虎，要玉要金，一定事不成。

玄奘返回以后，基本上就在长安翻译佛经，先在弘福寺，后到大慈恩寺，又到西明寺，凡十五年，功绩丰硕。可惜京师人杂，请教者和好奇者纷至沓来，难有宁日。长期劳作，身体也病倦了。他遂上书唐高宗李治，希望恩准他往玉华寺去做佛经汉译，以度其余生。唐高宗同意了，并批示令其团队随之而行。

玉华寺就在玉华山。公元 624 年，唐高祖在凤凰谷建仁智宫，一来避暑、狩猎，二来可以驻兵防御突厥对关中的进犯。到了公元 647 年，唐太宗不足四十八岁，竟患风疾，特别惧热，便改仁智宫为玉华宫，并扩大为五门十殿，巍峨之极，从而修养于斯。唐高宗登基不久，是公元 651 年吧，上令废玉华宫为玉华寺，并还土于民，其原因难测。玄奘遂居这里的肃成院，共四年，有大典汉译成册。

公元 664 年，正月的一天，玄奘在玉华山过河，竟趔趄失足，

陕西铜川玉华宫

损伤其胫，渐为重病。玄奘显然有预感，便吩咐门徒，他的生涯将尽，死了用苇席裹尸，置于深山老林的僻静之处就行了，因为他的身体不洁，怕染天物。几个门徒安慰了师父，而自己则不禁流泪。二十六天以后，玄奘便圆寂了。

西安距玉华山有两个小时的里程。我到这里的时候是黄昏，天净若洗，晚霞绚烂，恰有大雁在途，羽翼匆匆，长鸣于空。高岗上的草木和峪沟里的草木尽管青葱满堆，不过似乎已经有秋风在孕育了，随之出现的将是黄叶摇落，萧瑟为气。我蓦地感到一阵惆怅！

玄奘曾经向唐太宗提出要往嵩山少林寺工作，上不同意，以后玄奘又向唐高宗提出要往嵩山少林寺去工作，上也不同意。为什么皇帝不给玄奘选择的自由？为什么非要把玄奘安置于长安不可？是由于玄奘的思想影响天下吗？皇帝是如何考虑的？玄奘又是怎么一种感受？我徘徊慷慨，心浸悲凉。

玄奘在玉华山多少留下了一些遗产。我看到了悬空而凿的供奉释迦牟尼及其菩萨的岩窟，看到了一棵娑罗树，还有佛足印石和金刚座石。

玄奘是旷世之人，也是绝代之人。别了，伟大的！

大秦寺

在基督教传播史上，有一通刻石贵为文献，藏于西安碑林博物馆，它就是大秦景教流行中国碑。

1907 年 6 月的一天，丹麦探险家阿尔谟悄然进入西安。他左问右探，出安定门，终于找到了一家破落的金胜寺。有僧玉秀在此做住持，他接待了阿尔谟。寒暄以后，略有交流，阿尔谟便让玉秀带他看刻石。

一见大秦景教流行中国碑，阿尔谟不禁兴奋。他居西安二十余日，唯一的主题是此刻石。他拍照，又测量，发现其高 2.36 米、宽 0.86 米、厚 0.25 米。他估算它的重量，又绘制以图。他抚摩碑额上的十字架，又辨识碑底和碑侧的叙利亚文。他自头至尾，细数其字，计有 1780 个。

他早就知道此刻石载有景教的教旨、教义和仪轨，载有它在中国的传播及唐对这种传播的支持，还载有七十七位景教徒的姓名及拜占庭一带的山川河流与物产。现在，他见证了这一切都是对的。

阿尔谟与玉秀建立了亲密的关系，不过一旦提出欲购此刻石并运离金胜寺，玉秀遂甚为警觉，也拒绝了他。阿尔谟到中国来，就是要得此刻石，带至欧洲。不能买，便打算以刻石为原型，仿制一通。经翻译方贤昌帮助，觅得一位石匠，阿尔谟承诺付费一百五十两银子，由其仿制，标准是同质、同大、同重。订立了协议，阿尔谟遂越秦岭，过丹江，沿汉江考察。他指派翻译方贤昌负责采料并监督仿制。

方药雨是天津的收藏家，其弟就是阿尔谟的翻译方贤昌。方药雨闻讯丹麦人觊觎大秦景教流行中国碑，欲购不成，正在仿制，遂向北京的金石学家罗振玉做了通报。罗知道事大，立即汇报学部，请求清政府妥善处理。

这年9月，阿尔谟又返西安。他验收了仿制的作品，比较满意，办了手续，准备以车运离。当是时也，清政府有了意见。陕西巡抚曹鸿勋便令移大秦景教流行中国碑至碑林，珍而藏之。仿制的刻石，阿尔谟要带走就带走吧！

阿尔谟之举，显然有其深远的渊源，也有其现实的思想。我愿意略做一考。

根在叙利亚人聂斯脱利。

他信仰上帝，曾经在安提阿修道院学习，并为执事。自公元428年至公元431年，他任君士坦丁堡牧首。这一带包括今之土耳其和叙利亚，那个时候属于罗马，公元1世纪的中国人谓之大秦。

大秦景教流行中国碑——西安碑林博物馆藏品

在神学上，有安提阿学派与亚历山大学派之争。聂斯脱利深受安提阿学派的影响，反对亚历山大学派的三神论倾向。他认为应该分开基督的神性与人性，主张基督是神性与人性的结合，既是神，又是人。

他的观点受到亚历山大学派的猛烈抨击。以弗所会议由拜占庭皇帝狄奥多西斯二世主持，其定聂斯脱利的认识是异端，并革去他的牧首之职。罗马教皇逐他离境，大约公元451年客死于埃及。聂斯脱利大约是公元386年出生的。

身虽然死了，但聂斯脱利的追随者却很多。他们经常在叙利亚活动，并宣扬聂斯脱利的理念。到公元498年，终于在这里形成了一个以聂斯脱利主张为模式的独立的基督教组织。追随者怀有雄心，逾葱岭，到中国来布道。

公元635年，大秦人阿罗本从波斯出发，经西域，到长安来了。受唐太宗的安排，宰相房玄龄出开远门欢迎了他。因为有仪仗队，气氛是隆重的。然而冯承钧认为，唐不可能如此欢迎阿罗本。冯推测，这一年于阗王子入长安，也许阿罗本随之而至，才获重礼的。

阿罗本颇受唐太宗优遇，同意他汉译圣经。研究了阿罗本所要传播的宗教之后，唐太宗欣然指出：“济物利人，宜行天下。”他评价阿罗本是大秦之上德，并批准在义宁坊建一座波斯寺，以供阿罗本和其他教士活动。事在公元638年。唐太宗对景教的支持，是一个好的开端，难得至极。

实际上阿罗本所布之道，就是基督教的聂斯脱利派的教旨和教义，其在中国谓之景教。景教是什么意思呢？李之藻曰：“景者，大也，照也，光明也。”所以景教便是正大光明之宗教。其名颇壮，可惜大秦寺营造之初也只有二十一位教士。

唐高宗也很支持景教，同意诸州置寺。在此时代景教呈现的状态是：法流十道，寺满百城。也许其数有虚，不过发展是实。唐高宗以阿罗本为镇国大法主，对他甚是推崇。

看起来唐玄宗对景教已经不仅仅是支持，而且投注了一种特别的感情。他要诸王至景教徒活动场所，进行体验。他遣高力士送诸圣画像悬挂于大秦寺，并赐绢百匹。他似乎还设了神坛，不过又挂有黄帝之画像。大约公元 744 年，有景教徒佶和，自大秦至长安，唐玄宗很高兴，遂邀佶和往兴庆宫去修功德。这一次修功德的共计十八教士，应该是精选的吧！一年以后，唐玄宗下诏改波斯寺为大秦寺，其曰：“波斯经教，出自大秦，传习而来，久行中国。爰初建寺，因以为名。将欲示人，必修其本。其两京波斯寺宜改为大秦寺。天下诸府郡者亦准此。”显然，大秦寺是皇帝所命，其规格属于国家一级的。长安的大秦寺在义宁坊，洛阳的大秦寺在修善坊。

唐代宗颇有意思，圣诞之际，他会赐天香以示祝贺，并颁御馔，以光景教教徒。完全可以推断，景教教徒的活动无违中国之俗，是守法的，甚至景教教徒与唐政府有很得意的合作。景教教徒伊斯就参加过平安史之乱的战斗，当时他在郭子仪的队伍里。此事是非常有趣的。

唐德宗如何支持景教呢？资料几无，不过他绝对没有反对和压制，证据是，在他任上，出现了一通伟大的刻石：大秦景教流行中国碑。事在公元 781 年，碑立大秦寺，就是当年唐太宗同意阿罗夲和其他教士活动的波斯寺。昔有教士二十一人，此阶段大约有教士三百余人，一时盛矣！

至公元 845 年，距阿罗本持圣经进入长安已经整整二百一十年，景教发展到怎样的程度？当有多少景教教徒？不得而知。真实的记录是，这一年，以毁佛，景教也遭难。大秦景教流行中国碑一旦入土，遂埋没无闻。

五代、宋、元数朝，无人看到此刻石。它匿身黑暗的世界，也是等待自己复活的时候吧！

明熹宗天启年间，大秦景教流行中国碑在长安的黄壤之中沉睡近乎千年，骤然出土于西安。时间不定，或曰公元 1623 年，或曰公元 1625 年。地点也不定，或曰唐长安城崇德坊之崇圣寺，或曰唐长安城西南方向的周至县，或曰沿终南山从今之长安区至今之周至县之间。

还有人认为此刻石出土于金胜寺。金胜寺源流复杂，它初为隋之济度寺，唐太宗准造波斯寺，唐高宗改为灵宝寺，之后讹称崇圣寺。明秦王题之崇仁寺，毕沅又题之崇圣寺。唐之时，这里的波斯寺旁边有金胜亭和金胜铺，遂有俗呼金胜寺之事。金胜寺遗址尚在，出西安安定门，行至丰镐东路，有一处部队家属院，其遗址所存焉。

总之，大秦景教流行中国碑出土西安之际，是没有人重视的，否则方志能不纳吗？骚客能不咏吗？轻视是由于不知道它的价值，所以它也就没有确切的出土时间与地点。

它的出土倒是在欧洲引起了巨大的反响。它先以新闻在欧洲劲传，接着是学术热浪。当然，对它兴趣最强烈的是在中国的耶稣会士，也是他们以最快的速度介绍并研究此刻石的。葡萄牙耶稣会士阳玛诺在1644年便有著作出版，对其景教之教旨和教义进行诠释。然而法国学术界对此刻石表示怀疑，认为是传教士在作假。

19世纪以来，欧洲学术界对大秦景教流行中国碑的研究渐渐深入。法国传教士古伯察、英国传教士卫礼和理雅各的著作皆具厚度，尤以法国传教士夏鸣雷之著作甚为丰富，集记录、介绍和研究之大成。

20世纪以来，欧洲对大秦景教流行中国碑的研究继续深入，其中颇为突出的是英国人穆尔和翟里斯，还有法国人伯希和。他们多是汉学家。伯希和认为此刻石出土地点是金胜寺。

欧洲之外，美国传教士丁韪良，日本学者中村正直、藤田精一、桑原骘藏和足立喜六，也都对此刻石有所专论。足立喜六为大秦景教流行中国碑所拍之照片，已经成为珍贵的资料。

在中国，有三种人对刻石的出土反应敏感：一种是李之藻和徐光启之类，属于基督徒，从上帝信仰的角度予以解读。一种是顾炎武之类，包括王昶、叶奕苞、林侗和毕沅，其角度在金石学。顾炎武指出，大秦景教流行中国碑，是景教教徒景净所撰，唐大臣吕秀岩所书。他也认为此刻石出土地点是金胜寺。一种是魏源、石韫玉和梁廷楠之类，属于清儒，或出言谨慎，或语焉不详，所抱立场偏于正统，不过从洪钧开始就变得理性而开明。洪钧定位景教是基督教的聂斯脱利派，起码他接受了此观点。

大秦景教流行中国碑让欧洲人产生兴趣的主要原因是，此刻石使他们看到了基督教在中国传播的发生、经过和成果。这也是美国人对此刻石产生兴趣的主要原因。于是欧洲人认为，既然基督教是欧洲文化的支柱，此刻石就应该移至欧洲。不排除美国人也同意这种观点。

丹麦探险家阿尔谟受如是思想驱动，到西安来搬迁大秦景教流行中国碑了。一计无果，二计遂生，从而以原型仿制一通，也会有象征意义。事就这样成了。

1907 年 10 月 3 日，仿制的大秦景教流行中国碑出西安，走黄河，至郑州，又从汉口到上海，乘美孚石油公司之船而去，在纽约逗留一度，奔意大利， 1919 年藏于罗马教廷博物馆。

祆祠

凡是信仰拜火教的人，一般都进祆祠活动。唐长安起码有五所祆祠，足见拜火教之盛。拜火教就是祆教，也就是火祆教或火教。名多而实一，由波斯人琐罗亚斯德创立，所以拜火教也就是琐罗亚斯德教。

唐长安的五所祆祠：一在布政坊西南隅，谓之胡祆祠，建于公元 621 年，萨宝府官及祀官皆于斯办公；一在醴泉坊街南之东侧，谓之波斯胡寺；一在普宁坊西北隅；一在靖恭坊街南之西侧；一在崇化坊。千年之后，唐长安早就变成西安市，各坊尽毁，取而代之的是高楼大厦、奔流的汽车和飘浮的雾霾。我走东走西，一点也感觉不到唐长安的味道，何况什么祆祠的影子。

琐罗亚斯德大约出生于公元前 628 年，长大当了祭司。宗教发展的一般模式是初敬众神，再敬主神，再敬一神。琐罗亚斯德改革了宗教，认为阿胡拉·玛兹达是最高的神，属于智慧之神。当然他认为还有一个安格拉·曼纽，是专事破坏的神，属于凶残之神。此二神彼此对立，相互斗争，构成二元，于是世界就分为善与恶、真与妄、光明与黑暗。在此两端之中，人具自由意志，可以自由选择，并决定命运。不过人死了会有一个由琐罗亚斯德主持的审判，凡存善念、操善言、持善行、以善抵恶的人，能够进入快乐之境。

琐罗亚斯德的主张受到波斯其他祭司和权贵的反对，又以遭遇迫害，他便离波斯而去。到了巴克特里亚，就是司马迁所指的大夏，也就是今之阿富汗一带，他获得了忠实的崇敬者与追随者。巴克特里亚的国王、王后和大臣，皆信仰琐罗亚斯德创立的拜火教。之后返传波斯，大受欢迎。琐罗亚斯德大约死于公元前 551 年。

琐罗亚斯德在波斯的地位呈起伏之势：大约公元前 550 年至公元前 330 年，在阿契美尼德王朝，为波斯国教；大约公元前 330 年至公元前 141 年，亚历山大征服波斯，波斯遂希腊化，其影响骤减；大约公元前 141 年至公元 224 年，有帕提亚王朝，琐罗亚斯德教又得到了恢复；大约公元 224 年至公元 651 年，有萨珊王朝，其再作国教，甚为强劲；大约从公元 7 世纪以后，大食征服波斯，其猝然衰落。

祆教以火为最高神的象征，并通过火向最高神表达其尊。考古显示，很多信仰祆教的人，墓中的壁画和砖雕，皆有火之燃烧的图案。

祆教渐渐从波斯流行于西域，又渐渐流行于中国。这有波斯人的传播，也有粟特人的传播。粟特人生活在阿姆河一带，当丝绸之路要道，耕作放牧，皆有丰收，然而更擅经商。丝绸之路上的贸易，粟特人是重要的推动者和承担者。一旦他们信仰了祆教，他们走到何处便会把祆教传播至何处。大约从南北朝起，祆教就流行中国。它受北魏、北齐和北周皇家与权贵的信仰，尤其有助它在中国的立足和扎根。

唐长安更开放，更宽容，波斯人和粟特人蜂拥于斯，从事各种贸易，不亦乐乎！唐长安遂有了数所祆祠，以满足他们的精神需要。所谓的昭武九姓，实际上多是粟特人。除了唐长安有祆祠，洛阳、洪州、扬州和广州也都建有祆祠，以供波斯人和粟特人之用。

醴泉坊街南之东侧的波斯胡寺颇有分量，因为它是应波斯王子上奏所置的。在唐高宗初立之际，有波斯王伊嗣俟曾经派使者送一兽，十分灵巧，会入穴取鼠。不过唐史家未明指此兽为猫，所以我也不敢以猫呼之。无论如何，这表现了波斯与唐的交好。可惜伊嗣俟性格懦弱，为大酋所逐，便奔吐火罗，途中遭大食人杀之而亡。波斯王子卑路斯也奔吐火罗，幸免得存。公元 661 年，卑路斯上奏于唐，诉大食人侵扰之苦，请兵救援。唐高宗行义，遣王名远往西域去，置波斯都督府，并授卑路斯任都督。据此关系，卑路斯数有入朝。当在唐高宗咸亨年间吧，卑路斯初次入朝，上拜其为右武卫将军。卑路斯虽然自来，当然也带有一定的随从，甚至以百千而计。他们有信仰拜火教的习惯，需要一个专门的场所做其仪式，这可以理解。至公元 677 年，经卑路斯申请，唐遂选醴泉坊营造祆祠，为波斯胡寺。

①彩绘胡人俑——陕西历史博物馆所藏

②彩绘胡人俑——陕西陇县博物馆所藏

一年以后，唐高宗令吏部侍郎裴行俭率兵册送卑路斯为波斯王返国。遗憾裴行俭至碎叶即还，任卑路斯独向波斯。由于大食阻挠，卑路斯难入其故乡，不得不客居吐火罗，凡二十年有余。至公元 708 年，卑路斯又一次自来入朝，唐中宗拜为左威卫将军。其终于唐长安，悲夫！

应卑路斯上奏所置之波斯胡寺，以唐中宗重臣宗楚客筑宅，恰需波斯胡寺之地，便将波斯胡寺移至布政坊西南隅。因为这种变故，置于醴泉坊的祆祠，谓之旧波斯胡寺。唐与卑路斯的关系比较复杂，非简单思维可以理解，不过我讨论的是祆祠，仅此而已。

在西安出土的卑路斯银币，以文物证明了波斯人在唐的踪迹：1957 年春天，西安张家坡一墓中发现卑路斯银币一枚；1957 年夏天，西安西郊李静训墓中发现卑路斯银币一枚，尤其是 1955 年冬天对苏谅妻马氏墓志的考古，证明苏谅及其妻马氏悉为拜火教的信徒。墓志既用汉文，又用波斯婆罗钵文，表达有以拜火教最高神为马氏祈祷之意。马氏死于公元 874 年，不过墓志所依为波斯历。马氏墓在西安土门一带，现在这里建筑林立，熙熙攘攘，没有丝毫的唐韵和唐气了。

大云光明寺

唐长安曾经建有大云光明寺，为摩尼教教徒所用。这是文献显示的，可惜文献未能记录大云光明寺具体置于何地，考古也没有什么发现，遂难免感到困惑。

创立摩尼教的当然是摩尼，大约公元 216 年生，公元 277 年死，一个波斯人。当是时也，其他宗教已经盛行，摩尼也应该了解它们，甚至受其影响。实际上摩尼教就有琐罗亚斯德教的元素，也有基督教诺斯替派的元素。它也不弃佛教之启示，当摄取便摄取。可以认为，摩尼教有博采其他宗教而融成的特点，然而它也具独立的品格。

摩尼教的基本主张是：世界存在两股势力，一曰光明，一曰黑暗。光明与黑暗是有斗争的，此斗争会经过三个阶段。初际表现为光明与黑暗各有自己的王国；中际表现为黑暗侵入光明，斗而争之；后际表现为光明战胜黑暗，于是光明与黑暗就各复其位。所谓二宗三际论，大约指此基本主张。

摩尼教在波斯的传播一度甚烈，有风起云涌之势。它还走出亚洲，传播到了欧洲和非洲。从其普及范围分析，它是具世界性的。

可惜波斯王瓦拉姆一世反对摩尼教，把摩尼钉在十字架上让其死。摩尼教教徒也受到迫害，他们逃离波斯，四散而去。有的人收心敛意，有的人还继续传播摩尼教。补充一点，瓦拉姆就是巴拉姆，汉译难免存在一字一意的差异。

有一支摩尼教门徒越过葱岭，穿过河西走廊，抵达唐长安。摩尼教进入中国大约在 6 世纪至 7 世纪之间，不过也有意见指出可能会更早，推测它会随拜火教至中国。然而此观点缺乏证据，有证据的是：公元 694 年，波斯人拂多诞到唐长安来宣扬摩尼教。女皇帝武则天似乎是欢迎摩尼教的，否则它不可能立足京师。这是摩尼教传播中国最早的时间，也是最可靠的时间。

吐火罗与唐的邦交关系很多年了。唐玄宗即位以来，吐火罗也数有朝献，其贡马、红玻璃、绿玻璃。唐是满意的，遂予以册封。至公元 719 年，吐火罗支汗那王帝赊竟有别致之进御：一位精通天文的大慕阇。随大慕阇到长安来的当然还有一些摩尼教教徒，从而上奏唐玄宗允其置法堂，以供奉摩尼。是否建有法堂，难考。迹象表明，唐玄宗对摩尼教不感兴趣，所以法堂可能未造。至唐玄宗开元二十年，公元 732 年，唐玄宗指示长安人不得追随摩尼，于是摩尼教的信仰者敬拜者就唯有回纥。何以如此，也难考。

平安史之乱，阻吐蕃入侵，回纥都借兵给唐，是有功的。以回纥援唐，他们便流寓长安，一副要生活下去的样子。回纥信仰并敬拜摩尼教，这就需要一个活动之地，遂上书唐代宗，盼批准。唐代宗反复权衡，终于划地，于是公元 768 年，长安就有了一个大云光明寺。当时所赐匾额为：大云光明之寺。三年以后，唐代宗又敕荆州、越州、洪州和太原府各置一大云光明寺。

在唐长安，除了回纥供奉摩尼，粟特人也供奉。粟特人就是昭武九姓，他们夹杂于回纥之中，参与他们的政治，并仗势做其生意，唯利是图。他们办产业，开第舍，穿着漂亮的衣服，甚至会娶妻妾。他们是否是摩尼教真正的信仰者、敬拜者？不知道。唐宪宗元和初，回纥来朝，难免有摩尼教徒随之。史记：“摩尼至京师，岁往来而市，商贾颇与囊橐为奸。”

至唐武宗灭佛，也并废摩尼教，京师有摩尼教女教徒七十二人皆死矣！

摩尼教也有其他称呼，末尼教、牟尼教、明教、明尊教，皆是也！敦煌发现的汉译摩尼教残卷显示，大云光明寺设经图堂、斋讲堂、礼忏堂、教授堂和病僧堂。此五堂各有其用，为法众共居精修善业之所。

我站在明德门，举目远望，问：长安城一百零八坊，何坊曾经置大云光明寺呢？

清真大寺

化觉巷小小的，满是店铺，人来人往，如波如流。不用问，只要随波逐流，就可以往清真大寺去。

这是一个巨大的建筑群，从东向西，四进院。一进院的牌坊尽以木制，体巍艺精，颇为罕见。二进院的牌坊又悉由石制，看起来甚是刚硬。这里有米芾和董其昌所书之匾，似乎特别的严肃。三进院筑敕赐殿，其中的省心楼腾空而起，两层三檐，八方各伸一角，很有动感。四进院修建了凤凰亭，顶冲而翼长，呈飞翔之势。上了月台，便可以踏着青石进入礼拜大殿。

化觉巷一带的穆斯林，总是到清真大寺来做礼拜。

余尝曰："伊斯兰教认为，安拉为独一主宰，除安拉外，再没有神。无论是宇宙还是人，都是安拉的造化。先知是安拉所造化的优秀者、智慧者、劝诫者、报喜者。他们受安拉启示，向人宣示教义。安拉给先知的启示，便是伊斯兰教的经典，它也是其伦理学、历史学、阿拉伯语言学与修辞学等等学科赖以建立的基础。人在现实世界结束以后，还有一个未来世界。今世和后世，便来于斯。在审判日，亡灵都会复活，其以过去的善恶接受安拉的审判，信仰并行善者入乐园，背信且作恶者进地狱。万事万物的产生和发展，皆由安拉前定，人的意志不可与之抗衡。此为几个信条，凡是伊斯兰教教徒，凡是懂得一些伊斯兰教文化的人，都当知道此基本知识。”

伊斯兰教源于阿拉伯半岛，由穆罕默德创立，应该是自丝绸之路传播到长安的。其或始于唐玄宗时，或始于唐肃宗时，有待考之。

此清真大寺的国槐、玉兰树、合欢树、银杏树、核桃树、柏树、皂荚树，各守其土，以展其美矣！

老子授经台

穿过数里杂树所夹的坡路，便是楼观了。这里的标志为授经台，老子当年的传道之处。

有时间就会到这里来，以虚我之心。总是要绕授经台走一走，这一带的上善池及青檀、银杏、七叶树和栾树，我都比较熟悉。

关键是老子。司马迁考证其为楚国苦县厉乡曲仁里人，此地在今之河南鹿邑。老子曾经任周的史官，周衰，遂辞职西去。

尹喜者，周之大夫也，在终南山结草作楼，仰观星空。他迎接老子登终南山，修了授经台，请其著作，老子便书五千言，翩然而遁。

关键是，老子为什么要西去。也许老子就不是楚国人。也许他的祖先是流寓中原的一个西域人，迁徙而来，在楚国这一带有了他的家。也许他的西去，应该是西归。

没有人能懂老子，孔丘叹其如龙，司马迁觉得他是隐君子，修

1910 年前的终南山楼观山门

道德，遂无为自化，清净自正。中原居不易，中原人便争强好胜，但老子的思想却不是这样。老子的思想是从何而来呢？

李耳，字聃，号为老子。这个人身高八尺八寸，长耳大目，方口厚唇，有须眉之美，而且其色发黄。如此相貌，是何处之人呢？

起码在唐太宗时，天竺的一个属国伽没路的贵官便知道老子了，并向王玄策请老子的像。老子的影响当是沿着丝绸之路传播的。为什么至迟在公元7世纪，印度人便知道了老子呢？

余尝曰："道教之主为老子，然而老子并没有创立道教。根据司马迁的记录，老子当是春秋末期的人。道教产生于东汉末期，它距老子在世之时晚了数百年。但老子的种种认识却是道教的理论之源。只有老子是不够的，还需要黄帝的支持，以加强道教的力量，于是黄帝就被尊为道教之祖。把黄帝和老子进行联结的是庄子，足证其人之聪明。实际上道教的理论之源，还有鬼神崇拜。儒家的伦理思想，墨家的尊天思想，对道教也有助益。道家也吸收了邹衍关于阴阳五行的观点。道家尤其欣赏神仙思想，并把长生不死以至当一个神仙视为追求的目标。它信仰的是道，自有一套修行的方法。它为中国文化所孕育，也是中国文化的融合和精练。中国的宗教多是西方传来的，唯道教是本土所产生。"

楼观成为道教之重镇，完全是历史地理的选择。终南山木茂为林，谷深而郁，不亦宜乎！

长安的幻境

天下之都

长安是唐之都，也是天下之都。唐的对外关系甚繁，邦交国族几近三百，环太平洋西岸，今之南亚、中亚、西亚、地中海周边，包括今之土耳其伊斯坦布尔，昔之拜占庭城、君士坦丁堡，皆有往来，唐太宗的赤玻璃和绿金精，便是拂菻所呈。

有一次，大明宫早朝结束，王右丞兴之所至，以诗和贾至，透露了唐之盛。长安实在有一种国际都会的气象。

唐在长安留下的文物，以大雁塔为高。登大雁塔，凭栏临窗，可以视通万里，思接千载。

我现在就在大雁塔上，云开雾散，春风浩荡。

向东北看，有一个地方出陆入海，颇为狭长，谓之朝鲜半岛或韩半岛。这里当年有高丽、百济和新罗三国，无不派使者至长安，以通唐。长安有高丽曲，高丽人多居于斯。高丽乐极具特点，广传一时。

新罗王真德虽然为丰姿冶丽之女，不过其雄心一片。在唐太宗时，她便派弟弟和儿子赴长安致意并学习。公元 650 年，真德还织锦颂唐。

高丽、百济和新罗三国皆派学生入国子监读书，其中以新罗的学生为多。公元 840 年，从新罗来的学生竟有一百零五名。崔致远非常杰出，十二岁就到长安来读书了。大约在公元 874 年，十八岁，举进士。尝任宣州溧水县尉和淮南节度使高骈幕府都统巡官，忠于唐。至二十八岁，才返新罗。他的汉诗文甚雅，在今之朝鲜和韩国影响深广，悉受尊奉。

高丽、百济和新罗三国贡唐之物有果下马、牛黄、人参、海豹皮、镂膺铃、鱼牙绌、金银之类。唐当然有回礼，无非是丝绸、瓷器、药材之属。

再向东北看，四面水围的是日本。公元 630 年，有一天，一只船队扬帆而来。一群年轻的遣唐使受日本之派渡海上岸，赴长安学习。当时唐对日本深具影响，日本对唐文化颇有迷恋。遣唐使的船队开始二百余人，以后竟达五百余人。长安城大，容得下他们。自唐太宗贞观四年至唐昭宗乾宁元年，计二百六十五年之间，遣唐使足有十九次赴长安。

日本初为倭国，倭奴国，公元 670 年，其使节贺平高丽至长安，向唐政府报告，以恶倭之名，更号日本。

在国子监，日本留学生最多，也很勤奋。算学馆或书学馆有时候会奖励进步者、优秀者，日本留学生得所赐，总是用以购买典籍。一旦毕业，便返日本施展自己的才学。遣唐使僧旻和高向玄理，更以博士身份参加日本的文化革新运动。他们的主张，显然有长安留学生活所给的启示。

日本留学生也会沉浸长安，甚至乐不思蜀，久居未去。吉备真备十八年，僧旻二十六年，高向玄理三十四年，惠隐三十四年，阿倍仲麻吕，就是晁衡，他五十四年。公元 753 年，晁衡准备回家，王维的诗赠他曰："别离方异域，音信若为通。"也就是这一年吧，李白在金陵与宣城一带游历，忽闻晁衡东海遇难，遂诗吊曰："日本晁卿辞帝都，征帆一片绕蓬壶。明月不归沉碧海，白云愁色满苍梧。"实际上晁衡未死，他乘风破浪漂移到了南海，又辗转到了长安，并继续仕唐。这个人真是优秀，尝在唐政府任秘书监、左补阙、左散骑常侍和镇南都护，历唐玄宗、唐肃宗和唐代宗三朝。公元 770 年，晁衡卒于长安。王维与李白似乎彼此不服，然而他们皆以晁衡为朋友，足见此人之魅力。兴庆宫遗址有阿倍仲麻吕纪念碑，1978 年所立。

在长安的日本遣唐使不乏成绩突出者、术业翘楚者，从而得唐之赏识和重用：粟田朝臣真人，其懂经史，擅诗，曾经在大明宫麟德殿受到武则天接见；灵仙，其既通汉语，又通梵文，遂参加佛经之汉译；空海，其在青龙寺随慧果法师修行密宗，书法也很精湛，足以补宫墙上王羲之的残墨，并有著作介绍唐文化流布日本；藤原贞敏，其师从刘二郎学习音乐，善琵琶，彼此也有情，以至刘二郎不仅赠自己所藏曲谱，而且嫁了自己的女儿，藤原贞敏收获何其丰矣!

日本赠唐之物有琥珀、玛瑙、珍珠、海石、海石榴油、出火水精、金漆、甘葛汁，还有什么纻布、望陀布之类。唐的回礼甚为慷慨，除了丝绸与瓷器之外，还有农具之属，尤其是包括种种仪式在内的典章制度、儒家思想和佛教信仰。

向东南看，有林邑、真腊和骠，它们都派使者到长安来。林邑与隋就有交往，一旦唐取代隋，其迅速通唐，并进御驯象、沉香、火珠、镠锁、五色带、朝霞布、鹦鹉之物。唐太宗见鹦鹉颇灵，竟能应答，一时喜欢，遂命李百药为之作赋。几只鹦鹉在太极宫随声附和，甚为有趣。至唐肃宗时，林邑更号为环王，仍通唐。林邑有姜公辅，其举进士，尝任翰林学士，当然是为林邑争光了的。真腊在公元 623 年就派使者赴长安。唐太宗即位，真腊又偕林邑派使者至长安，显然特别敬唐。公元 753 年，有真腊王子率团到长安来，计二十一人。唐玄宗喜悦，遂授王子为果毅都尉。唐代宗时，真腊有副王婆弥，其携妻子进长安，并朝献驯象十一头。上高兴，授副王婆弥为殿中监。骠与唐建交比较晚，这当然不是骠对唐有意见。实际上骠对唐很有诚意，公元 802 年，骠王就派其弟率由三十五人组成的乐队至长安，演奏二十二曲，产生了轰动效应。白居易叹曰:“骠国乐，骠国乐，出自大海西南角。”站在唐长安城大明宫，骠也确实是在大海的西南角，不能以现代地理观念要求诗人。白居易赞之:“玉螺一吹椎髻耸，铜鼓一击文身踊。珠缨炫转星宿摇，花鬘斗薮龙蛇动。”骠的乐器五花八门，又异于唐，遂在长安火了一把。

再向东南看，有丹丹、盘盘、堕和罗、室利佛逝、堕婆登、诃陵、婆利、师子，皆浮于波涛之上，然而无不征帆登陆，派使者至长安通唐。

再向东南看，是罽宾、泥婆罗和天竺，山重水复，雾轻云淡，所住之地都很崇峻。

罽宾曾经依附于大月氏，渊源甚久。唐高祖时，其派使者贡宝带、金锁和水精盏之物。唐太宗时又派使者朝献名马，献褥特鼠，一种尖喙赤尾且能食蛇之动物。历唐高宗和唐玄宗，彼此关系便更深了。

泥婆罗有一度为吐蕃之臣，也是无奈。唐太宗遣使者李义表往天竺去，过泥婆罗，泥婆罗王大快，予以支持。公元 647 年，泥婆罗派使者至长安贡波稜、酢菜和浑提葱，以发展关系。

唐立之初，天竺动乱，无暇订交。至玄奘往天竺去取经，天竺才知道唐太宗之神武。大约公元 641 年，天竺与唐有了国与国之间的往来。

不过佛教早就流行中国，大兴善寺早就有天竺僧传播密宗，尤其是唐玄宗时的开元三大士不空、善无畏和金刚智，他们久在大兴善寺，影响极大。除此以外，凡长安的大慈恩寺、经行寺、崇福寺、大荐福寺，皆有天竺僧。玄奘与义争也先后至天竺学佛，又先后返长安，展开佛经之汉译，并使释迦牟尼的思想融会于中国文化之中。长安的音乐、绘画、建筑，甚至语言表达，都有了佛教的成分。佛教由长安而天下，足以谓之奇迹。

唐政府也有天竺人。唐高宗时，拜卢伽逸多为怀化大将军。多年以后，天竺人罗好心参加平朱泚之乱有功，唐德宗任其为开府仪同三司和检校太子詹事，不亦壮哉！

天竺贡唐之物有火珠、郁金香、菩提树、胡椒、椰子、白豆蔻、棉布之类。甘蔗的榨糖与熬糖之术，也当由天竺所输。唐的回礼也丰，有麝香、樟脑、铜与铝的生产之术。当然还有丝绸和瓷器，无不予之。

向西看，有波斯、拂菻和大食。波斯与中国的关系很老，经波斯，汉的丝绸曾经到拂菻去。大食虽然在7世纪而兴，不过一旦崛起，遂呈强势。它们皆通唐，唐也从彼此交往中获益。

公元638年，波斯派使者赴长安。之后一百余年，至唐代宗时，其再三派使者来朝，关系甚稳，尤其在唐玄宗时，波斯使者到长安来的足有十批，充分显示了关系之切。大食犯波斯，使者求援，唐也仗义支持波斯。波斯与唐之关系，应该是重要的。

唐允许波斯人在长安传教，可以筑波斯寺，一座不够，便筑数座。波斯人还能在唐政府工作。波斯人李元谅以平朱泚之乱、节度使之乱和吐蕃之劫，贡献颇大，为唐德宗所用，累官右金吾卫上将军。李元谅就是骆元光。波斯人在长安的生意做得更是红火，西市的波斯邸专为波斯人所设，以提供贸易之方便。波斯人有经营珠宝的特长，识得真假。波斯人李苏沙经营有法，盈利甚大，唐穆宗尝招他购木，以修缮沉香亭。事成以后，上满意，遂赐李苏沙绢千匹，钱千贯。

波斯贡唐之物有：玛瑙床、火毛绣舞筵、无孔真珠之类。不过上及其皇家所喜欢的还是击鞠，或曰打球，一种马上运动。此运动由波斯人传至长安，遗憾其器具没有流传下来。不过章怀太子墓的壁画上有打马球的情景，可以略窥一二。

很久以来，中国与欧洲的贸易由波斯中转。除了丝绸和瓷器是由波斯传到罗马以外，以法国东方学家阿里·玛扎里的研究，有近九种农作物也皆由波斯传欧洲，或由波斯传拜占庭和阿拉伯，再传欧洲。总之，所有贸易都经过丝绸之路。

拂菻就是当年的东罗马，在地中海周边，今之土耳其伊斯坦布尔一带。公元643年，拂菻王波多力派使者至长安进御赤玻璃和绿金精之类。至唐高宗时和女皇帝武则天时，又有使者朝献。唐玄宗开元七年，公元719年，又托吐火罗大酋贡狮子和羚羊。唐总是以缣素回礼拂菻。

有迹象表明，凉殿和王铁家的防暑降温之术源自拂菻。唐玄宗有凉殿，在其中坐龙椅，水激扇车，遂风猎衣襟，盛夏不热。王鉷任御史大夫，居太平坊，宅作自雨亭子，檐上飞流四注，以调盛夏之气。

拂菻有幻人，应该就是杂技表演者或魔术表演者吧，他们经常在长安献艺。其口吐焰，或在额上烧火为烬，吞刀，张嘴旛毦并出，伸掌江湖遂现，举足而堕珠落玉，使欣赏者惊叹不已。

大食于公元7世纪初崛起。大约三十年以后，公元651年，大食派使者至长安，算是通唐之始。当是时也，大食已经灭波斯，破拂菻，其势蒸蒸日上。

唐玄宗即位不久，大食又派使者至长安，贡马和钿带之类。按唐的规矩当拜唐玄宗，然而大食使者只拜天，不拜皇帝，彼此争执不已。有中书令张说曰：“殊俗慕义，不可寘于罪。”上遂不强求拜他。公元726年，有大食使者苏黎满进御土实，唐玄宗便拜其为果毅都尉，赐绯袍和带。唐肃宗时，仍有大食使者来朝，不过此间遭安史之乱，长安猝失。唐代宗不得不借大食兵，当然还有回纥兵，才收复了长安，也收复了洛阳。此谓救急之谊，代价难免矣。唐德宗时，大食有三使者含嵯、乌鸡和沙北来朝，上拜此三人为中郎将。

大食贡唐之物有乳香、没药、血竭和苏合油之类。唐的回礼有金银品、牛黄、麻沸散之属，当然还有丝绸和瓷器。造纸术也以中国所得吧！

再向西看，大勃律、小勃律、吐火罗、护蜜、宁远、箇失蜜，国族固小，也闻唐之声，遂派使者赴长安以建交。

再向西看，有所谓的昭武九姓，就是粟特人。他们原居祁连山以北的昭武城，不幸为匈奴所欺，便西迁，逾葱岭，居今之阿姆河与锡尔河之间，撒马尔罕一带。其枝庶分王，皆以昭武为姓。九姓大约是：康、安、曹、石、米、何、火寻、戊地、史。其从东而西迁，也会自西而东移。自西而东移，显然还是顺茬。隋立以后，昭武九姓就有东移的。唐取代隋，他们遂竞赴长安。

康国通唐颇早，在唐高祖时便派使者到长安来了。至公元631年，康国对唐请臣之意产生，就派使者贡以狮子。唐太宗视之为珍，命秘书监虞世南作赋赞其狮子。康国又派使者贡以金桃和银桃，上也乐之，令植禁苑之中。唐与康国之关系，在唐高宗时也有新的发展。唐玄宗时，康国所贡突然增加，有锁子铠、水精杯、玛瑙瓶，还有鸵鸟蛋、越诺布，尤其是送来了侏儒，更是送来了胡旋女，分明是图唐玄宗的高兴。

康国人有在唐政府任职的，也有在长安或从事佛教推广，或从事文艺活动，或从事贸易工作的。康感任过凉州刺史，康进德任过安西都护果毅，康乐任过上柱国。康庭兰之家厉害，是数代为官。康谦在唐玄宗时任安南都护，在唐肃宗时又任鸿胪卿。康艳典和康拂躭延也曾经各拜石城镇将。石城者，故楼兰之地也。法藏俗姓何，从事华严经的汉译、研究和著述，为贤首国师，圆寂于大荐福寺。康昆仑是弹琵琶的妙手，为宫廷乐师，很是得意。不过唐德宗时，有一年祈雨赛乐，康昆仑在朱雀门东的彩楼上演奏，有僧伴女在朱雀门西的彩楼上演奏，僧竟占了上风。康迺也是宫廷乐师，晚于康昆仑，活跃在唐宣宗时，其擅婆罗门曲。康萨陀善画异兽奇禽，遂为长安权贵的座上客。康国人尤其以精于经营扬声西域，所谓丈夫二十岁，利之所在，无所不至。其经营项目主要有丝绸，也有珠宝类与畜类，还放高利贷。

安国也在唐高祖时派使者入朝。至唐太宗时，又派使者贡其特产。唐太宗高兴，知道安国人也有做生意的优点，便宽慰使者说：

“西突厥已降，商旅可行矣。”安国王诃陵迦大乐，又进御其名马。

唐政府也有安国人。李轨割据凉州，安兴贵平之，唐高祖就奖其功，拜右武卫大将军。安叱奴能跳舞，为唐高祖所悦，竟拜散骑侍郎。李纲任礼部尚书、太子詹事，其认为安叱奴任散骑侍郎不宜，谏之，可惜上也未予以采纳。有安朏汗，以率部属数千人入朝，唐太宗拜左武卫大将军。安朏汗之子安附国，其十八岁，有异相，唐太宗喜欢，遂擢之为左领军府左郎将。安附国幸运至极，竟累授上柱国，封驺虞县开国男，晋爵为子。多年以后，安附国死，葬雍州长安县孝悌乡。他有二子，也在唐政府各得一官。李抱玉及其堂弟李抱真，平内乱外叛有功，便也任职于唐。李抱玉就是安重璋，由唐肃宗赐其李姓，居朱雀门街以西的修德坊。

曹国与唐建交也当在唐高祖之际。曹国人多以乐工显贵。琵琶应该是弹拨乐器之王，杜牧曰：“坐部伎即燕乐，以琵琶为主，故谓之琵琶曲。”琵琶之为乐器，大约起于秦。当时指二玉相击，其音清亮。近乎千年的发展，尤以吸收了西域琵琶之艺，至唐遂盛。从梨园到坊间，凡长安的歌舞没有琵琶便不能开幕。曹国有琵琶世家，北魏以来，曹婆罗门、曹僧奴、曹妙达，一家三代，悉以琵琶立身。唐的高手曹保、曹善才、曹纲，可能是曹妙达之后，更是教坊的明星。李绅诗赞曹善才曰：“紫髯供奉前屈膝,尽弹妙曲当春日。”白居易诗赞曹纲曰：“拨拨弦弦意不同，胡啼番语两玲珑。”

石国在唐高祖和唐太宗二朝数贡方物，以示重唐。公元658年，唐授石国王为都督，在瞰羯城设都督府，足见石国与唐之关系。唐玄宗时，石国倒向大食，是因为高仙芝失约，杀了石国王。不过到唐代宗时，石国又派使者来朝了。显然，国际关系总是变化的，谁能主导这种变化，谁才是领袖。

斯坦因考察敦煌所藏伊州方志写本残卷，发现公元630年，伊吾城主石万年内附于唐。然而石国人在长安的活动不易掌握，尽管石国人有居长安的。石崇俊墓志，是出土于长安的文物。读其所记，知其祖自西域而徙，父子在唐政府皆有任职。石崇俊宅在群贤里，其人在唐德宗贞元十三年二月二十日卒于斯。

石国与回纥关系玄奥，几为回纥之臣。回纥在唐势大，石国遂在政治上和经济上辅助回纥，主要是通过翻译给回纥帮忙。石福庆当归此类，他了解唐的社会文化，既会粟特语，又会汉语，遂能服务回纥。这样的石国人，当是久居长安矣！

米国与唐订交颇晚，至公元658年才有来朝。唐高宗授其君为刺史。唐玄宗时，米国首领末野门来朝，贡玉璧、狮子、舞筵和胡旋女，上封其君为恭顺王。米国人在长安的，多以宫廷乐工立命。米嘉荣、米和，都是的，米禾稼、米万槌，也是的。长安出土有米萨宝墓志，记其于唐玄宗天宝元年二月十一日卒于崇化里。萨宝者，袄教之教务管理之官也。显然，此萨宝属于米国人。

何国在公元641年派使者来朝。唐高宗时，西域有征伐之事，遂在何国置贵霜州，命其君为刺史。在长安的何国人，可以确定的有僧伽，俗姓何，以弘扬佛教为务。他在唐高宗时至长安，唐中宗景龙四年，圆寂于荐福寺。

再向西看，目光回收一些，是于阗、疏勒和龟兹。此三国虽然都小，不过尽踞丝绸之路枢纽。汉武帝以前，此三国久为匈奴所摄。汉武帝以来，中国的诏书与符节传而相之。至唐，遂置安西都护府之下。

龟兹长于歌舞，喜淫，便设女肆以征钱。唐高祖时，龟兹王苏伐勃駃便派使者来朝。苏伐勃駃死，其子苏伐叠立，于公元 630 年贡名马。唐太宗悦，赐诏书并玺，予以特别的抚慰。然而龟兹之心有异，竟择西突厥而臣之。郭孝恪讨焉耆，龟兹还调兵帮助焉耆，唐与龟兹遂断。苏伐叠死，其弟诃黎布失毕立，欲恢复龟兹与唐往来，便在公元 647 年派使者来朝。然而唐太宗对龟兹支持焉耆之怒犹存，便令唐军击之。事就这样成了：平龟兹，更立龟兹王，扶诃黎布失毕之弟为王，并勒石以记。唐军俘诃黎布失毕，送长安。唐太宗见其顿首而伏，就赦其罪，拜之为左武卫中郎将。唐高宗时，又封诃黎布失毕为龟兹王，并送他还乡，以作统治。龟兹也有内乱，不过究竟是在唐的羁縻之下。龟兹曾经向唐高宗贡银颇罗和名马，至女皇帝武则天时和唐玄宗时，也仍殷殷来朝。

龟兹白氏，自汉至唐，一以贯之。有乐工白明达，尝得隋炀帝赏识，在隋的宫廷服务，唐取代隋，他又在唐的宫廷服务。唐高宗晨闻风声、鸟声和树叶拂动之声，有所感，遂示白明达以此为曲。一曲而成，传世不息。白孝德于唐军服役，以平安史之乱有功、抗击吐蕃有功，累迁检校刑部尚书、吏部尚书，封昌化郡王。公元 779 年，唐代宗任其为太子少傅。白孝德居长安何处，难考矣。

公元 635 年，疏勒派使者到长安来进御名马，算是订交。十二年以后，疏勒又贡其特产，当为关系的加强。彼此高兴，大臣兴奋，便颂唐有天下。不过上是清醒的，立即吩咐房玄龄，勿让百官进谀言，增得意，否则国将有危。唐高宗时，疏勒为吐蕃所破。一旦疏勒进入吐蕃的阵营，其必大害中国。唐明白这一点，遂一定会争取疏勒，使之独立，或紧密团结它。唐玄宗时，形势向好，便封疏勒贵官安定为疏勒王。公元 753 年，有疏勒首领裴国良来朝，唐玄宗就授其折卫都尉，并赐紫袍和金鱼，以笼络其心，坚固情谊。

疏勒裴氏，素有在唐政府任职的。疏勒王裴纠，唐高祖时来朝，拜鹰扬大将军，封天山郡公，竟以长安为乐，居之未归。裴玢是裴纠之后，唐宪宗时，任山南西道，在其辖区治理甚严，又蔬食隐敝衣，百姓普通敬之。有裴沙，唐中宗时，以打突厥有功，授忠武将军，行左领卫郎将。唐太宗时，宫廷乐工裴神符，能妙解琵琶，声望高涨，疏勒人也。唐宪宗元和年间圆寂于西明寺的法师慧琳，俗姓裴，亦疏勒人也。

于阗有玉河，于阗人夜视月照而光明之地，寻找必得玉之美者而为宝。汉通西域以后，于阗与汉就已经建交。以于阗请婚，有公主藏蚕卵于帽絮之中带出，于阗也种桑养蚕，并得丝绸。

于阗和唐之关系深矣！

公元 632 年，于阗派使者来朝。三年以后，于阗又质子于唐，其便久在长安生活。

唐高宗时，于阗王伏阇信到长安来，上授其右卫大将军，任于阗王子玷为右骁卫将军，赐袍带和绢帛。数月之后，于阗王伏阇信还于阗，不过他奏唐高宗请留一些于阗子弟做宿卫，显然是忠唐的。唐高宗上元年间，于阗王伏阇信又率子弟及群臣来朝，足有七十人受上之接见，成长安一时之盛。

于阗当然也有政权更迭，然而它对唐的态度没有影响。伏阇雄代伏阇信为于阗王，以击吐蕃有功，遂在于阗设都督府，任伏阇雄为都督。伏阇雄死，女皇帝武则天立于阗王子璥为于阗王。唐玄宗开元年间，于阗贡名马、骆驼和豽。璥之后，立伏师战；伏师战之后，立伏阇达；伏阇达之后，立珪；珪之后，立胜。不管谁当于阗王，他们都是唐的朋友。

于阗王胜对唐颇有义气，这一点十分突出。唐玄宗天宝年间，他尝来朝贡玉和良马。上大悦，便以宗室女嫁胜为妻，并授右威卫将军。胜返于阗，随高仙芝破敌有功，升光禄卿。安史之乱，胜把国务留其弟曜处理，自己率兵援唐。唐肃宗拜其为特进，兼殿中监。唐代宗时，累进骠骑大将军。上欲让其还于阗，但他却坚请做宿卫。上感其诚，加开府仪同三司，封武都郡王。胜恳请唐立其弟曜为于阗王，诏可。胜就安居长安，修池蓄水，广邀贤士以同乐。至唐德宗时，拜右领军将军。不久于阗王曜上书，请唐立胜之子锐为于阗王。唐德宗征求胜的意见，胜认为其子锐完全是一个长安人，生于斯，游于斯，已经不知道于阗之俗，不可让锐做于阗王。

于阗王皆为尉迟氏，于阗尉迟氏居长安，多矣。

于阗人尉迟敬德，赳赳勇士，以降秦王李世民，为其所赏识，并成其心腹。他平割据势力有功，策划玄武门之变有智，唐太宗授开府仪同三司，封鄂国公，凌烟阁悬像矣。尉迟敬德宅在布政坊，今之西安市环城西路南段一带，或在长寿坊，今之西安市西南方向蒋家寨一带。公元658年，尉迟敬德死，春秋七十四。唐高宗废朝三日，令京师五品以上官及朝集使皆赴尉迟敬德宅吊唁。

尉迟跋质那和尉迟乙僧父子也是于阗人。他们皆为画家，乙僧更擅佛像。乙僧曾经任宿卫，以此可以推测其父子悉为质子。对父子二人，唐皆封郡公，可谓善终矣！

在长安做质子的于阗人并非一个两个。有僧智俨，华严宗之二祖，俗名尉迟乐，本就是质子。尉迟胜也属于质子，其甚爱长安，连大位也不要了。唐代宗时，有尉迟青，也是质子，宅在常乐坊，今之西安市东北方向纱厂东街至西安市三十八中一带。尉迟青尝任职唐政府，唐德宗时，官至将军。不过他的留名全靠筚篥，当年尉迟青以演奏筚篥扬声天下。筚篥者，九孔之管乐器也，发音悲烈也。有幽州音乐家王麻奴，也怀筚篥之技，不服尉迟青，遂至长安，欲震之。相见之下，各弄一曲，虽然都是西域音乐，王麻奴吹得汗流浃背，但尉迟青却悠然轻松。王麻奴便认了尉迟青为师。唐文宗时，有尉迟章以务笙享誉。尉迟章是否为尉迟青之后，也未可知。

再向西北看，举头远望，是突厥和回纥。欧阳修曰："夷狄为中国患，尚矣。"他指出，抗衡于唐的，西南有吐蕃和云南，西北有突厥和回纥。突厥和回纥对唐是有恩有怨啊！

突厥居金山之阳，就是阿尔泰山南麓一带。唐高祖起兵太原，尝得突厥支持，此乃为恩。唐高祖知道突厥有功，遂在长安坐江山以后，按约优待突厥。公元 618 年，突厥派使者骨咄禄特勒来朝，上在太极殿设宴飨之，奏九部乐，引升御座，极够朋友了。但突厥却并不满意，便寻机翻脸，反复寇边，甚至扰到长安戒严的程度，此乃为怨。

唐太宗即位，全面反击突厥，颉利可汗一败再败。公元 630 年，唐军俘颉利可汗，押至长安。唐太宗在顺天楼宣布突厥有五罪，不可不伐，然而未杀颉利可汗。审判公开透明，有士民纵观。唐太宗宽以待之，望除其怨，兴其恩。上授右卫大将军，赐其丰田与盛宅。颉利可汗受尊，千户突厥也随之居长安。公元 634 年，颉利可汗病殁，不过其孙子还在长安。

颉利可汗亡，突厥或远逃，或降唐。唐置归顺的突厥于朔方，并以阿史那思摩为可汗治之。思摩可汗表示，愿为唐一犬，以守天子北门。从唐高宗至唐玄宗开元年间，也有突厥某部侵唐的，也有唐与突厥和亲求取安宁的。

至唐玄宗天宝年间，突厥与回纥交战。唐不失时机，导兵进攻突厥，破其主力。有毗伽可汗之妻骨咄禄婆匐可敦，颇能自明，便率众内附于唐，突厥灭矣。突厥灭，但突厥人却不乏在长安及黄河南北两岸生活的。

以金山——阿尔泰山所分，在其以西的是西突厥。西突厥与唐时而相向，时而相背。唯其常有内乱，不可强大。唐太宗时，西突厥忽然一分为二，遂彼此消耗。至唐玄宗时，西突厥也灭矣。西突厥统叶护可汗曾经向唐高祖请婚，上许之。统叶护可汗大喜，准备厚礼迎娶，遗憾其病入膏肓，旋即而逝，姻缘无果矣。

回纥与唐关系错杂，非一般之恩怨。也许回纥之先就是匈奴，在中国受挫已经沉积于其心理。回纥尝为突厥臣，以不甘受欺而叛之，投奔了唐。至长安来朝，并贡方物。事在公元 629 年，唐太宗初即位之时。一年以后，回纥又至长安，表示愿意为唐臣。也无奈，因为这是生存的需要，不过回纥对唐也会且爱且恨。唐伐突厥，伐高丽，都有回纥之助，似乎成了一种联盟。

安史之乱发生，唐向回纥借兵平之，欲恢复天下。以回纥之援，唐一夺得长安，再夺得洛阳，回纥便颇为骄傲。回纥也再三向唐请婚，遂有一嫁宁国公主，二嫁咸安公主，三嫁太和公主。回纥当然也一直抵抗吐蕃，以挺唐。这一点对唐极为重要，因为吐蕃充满了覆唐之志，也不乏覆唐之力。回纥以有功于唐，从而足有千人居长安。这些人在长安理直气壮，甚至反客为主，胆大妄为。昭武九姓，尤其是石国人，有为回纥服务的，他们也借回纥之势纵意发财。回纥信仰了摩尼教以后，请在长安建寺，唐代宗便命筑大云光明寺。至唐宪宗时，回纥来朝至长安，也有摩尼教徒相随了。

站在大雁塔上，我看到太阳穿云过雾，驰之宇宙，行迹顷有下沉之感。红霞满天，然而黄昏也近了。唐实实在在的大，是慢慢地一点一点残落的。安史之乱算一折，回纥撒野算一折，会昌法难也算一折，黄巢起义也算一折。公元 907 年，唐哀帝位上，唐亡。然而唐毕竟有过一个天下之都：长安。

当时在皇城以南，朱雀门内以西，置鸿胪寺。它是唐政府的一个重要机构，凡外事处理，统统归之。唐的邦交国族甚蕃，其使者或首领到长安来，皇帝接见规格之高下，飨宴之丰简，嫡庶之辨与爵位之袭，觐见之迎与离朝之送，贡品之值的评估与如何回礼，若有死于长安的，唐当提供怎样的葬具及怎样祭奠，皆由鸿胪寺负责。它的遗址大约在今之西安市朱雀门内太阳庙门与报恩寺街一带，我常常经过那里的。

稍等一下，我辞了大雁塔，还要往鸿胪寺遗址去。路面已经铺满了沥青，树也多是法国梧桐，然而仰望天空，也许仍能发现一朵唐的云。

喀什

喀什的魅力表现在：没有去的时候，它使人向往，去了以后，它又让人咀嚼并久久回味，尤其是它的历史地理。

喀什，喀什噶尔，此词有突厥语和波斯语的混合，意指汇玉之城。昆仑山从青藏高原至帕米尔高原，几近三千千米，其北坡多孕玉，喀什当然也孕玉。此玉本是昆仑玉，不过由于今之新疆和田一带玉龙喀什河所出的昆仑玉最好，遂统统谓之和田玉。它是一种透闪石，硬度在 6.0 至 6.5 之间。自殷商以来，中原王朝无不嗜玉，且多求其和田玉。和田玉可以循天山南路之南道至中原，也可以循天山南路之北道至中原，一旦南道遇阻，就不得不行北道。喀什处于南道与北道的交点，遂为汇玉之城。我喜欢玉，然而我未在喀什采集。我觅得是新石器时代到汉之间琢磨而成的高古玉，但喀什却尽是璞玉或新玉。

喀什的位置非常特殊。它坐落在绿洲之上，又隐于塔里木盆地之中。它西南依帕米尔高原，东部偏北方向又临浩瀚的塔克拉玛干沙漠。它南有喀喇昆仑山，北有天山，西仍是帕米尔高原。逾葱岭，今之帕米尔高原，才能至大宛、康居、大夏和安息，才能经安息至地中海，或至北非，或至希腊和罗马。帕米尔高原显然是天下之阻，亚洲之阻，也是亚洲与北非和欧洲之隔。汉通西域，关键是逾葱岭，否则不得至中亚，也不得至南亚和西亚，更不得至地中海沿岸。翻葱岭，越今之帕米尔高原，古者往来之士，多经过喀什，喀什遂为亚洲文明交流的门户。

西域之国族，既有葱岭以内的，又有葱岭以外的。只要有国族崛起，其便企图控制西域，进而控制今之中亚，因为控制了中亚就扼住了往南亚和西亚之途。如此形势，遂使西域之国族，必然角逐于疏勒，今之喀什。

遥望历史的尽头，容易发现最早是匈奴据有疏勒的。当此之际，大约是秦之末，汉之初，秦汉之间。一旦丝绸之路开辟，疏勒才释手，由汉掌握，属于西域都护府。五胡十六国，魏晋南北朝，中原降祸，丝绸之路断绝，疏勒也失。在唐它属于安西都护府，可惜安史之乱以后，唐难止其衰，吐蕃人遂治疏勒。接着据有疏勒的是回鹘人、契丹人、蒙古人。至清，疏勒归清。

19 世纪末叶，沙皇俄国与英国在中亚相争，喀什便成为彼此活动的一个中心。1881 年，沙皇俄国在喀什设领事馆。1908 年，英国也在喀什设领事馆，虽然瑞典未设，但它却把瑞典基督教传播的机构置于斯。我在喀什匆匆考察，夜宿其尼瓦克宾馆。当年的英国领

英国驻新疆喀什噶尔领事馆遗址

事馆恰在这里，我顿时兴奋，连问是否有遗址，有司就直指高楼背面。惊喜难耐，径绕高楼而阅。只见在一棵大树下，有几间平房呈一排，其红瓦绿檐，长廊木柱。长廊之下，木柱之间，支桌而放椅，显然有餐饮经营，唯此刻歇业，条窗紧关，从而冷冷清清。资料显示，此领事馆占地 3.3 万平方米，曾经有池有林，且建筑精致。我满是困惑，不懂为何要拆领事馆，也不懂为何要留一点残余，更不懂为何要在这里生火做饭而卖之。

突然展开的丝绸之路探险，实际上是沙皇俄国与英国在中亚博弈的衍生，其始于 1834 年。近百年以来，足有数十位西方及日本考古学家在天山南北孜孜探究，以有所发现。影响最大的几位，无不在喀什勘察，或从喀什出发。瑞典的斯文·赫定，1895 年 2 月 17 日从喀什进入塔克拉玛干沙漠；英国的斯坦因，1900 年 6 月 23 日从喀什走向和阗，今之新疆和田；法国的伯希和，1906 年 9 月 1 日在喀什挥镢挖掘，随之而库车，而乌鲁木齐，而敦煌，而西宁，而西安，携大量文物文献及植物标本，穿郑州和北京，返其巴黎。

汉兰台令史班固指出，疏勒去长安九千三百五十里，其间沙漠横陈，山耸川曲，不知道此距离是如何计算的。

中国人最早往疏勒去的当为张骞。寻找大月氏，非逾葱岭不可，他当然要过疏勒。中国人在疏勒工作最久的当是班超。他夺得疏勒王的盘橐城，居之十七年，以平西域诸国，恢复丝绸之路的贸易。领兵过疏勒而逾葱岭的是唐将军高仙芝。他一举灭小勃律，便粉碎了吐蕃与小勃律联合对抗中国的图谋。不料他惨然败于大食，遂助长了大食攻占中亚之心。

疏勒敬唐，来朝不绝，往往以贡名马为天子所乐。一件有趣的事是，唐玄宗尝遣使者赴疏勒，册立裴安定为疏勒王。疏勒与唐之关系显然非一般之深。

亚洲文明之交流，疏勒是门户，也是驿站。凡逾葱岭西去或东来，多会停留这里。内输的或外输的粮果及草木，都会经过这里，当然也会有选择地种植于斯。最早自葱岭以外传到长安的是葡萄和苜蓿，接着石榴、胡桃之类，皆经疏勒而来。我在喀什就吃了葡萄，见了石榴，领受了学生所送的胡桃。其品质无不上上，唯没有见到苜蓿。

佛教从印度流布中国，疏勒的一方水土，功莫大焉。向东弘法的印度高僧鸠摩罗什，曾经在此获须利耶苏摩所授大乘，完成了他的思想转化。达摩过此，当然也要传道一番的。向西取经的中国高僧法显，经疏勒，发现僧徒达千余，尽为小乘。玄奘返乡经疏勒，发现这里的僧徒还是学习小乘，只是增加至万余，且置寺院数百所。玄奘观察得颇细，他注意到疏勒气候和畅，稼穑丰茂，人长绿眼睛，好文身，擅织毯子，为地毯、壁毯、床毯，也做帘幕。悟空应该是唐最后一个从印度还我长安的高僧，他过疏勒的时候，安史之乱已经发生，吐蕃已经取得陇右，西域已经没有安全保障，然而疏勒未拘他，也未扰他。悟空蛇行鹤游，至公元 790 年才回长安。

伯希和在喀什的考古范围，包括炮台山、沙山、墩库勒、三仙洞、阿克噶什，发现有佛像、佛壁画，证明 10 世纪以前，佛教在此存在并兴盛。他还注意到一些寺院遗址有火烧之痕。

10世纪以前，不仅喀什佛教兴盛，而且丝绸之路沿线也多信仰佛教。不仅有佛教，也有景教、祆教、摩尼教，而且传至长安。

有萨图克·布格拉汗，早就悄然信仰了伊斯兰教，这为喀喇汗王朝的伊斯兰化打下了基础。他似乎并不孤立，因为有波斯王子支持他。萨图克·布格拉汗在公元955年逝世于喀什噶尔，其儿子穆萨继位，也驻喀什，宣布伊斯兰教为国教，遂有二十万帐众皈依，并讨伐信仰佛教之于阗。几十年以后，大约到1006年，喀喇汗王朝灭于阗，从而将其统治扩展至罗布泊一带。这一带及丝绸之路沿线，也多转而信仰了伊斯兰教。此举重大，影响深远矣。

喀什的夜色甚美！华灯遍明，凡道路、草木、高楼大厦，无不交光互影，尤其是银行、商场和酒店，装饰得璀璨如幻，并不逊于京沪，也不逊于乌鲁木齐。唯行人稀落，夜生活单调。

晨曦所染的喀什一片宁静，维吾尔族老老少少，忙而从容。街两边的店铺渐渐开张了，馕摆出来了，干果和水果也摆出来了。有妇女携着孩子等待出租车，妇女目不斜视，但孩子却生动地左右顾盼。

艾提尕尔清真寺是必须看一看的，其筑于1442年，几番修建，卒达1.68万平方米，不仅是喀什最大的清真寺，在新疆也是最大的。其坐西朝东，有桑榆和白杨环围，甚为幽雅。礼拜殿起于隆出地面一米余的台基之上，其外殿立一百四十根雕花木柱，做网状排列。木柱高达七米，以支撑白色的密肋天棚。气势壮矣，风格独特。

阿帕克霍加墓，或曰香妃墓，也当看一看，不过时间有限，我只匆匆一览，便到了高台民居。所谓高台民居，在喀什噶尔老城东北一带，有六百余户维吾尔族住于斯。其多为土房，也有砖房。房连房，楼接楼，层层叠叠，穿插于几十条弯弯曲曲高高低低的小巷之中。过其家，往往见工匠坐堂屋琢之磨之，锯之凿之，不知道在制作什么。工匠埋头干活，专心致志，无视任何好奇的扫描之目。有一家辟屋设了陶器馆，瓶呀，壶呀，杯呀，盏呀，罐呀，笔筒呀，镜盒呀，拙朴可爱，观之者众，也有购之者。还有一家辟屋专藏维吾尔族的日常用品，满室尽陈，铜的锁、灯、香炉、铺首、酒觚，还有一些宝石，包括玉料、玉器、水晶、玛瑙。我挑选甚久，终于忍了，道歉一声，没有购之。在一条小巷口，我碰到几位维吾尔族姑娘聊天，想拍她们一张照片，遂徘徊着，以等待一个漂亮的角度。她们披花巾，穿花裙，侃侃而语，唯不示其容。当然也不愠，也不悦。阳光弥空，黄墙返照，秋之喀什，也不热，也不冷。她们自在自为，淡淡然而平平然。

胡人与胡风

长安曾经是胡人向往之城，他们一茬一茬地到这里来，以种种方式落户于斯，生活于斯，并渐渐化为中国人。

谁是胡人呢？ 或曰：汉以后，凡非中国人，皆为胡人。或曰：非中国人的西域人与西北一带及东北一带的北方人，都是胡人。

那么谁是唐长安城的胡人呢？胡人所分，以葱岭为界。葱岭以内的胡人，主要有于阗尉迟氏、疏勒裴氏、龟兹白氏。葱岭以外之胡人，主要有昭武九姓，还有突厥人、回纥人、吐蕃人，还有波斯人、大食人、勃律人、护密人、陁拔罗人，不过声势浩大的，还是昭武九姓。所谓的粟特人，也就是昭武九姓。

胡人流寓长安久矣，非有唐一代才至长安。北魏、西魏、北周和隋之间，断断续续，胡人前来。尉迟敬德一家，大约就是北魏时从于阗内迁的。康磨伽一家，大约北周时从康国内迁，他们在长安皆有其宅。唐立，他们仍居于斯。

李世民是含胡人血统的，遂不以夷狄为贼。胡人也亲近他，尊唐太宗为天可汗，从而唐能对胡人开放。唐玄宗以来，胡人在长安似乎更是得意。显然，胡人流寓长安，有唐一代为烈。

胡人流寓长安的方式各有不同，相同的是，长安包容了他们，足以让胡人自由地呼吸。有的是国族归附，入居长安。这一方面甚为典型的是突厥颉利可汗及其部属。有的是向唐称臣，以王子或世子做抵押，送子为质，入居长安。凡突厥、吐谷浑、契丹、回纥、于阗、疏勒，皆有王送其子或其侄入朝侍奉的。疏勒王裴纠，唐高祖时拜见天子，乐而不归，遂留京师。有的是教徒布道，入居长安。佛教的僧伽大师、法藏大师和慧琳大师都属于这种情况。他们本是西域人，以传播佛教，皆圆寂长安。不仅佛教教徒，拜火教、景教、摩尼教和伊斯兰教，其教徒悉有以布道住长安的。有的是以经商入居长安的，昭武九姓，粟特人也，多是如此。有的是以在国子监读书，入居长安的。高昌与吐蕃的首领，都送子弟来读书，其当然住长安。高丽、百济和新罗权贵子弟虽然不是西域人，然而也来读书，并住长安。日本甚慕唐文化，遣唐使更多。有的是以助唐平安史之乱和抗羌之功，入居长安，回纥是矣！有的是以吐蕃陷河陇，丝绸之路断绝，不可还西域，遂留在了长安。

长安到底有多少胡人呢？没有计数。唐太宗时，京师的长安县与万年县共有八万余户。此刻入长安的突厥人，一次就近乎一万户。至唐德宗时，胡人情况如何？史记：“今潼关之西，陇山之东，鄜坊之南，终南之北，十余州之地，已数十万家。”此乃一副关中的胡人地图，然而究竟不知道长安有多少胡人。

胡人属于长安人的一个组成部分，并把异质文化糅进长安，也影响了长安人。胡人多居朱雀门街以西，西市周边。尉迟敬德宅在长寿坊，尉迟乐宅在义宁坊，尉迟胜宅在修行坊，石崇俊宅在群贤坊，米萨宝宅在崇化坊，米亮宅在崇贤坊，安令节宅和安金藏宅皆在醴泉坊，安万通宅在普宁坊。安禄山特殊，居道政坊，在朱雀门街以东，兴庆宫以南，今之西安交通大学校园里，是唐玄宗所赐。罕见高丽、百济和新罗其人之宅，也鲜见日本人之宅在长安的。胡人在长安的确影响了长安人。

拔地耸天的柱状建筑谓之台，也谓之塔。台是中国所固有的，塔源于天竺，是随佛教而至长安的。今之西安有大雁塔，名播四海，是唐的，小雁塔在荐福寺，也是唐的。这种形式的建筑，皆仿天竺所造。唐玄宗所起的凉殿、御史大夫王铁所营的自雨亭子，都有拂菻建筑在设计上和技术上的启示。

长安添了胡食，凡、胡饼、搭纳，无不是胡食。实际上饽饠就是手抓饭，或近似于八宝饭吧，品类不一，自西域来。东市开了一家饽饠店，长兴坊也开了一家饽饠店，不过在长兴坊的饽饠店显然热销京师，因为这里发生了一个故事。一个秀才梦见有人预告他明年进士及第，便请其吃饽饠。可惜犬吠梦醒，见白日照地，遂怅然不已。西域人有毕氏和罗氏，好食此物，就先以毕罗名之，后以饽饠名之。胡饼即麻饼，今之烧饼也。中国早就有了胡饼，然而以唐长安为流行。杨国忠喜吃此物，尝自己买于市，藏在袖筒，咬一口，又咬一口，慢慢吞咽。在辅兴坊所卖的胡饼做得甚香，不知道杨是否买于此店。安史之乱，长安失守，唐玄宗西逃，至咸阳还没有用膳，很饿了，杨国忠遂购胡饼一份呈上。此事遭白居易讽刺，诗问咸阳的胡饼像长安辅兴坊的胡饼吗？

长安有三酒：龙膏酒、葡萄酒和三勒浆，是权贵所常饮的。龙膏酒黑若纯漆，能迅速提神，自乌弋山离来。葡萄酒过去就有，不过也许是成品。唐太宗时破高昌，得马乳葡萄，植于苑中，熟了以后用高昌之方酿造，就有了自己的葡萄酒。其芳而酷烈，唐太宗尝赐群臣，一旦入肆，也深得长安人之所爱。三勒浆由菴摩勒、毗梨勒和诃黎勒三种果实所酿，源于波斯，经西域至长安。其味甘，醉人，也消人之气。

胡服是长安的时尚，男女都以用胡服为新潮。一旦车战转为骑战，胡服遂生，这便是中国人穿上了裤子。然而唐长安的胡服，多是出于喜欢才用的。李承乾是唐太宗的太子，好穿突厥服，甚至好操突厥言，玩耍也分戟为阵，设穹庐，树旛旗，一派游牧景象。唐高祖至唐太宗时，宫人着幂䍦，其幅宽广，可以障蔽，以防把脸露出来。女皇帝武则天时，宫人以帷帽取换了幂䍦，比较短浅，也轻爽了。至唐玄宗时，宫人皆着胡帽，唯恐不露面，竞相靓妆出门。从长安出土的唐俑可以发现帷帽与胡帽的区别，颇有意思。唐宪宗时，宫人遂穿回纥之装，襟窄小，袖也窄小，束腰而细。她们还堆髻赭颊，以乌膏注唇，呈悲啼之状。唐末，长安少妇便梳发，两鬓抱颜，谓之抛家髻。宫人胡服化，诸官也会的。唐武宗时，群臣所穿六和靴，就非中国人之款。

长安忽然出现的一种运动是骑马执杖以打球，谓之击鞠。其发自波斯，从西域传至长安。不过长安的打球并非统统骑马，有时候也会骑驴打，有时候也会跑步打，在形式上有所变化。

打球之风起于唐太宗，之后的唐皇帝也多有此兴趣。唐中宗嫁金城公主，吐蕃使者迎接，上为活跃气氛，便请客在梨园亭欣赏打球。吐蕃使者一观就万分激动，也想入场打球，遂一队为唐，一队为吐蕃，彼此比赛。吐蕃队数胜，唐队不免沮丧，上便指示临淄王李隆基入场，又指示嗣虢王李邕、驸马杨慎交和武崇训入场，以壮唐队。李隆基精于此道，其奔腾之快如风如电，吐蕃队难以招架，连连而输。李隆基就是唐玄宗，他以声色犬马羁縻诸王，重任番将，不但好打球，也好斗鸡。多年以后，唐穆宗和唐敬宗对打球更是沉溺忘返，疏于朝政。唐敬宗不仅自己酷爱打球，而且要求禁军将士和教坊也打球，往往至三更半夜而不休，简直是疯了。唐宣宗也乐此不疲，唐僖宗尤以打球自负，表示以打球考进士，他必当状元。

上如此好打球，大臣能不打球吗？不打球怎么亲近上，并得上之擢升呢？唐德宗时的司徒兼中书令李晟、唐文宗时的户部尚书王源中，无不有打球之能，而且还把马球场建到各自的庭院里。权贵好打马球，文人当然也要打。浐河西岸的月灯阁有马球场，进士及第，在大雁塔题了名，遂径赴月灯阁，挥杖打球。同年咸集，两队对垒，常有数千人围月灯阁而观，大呼小叫，热闹至极。宫人也打马球，这是花蕊夫人的诗可以证明的，其曰："自教宫娥学打球，玉鞍初跨柳腰柔。上棚知是官家认,遍遍长赢第一筹。"

有一种画技，谓之凹凸法，以明暗深浅的晕染，就会呈立体感，是天竺的画技。公元6世纪，梁人张僧繇从天竺画家学得，以画佛像而闻达。唐宫廷画家吴道子擅佛像，也擅神与鬼，还擅山水、鸟兽和人物，尤其长于壁画。在他的壁画中，便有凹凸法，这未必不是学而得之，起码也是借鉴。实际上流寓长安的画家康萨陁、尉迟跋质那和尉迟乙僧都是胡人，在大慈恩寺、光泽寺和奉慈寺，皆有他们的壁画。考察吴道子与尉迟乙僧，他们几乎共在长安，也并称于长安。

长安的乐舞更有胡人参加，也更受胡人之影响。

燕乐是唐宫廷和权贵在宴饮之际所用的，或在一切愉快之时所用。隋有九部乐，唐承隋制，唐高祖时也有九部乐。唐太宗破高昌，得高昌乐，遂成十部乐。其计有：燕乐、清乐、高丽乐、天竺乐、西凉乐、疏勒乐、康国乐、安国乐、龟兹乐和高昌乐。此十部乐除燕乐和清乐属于中国之乐，其余皆是胡人的。

胡人多用琵琶。想象当年，琵琶之声或长或短，或高或低，或泣以缓为哀，或以急为乐，出闾入巷，处处飘荡。

北魏以来，龟兹乐为世所重，唐也重之。凡唐的大乐，安乐、太平乐、破阵乐、庆善乐、大定乐、上元乐、圣寿乐和光圣乐，悉糅以龟兹乐。凡笛和鼓，都是用龟兹的。

管理乐舞的机构颇多，有一个教坊，由宫廷直接负责，规格甚高。唐玄宗精于音律，很重视乐舞，遂把教坊改为内教坊和外教坊。在艺术水平上，内教坊高于外教坊。不过艺术水平最高的还是梨园。公元 714 年，梨园在大明宫成立。朝会之余，唐玄宗亲临梨园，亲自指导，其声一旦有误，上必觉而正之。显然，梨园弟子，就是皇帝的弟子。梨园弟子开张竟有三百人，足见其况之盛。

长安有很多杰出的青年音乐家都是胡人，他们进宫廷，入士大夫之宅，走坊里之间，处处演奏。安叱奴、安万善、安辔新，是安国的。曹保、曹善才和曹纲，祖孙三辈，是曹国的。曹融新、曹者素，也当是曹国的。康昆仑、康迺，是康国的。米嘉荣与米和郎父子，活跃在唐宪宗和唐穆宗时，是米国的。米禾稼、米万槌，也当属于米国。刘禹锡、白居易、李绅、元稹和薛逢，多见过他们，看过他们的演奏。当然，这些诗人还没有出生或还没有居长安之前，就已经在长安务乐舞的胡人，他们是见不了的，遂为这些诗人所遗憾的吧！

胡人的乐舞施于音律，成为曲子，传唱于街童路子之口，或叙妃嫔之貌，或述王公之质，也是一种抒发。不过有正统之士，唐中宗时的大臣武平一，竟上奏批评，认为此乃哀思淫溺之声。武平一归唐长安的保宗派、正统派吧！

长安人需要乐舞，有时候会集体活动。主要是女士，她们唱着曲子，手挽手，臂连臂，在月下踩地为节，且蹈且舞，谓之踏歌。公元 712 年上元节，正月十五日夜，皇城安福门大作灯会，宫人联袂踏歌，百僚观之，气氛极为热烈。唐玄宗顺利接班，唐睿宗已经是太上皇帝，似乎颇为愉快，遂登临安福门观灯。张祐有诗记这一夜，曰：“千门开锁万灯明，正月中旬动帝京。三百内人连袖舞，一时天上著词声。”

唐玄宗在兴庆宫工作并生活，这里的乐舞当然更喧闹。逢上元节，便有宫人在花萼楼前踏歌，逢唐玄宗的生日，还会在勤政务本楼下举行马舞。马舞怎么样呢？即使马能随音律扬趾翘尾，发声以表情，马非人，究竟有什么意思呢？

长安还有惊天动地的乐舞呢！唐太宗时，玄奘从宏福寺移至大慈恩寺，沿途一直有太常卿所率乐舞团队随行演奏。除了唐政府的九部乐工敬送玄奘，长安县令和万年县令所带乐工也在敬送。计有一千五百余辆车供乐工乘坐，浩浩荡荡，声冲云霄。男女老少，倾城而动，仰望大师缓缓而进。二百年以后，唐懿宗迎佛骨，从法门寺至京师，几十里乐舞绵亘，尽在诵佛。

唐乐舞一般都是乐中有舞，舞中有乐，乐舞相融。不过很多时候还是或以乐为重，或以舞为重，以作区别。以舞为重的，往往是胡人之舞。

武则天时，长安民间大兴波寒胡戏，无非是集体为舞，洒水相嬉。诸坊皆有此舞，长安人满怀激情，应鼓跳跃，有的甚至不畏天冷，竟裸体而蹈足。波寒胡戏源于康国，在北周时由龟兹传至中国，一旦流行长安，便俱调动了群众。到唐中宗时，其仍逢冬而兴。唐中宗好热闹，尝登楼览之，又尝令诸官至醴泉坊欣赏。大臣张说认为波寒胡戏未闻典故，不当在四夷来朝之际为之。张说上奏，自此遂绝。

有唐一代，宫廷柔和曼妙之舞也，多以琵琶为曲也。健舞者，刚劲敏捷之舞也，多以繁管急弦为曲；软舞与健舞，胡人之舞，至唐玄宗时，在长安成为风尚。不过健舞比软舞似乎更为人所好，是由于健舞更有助能量的释放。

柘枝舞是健舞，出自石国，一般为单舞，由女子独当。击鼓三声，女子便骤跳起来。其头戴绣花卷檐虚帽，有金铃缀虚帽之上，琅琅而响。其衣罗衫，紧襟紧袖，干练至极，遂能在红烛光照之中有雪面百回，媚唇千笑。刘禹锡看过柘枝舞，观察微妙，可怜单舞的女子汗透黑衫，滴滴若雨。

胡腾舞也出自石国，多是男子表演。这些人肤白如玉，鼻高如锥，头有尖帽，脚有锦靴。起舞之前，他们会蹲下来以胡人之语致词，之后拾襟揽袖，反手叉腰，应节环行。其扬眉动目，也汗流浃背。胡腾舞当然也是健舞了。

胡旋舞虽然为健舞，但它却以安禄山和杨贵妃曾经在宫廷蹈之，遂名冠柘枝舞和胡腾舞之上，并把自己铸在了中国历史之中。胡旋舞出自康国，以女子为主，可以一女跳，也可以二女跳或多女跳。唐玄宗时，康国贡胡旋女，长安便有了胡旋舞。唐玄宗显然热爱，从而米、史和俱密诸国效仿康国也贡胡旋女，以讨唐玄宗的高兴。见上以此而悦，安禄山也跳，杨贵妃也跳，尤其是安禄山和杨贵妃共跳胡旋舞。安禄山应该属于粟特人，以其母改嫁虏将安延偃遂易姓安，伟岸，白皙，语言诙谐。唐玄宗重用番将，任之为范阳节度使。安禄山来朝受宠，便请做杨贵妃养子。上大快，令安禄山与杨家紧密团结。以唐玄宗所允，安禄山与韩国夫人、虢国夫人和秦国夫人皆为朋友，然而唯他与杨贵妃能跳胡旋舞，是因为杨贵妃深具乐舞之才。有时候，安禄山也单舞，尽管大腹便便，不过在唐玄宗面前仍能迅疾如风。为博唐玄宗之笑，臣妾皆学胡旋舞，不过美的高潮总归安禄山与杨贵妃，因为他们最能跳。有杨贵妃的引领，长安遂大行胡旋舞。

胡旋舞使白居易感慨顿起，其诗曰："胡旋女，胡旋女，心应弦，手应鼓。弦鼓一声双袖举，回雪飘飖转蓬舞。左旋右转不知疲，千匝万周无已时。人间物类无可比，奔车轮缓旋风迟。曲终再拜谢天子，天子为之微启齿。胡旋女，出康居，徒劳东来万里余。中原自有胡旋者，斗妙争能尔不如。天宝季年时欲变，臣妾人人学圜转。中有太真外禄山，二人最道能胡旋。梨花园中册作妃，金鸡障下养为儿。禄山胡旋迷君眼，兵过黄河疑未反。贵妃胡旋惑君心，死弃马嵬念更深。从兹地轴天维转，五十年来制不禁。胡旋女，莫空舞，数唱此歌悟明主。"

唐掌社稷，胡人来，胡人居，娶妻生子，置地创业，长安的胡风吹而不息，浓而不弱，何止五十年，只不过在唐玄宗时，胡人的习惯广为长安人所接受而已。即使妇学胡妆，伎进胡音，也远非胡化。即使长安少年胡心怦然，希望胡化，天还是唐的天，地还是唐的地，也没有什么恐惧的。何况人类文明就是相互交流和吸收的，何况胡人也吸收了长安人的习惯，胡人也在汉化。

胡姬

遥想胡姬，我的注意力和兴奋点难免会在她们的素手皓腕上。

不要讥我，谁不羡慕胡姬的素手和皓腕呢！

举素手，露皓腕，长安的风雅之士无不赞而叹之。

胡姬是西城国族之女，多在长安酒肆工作，能歌善舞，魅力强劲，可惜不见于文献。她们什么时候到长安来的，怎么至长安，何以在酒肆当垆，谁是酒肆之主，谁是父母兄弟或丈夫，收入多少，收入是否能够自由支配，新旧唐书一律不录。实际上我的注意力和兴奋点不仅仅在她们的素手皓腕上，也在她们的身份上、生活上，甚至遭遇上，遗憾官修之史，统统不记。

李白有一度任翰林供奉，无非是赋诗填词，以图唐玄宗和杨贵妃之高兴。诗词也可以务，他有的是天才，很在行，然而他还有救世济民之志。赴长安，他就是要做大业的。总是弄这种淡事，李白便生苦闷，遂常进酒肆以浇深愁。杜甫所颂的酒中仙，大约就是李白此间之自谓。

李白喜欢胡姬，他所入酒肆，也往往有胡姬招待，诗可以为证。

银鞍白鼻䯄，绿地障泥锦。
细雨春风花落时， 挥鞭且就胡姬饮。

一旦决定厮混着胡姬喝酒，便情绪高涨。时在春天，下着细雨，落花缤纷。骑白鼻䯄，用银鞍，用障泥锦，阔气且豪气！

琴奏龙门之绿桐，玉壶美酒清若空。
催弦拂柱与君饮，看朱成碧颜始红。
胡姬貌如花，当垆笑春风。
笑春风，舞罗衣，君今不醉欲安归。

酒肆的环境甚好，瑟由嘉木而制，酒以玉壶而装。曲子醉人，胡姬更醉人，胡姬跳起舞尤其醉人。喝吧兄弟，不必急着回家。

不过我还是欣赏胡姬的笑："胡姬貌如花，当垆笑春风。"李白所看到的胡姬，健康、明净、喜悦，吸引李白，也吸引我。

五陵年少金市东，银鞍白马度春风。
落花踏尽游何处，笑入胡姬酒肆中。

金市就是西市，胡人经商之地，这里设酒肆是非常适宜的。然而谁为酒肆之主？是胡人还是汉人？或胡人与汉人都会开酒肆？所以胡人与汉人都可能雇用胡姬以当垆？不知道。

李白以五陵年少指长安的权贵子弟，这些人骑马走遍长安山水，固然得意至极，只是还未尽兴。到何处去呢？似乎也没有特别有趣的场所。一个少年说："干脆喝酒吧！"众子弟心领神会，笑着直奔胡姬酒肆。那么这些少年如何闹腾呢？不知道。

书秃千兔毫，诗裁两牛腰。
笔踪起龙虎，舞袖拂云霄。
双歌二胡姬，更奏远清朝。
举酒挑朔雪，从君不相饶。

长安的酒肆显然也并非晚上 9 点关门或晚上 12 点关门，要不然就是夜禁制度也并非总是严格实行。有一次，李白与王历阳喝酒便从天黑喝到了天明。他们相互争胜，彼此不服，你干一杯，我干一杯，有十足的意气。两个胡姬陪他们，也很是激励吧！胡姬双歌，也一定会妙态横生、浓姿纵呈吧！李白与王历阳固然是朋友，不过也只有性格契合才能这样邀胡姬大陪。

何处可为别，长安青绮门。
胡姬招素手，延客醉金樽。
临当上马时，我独与君言。
风吹芳兰折，日没鸟雀喧。
举手指飞鸿，此情难具论。

同归无早晚，颍水有清源。

青绮门是汉长安城东出南头之门。实际上它为霸城门，因为门是青色，遂为青绮门，也呼青城门或青门。唐人有借汉论唐的习惯，李白不过是用青绮门指唐长安城东出之春明门而已。唐长安城的外郭城东出共有三门，南头之门是延兴门，北头之门是通化门，中为春明门。东出春明门，有路宽广，长安人送客，往往在此揖别。

裴图南当是一位隐士，欲归嵩山，李白就在春明门附近的酒肆为他饯行。不受唐玄宗重用，甚至被排挤，李白也生去意。这些私衷平日也难倾诉，恰逢朋友离开京师，便一吐为快。春明门一带的酒肆应该不是一家，然而胡姬素手一邀，李白遂选定了。我也随着李白的眼睛，看到了胡姬之素手。

岑参也选在春明门送朋友，不过他以青门指春明门。送张判官往洛阳去，是在早晨，夜雨尽息，日出照楼，灞柳依依，无不堪折。胡姬怎么样呢？诗曰：“胡姬酒垆日未午，丝绳玉缸酒如乳。”看起来岑参请张判官喝的是长安的米酒，然而胡姬酒肆，不唯米酒，当还备葡萄酒、龙膏酒和三勒酒。岑参送宇文南金回太原，也是在早晨，显然比较轻松，诗曰：“送君系马青门口，胡姬垆头劝君酒。为问太原贤主人，春来更有新诗否。”春明门一带包括向北去的通化门以南及向南去的延兴门，甚至再向南去的曲江池，否则无以生意兴隆，熙熙攘攘。

杨巨源有诗颂胡姬，他所登临的酒肆当在曲江池附近。诗曰：“妍艳照江头，春风好客留。当垆知妾惯，送酒为郎羞。香渡传蕉扇，妆成上竹楼。数钱怜皓腕，非是不能留。”意近暧昧，然而还不至于淫，只是好色而已。皓腕隐喻了胡姬的丰腴和白皙，也暗示了她的性感。随杨巨源的眼睛，目击胡姬之皓腕，也是见识的积累吧！

唐诗人有狎妓之风，胡姬是否在卖酒的时候也卖身，岂敢乱猜。不过资料显示，葱岭以东有喜淫之俗，置女肆而取利。虽然如此，我也不愿意认为胡姬有歌舞之外的举动。但施肩吾和张祜的诗却实实在在地透露了一种信息，似乎狎妓也可以觅胡姬。

施肩吾诗曰：

年少郑郎那解愁，春来闲卧酒家楼。
胡姬若拟邀他宿，挂却金鞭系紫骝。

郑郎有紫骝和金鞭，当然不是寒门子弟。酒肆可以坐，居然也可以卧，而且胡姬还可能陪他的床。尽管施肩吾是戏谑，逗郑郎玩，但胡姬提供性服务却是明白地表达出来了。

张祜诗曰：

为底胡姬酒，长来白鼻䯄，
摘莲抛水上，郎意在浮花。

张祜毫不忌讳，甚是露骨：到酒肆来，就是为了胡姬。反之，不为胡姬何以至此！

长安大了，遂无奇怪之事。胡姬做什么都有可能，在酒肆卖身也是可能的。客到酒肆来发现胡姬粲然妩媚，想谋肉体之乐，当然也是可能的。胡姬以卖酒为业，助推消费，可以唱唱歌，跳跳舞，然而仅仅止于斯，也是有可能的。客存非分之想，竟动手动脚，冒犯胡姬之尊严，受到拒绝并遭训斥，因为胡姬并不卖身，也有可能。

霍是汉之权贵，家有羽林郎，至酒肆，见胡姬长裙冉冉，广袖飘飘，头饰蓝田玉和大秦珠，窈窕俏丽，就借喝酒纠缠。胡姬只有十五岁，然而品含坚贞，不惜拉断罗衫，也不会要霍家羽林郎所赠的铜镜。汉有这样的胡姬，唐也会有这样的胡姬。

胡姬春酒店，弦管夜锵锵。
红毾铺新月，貂裘坐薄霜。
玉盘初鲙鲤，金鼎正烹羊。
上客无劳散，听歌乐世娘。

贺朝当是活跃在唐睿宗时的诗人，遗憾其生不详，其死也不详。但他的作品却颇为细致地表现了酒肆的豪华程度：这里有乐队，有歌舞之伎，铺有红毾，坐有貂裘，吃既有鱼，又有羊，所用餐具是玉盘和金鼎。酒肆分档次，长安的星级酒肆，应该多在西市一带和春明门一带吧！

胡姬当垆，初唐便有，这在王绩的诗里得到了反映。王绩很有意思，曾经赊账喝酒，遂示惭愧。其诗曰：“来时长道贯，惭愧酒家胡。”酒肆之用胡姬，一直到晚唐还能看到，这有韩偓的诗为证。他借题发挥说：“后主猎回初按乐，胡姬酒醒更新妆。”韩偓大约生于公元844年，死于公元914年，是京兆万年人，今之朱雀路以东城区及城郊之人也。

胡姬多是踏着丝绸之路到长安来的。然而丝绸之路能否让她们返乡呢？长安难道没有令她们动心以嫁且为之生儿育女的武士或儒生吗？我偶尔会怀着这样的奇思异想，打量着长安乃至中国北方的姑娘，图谋从她们的素手皓腕上发现一点什么秘密。

不要讥我，生活到处都有自己的魅力。

简明辞典

西域 或指玉门关和阳关以西，逾葱岭，远至中亚、西亚、南亚、北非和欧洲东部之地区。或指玉门关和阳关以西，葱岭以东之地区。汉始有此称。

丝绸之路 中国与中亚、西亚、南亚及北非与欧洲的陆上贸易走廊。通于汉，时有断绝，以唐为盛，元有复兴，没于清。分为三道：循天山南路之北道，至今之伊朗，其一；循天山南路之南道，至今之印度，其二；循天山北路，到地中海一带，其三。贸易引起了民族迁徙、文化交流和物种传输。贸易以中国丝绸和丝绸制品为亮点，且具普遍性、紧俏性，从而得名。此概念由德国学者李希霍芬在 1877 年提出。

大月氏 西域之国族。先居敦煌与祁连之间，公元前 2 世纪遭匈奴进攻，迁伊犁河一带，后又遭匈奴与乌孙夹击，遂又迁阿姆河一带，终于又过阿姆河，占领大夏并臣之。公元 1 世纪中叶，建立贵霜王朝，昌盛一时，并兴印度文化与希腊文化相融之佛教。渐微，至公元 5 世纪亡。丝绸之路贸易之枢纽，佛教东传最早的推动者和引领者。

匈奴　大漠南北的游牧国族。大约公元前 3 世纪崛起，并统一其他部落。公元前 209 年，有首领冒顿自立单于，建立政权。久扰中国，秦汉抗之。汉武帝打匈奴，开辟了丝绸之路。在历史上，南匈奴降汉，北匈奴缓衰，西遁而去。

乌孙　西域之国族。初居敦煌与祁连之间，公元前 2 世纪，以月氏所迫，迁伊犁河一带，并卒据大月氏之地区。结盟于汉，共击匈奴，为西域都护府所辖。北魏时，有柔然侵之，遂入葱岭。中亚哈萨克族尝有其部落。

轮台　西域之国族。汉通西域，平之以屯田，尝并于龟兹。在今之新疆轮台。唐有轮台县，在今之新疆米泉，隶庭州，终废。

河西　今之甘肃兰州黄河以西地区，以河西走廊为重，丝绸之路的干线和咽喉。或指秦晋黄河以西地区。或指初唐所设河西县，在今之陕西合阳一带。

大宛　西域之国族。亦农亦牧，盛产葡萄和苜蓿，有汗血马。在今之中亚费尔干纳盆地一带。

康居　西域之国族。月氏人，初居祁连山以北，公元前 2 世纪初败匈奴，逾葱岭立其国。在今之中亚巴尔喀什湖与咸海之间。

大夏　西域之国族。先为波斯帝国一个行省，后属于亚历山大帝国和塞琉古王国。公元前 3 世纪中叶，有总督狄奥多托斯宣布独立并建都。希腊典籍呼其为巴克特里亚，中国典籍谓之大夏。公元前2世纪中叶大月氏过大宛，征服大夏而臣之。在今之阿富汗北部，兴都库什山与阿姆河中上游之间。

西南夷 汉对西南一带诸国族的总称，大约包括今之云南、贵州、四川西南部及甘肃南部的非中原诸国族。

陇西 指陇山以西地区，黄土高原西部边缘与秦岭支脉丘陵之间，渭河之上游，在今之甘肃东南一带。其处丝绸之路的要冲。

北地 秦国所置郡，在今之甘肃宁县西北一带。汉移治马岭县，在今之甘肃庆阳一带，又移治富平县，今之宁夏吴忠一带。其自古是东西交通的要冲。

上郡 秦置，治肤施，在今之陕西榆林东南鱼何堡一带。隋置，治洛交县，今之陕西富县一带。唐改之为鄜州。

朔方 汉打匈奴，收秦故地，所置郡，治朔方县，在今之内蒙古杭锦旗西北的黄河南岸。

云中 秦所置县，在今之内蒙古托克托东北一带。东汉末移至今之山西原平西南一带。北魏废。

盐泽 也呼幼泽、泑泽、薄菖海、牢兰海、洛普池、纳缚波、临海、辅日海、罗布诺尔、罗布淖尔、罗布泊，在今之新疆若羌东北一带。

安息 西域之国族。指阿萨息斯王朝，渐为帕提亚帝国，在今之伊朗和伊拉克一带。当丝绸之路的要冲。

身毒 西域之国族。也呼天竺、天笃、贤豆，在今之印度，南亚次大陆一带。丝绸之路在南亚的中心。

于窴 西域之国族。也呼于阗、于遁、屈旦、屈丹，11 世纪初，喀喇汗王朝灭之，于窴及其周边也由佛教转而信仰伊斯兰教。处于塔里木盆地南缘，在今之新疆和田一带。当丝绸之路南道的要冲。

扜冞 西域之国族。也呼扜弥、拘弥、宁弥、扞弥，三国时为于窴所兼并。在今之新疆克里雅河或于田河一带。当丝绸之路南道的要冲。

奄蔡 西域之国族。也呼阖苏、阿兰聊、阿兰、阿仑，游牧为生。在今之咸海至黑海一带。

黎轩 西域之国族。也呼犁轩、犁鞬、牦靬、骊靬，大约处于今之地中海南岸一带。或指亚历山大里亚。

条支 西域之国族。或在今之波斯湾西北一带。

金城 汉所置县，隶金城郡。在今之甘肃兰州西北一带。当丝绸之路的要冲。在历史上，今之陕西甘泉和兴平，也曾经呼金城县。

楼兰 西域之国族。以再三犯汉，遭汉惩罚，并更之为鄯善。考古发现，楼兰人可能是印欧人。在今之新疆若羌罗布泊西北一带。当丝绸之路南道的要冲。

姑师 西域之国族。其为车师的前身，在今之新疆吐鲁番盆地一带。

葱岭 也呼葱阜。丝绸之路过此可达安息、条支、大秦，也可达罽宾、天竺。今之帕米尔高原、昆仑山、喀喇昆仑山、兴都库什山诸山，皆属葱岭。

令居　汉所置县，旋废旋设，终没前凉。在今之甘肃永登西北一带。近河西走廊。当丝绸之路的要冲。

居延　汉先置塞，后置县，隶张掖郡。尝有居延汉简出土。在今之内蒙古额济纳旗东南一带。

渠犁　西域之国族。亦呼渠黎。汉隶西域都护府，唐隶安西都护府。处孔雀河以东，在今之新疆库尔勒一带。

妫水　也呼缚刍河、乌浒水，今之阿姆河，源于帕米尔高原的冰川雪峰，西北流，入咸海。

犍陀罗　也呼干陀卫、健陀逻、健驮逻、乾陀罗、乾陀卫、建陀罗、乾陀，其区域多变。希腊化佛教艺术谓之犍陀罗艺术。处喀布尔河下游及波特瓦尔高原一带，在今之巴基斯坦北部。

莎车　西域之国族。处塔里木盆地西缘一带，在今之新疆莎车。当丝绸之路南道的要冲。

鄯善　西域之国族。楼兰易为鄯善。在历史上多有变化，初属狐胡国，后入车师前国，隋设鄯善郡，唐隶安西都护府。在今之新疆吐鲁番盆地东部一带。

定襄　汉所置郡，定襄县归之。郡治在今之内蒙古和林格尔以北，县治在今之内蒙古呼和浩特东南方向。定襄县在今之山西中部偏北一带。

右北平　指右北平郡，初为燕国所置，秦因之，汉治平刚县平刚城，在今之内蒙古宁城县甸子镇黑城村一带。

昆明　汉指滇池一带的国族，出于氐羌，在今之云南西部和中部、贵州西部及四川西南一带。

龟兹 西域之国族。也呼鸠兹、拘夷、屈茨、屈支、归兹、丘兹、邱兹。在历史上多有变化，曾经是唐安西都护府驻地，安西四镇之一。10 世纪初为回纥——回鹘兼并，11 世纪末，由佛教转而信仰伊斯兰教。

焉耆 西域之国族。也呼乌夷、乌耆、阿耆尼。在历史上多有变化，汉尝在此屯田，唐隶安西都护府，唐末为回纥——回鹘所兼并。在今之新疆焉耆一带。当丝绸之路中道的要冲。

交河城 初是车师前国的都城。一度为麴氏高昌之交河郡，唐灭高昌，置交河县。后吐蕃据有，旋归回纥——回鹘，终废之。在今之新疆吐鲁番西北一带。

西域都护府 汉在西域所设的行政机构，郑吉为首任都护，辖玉门关和阳关以西广袤之地。在今之新疆轮台野云沟附近。

乌垒城 汉西域都护府之治所，在今之新疆轮台野云沟一带。

北匈奴 初以匈奴争立，呼韩邪单于附汉，遂为南匈奴，郅支单于所率部便为北匈奴。至公元 1 世纪，匈奴仍是南一支，北一支。在南的附汉，谓之南匈奴，在北的游牧，谓之北匈奴。以汉与南匈奴对北匈奴的合击，其西迁一部分，留下一部分，留下的终为鲜卑兼并。

疏勒 西域之国族。也呼佉沙、伽师祇离。在历史上多有变化，尝为匈奴所统，汉隶西域都护府，唐隶安西都护府，后属吐蕃，旋属回纥——回鹘，接着契丹人领之，蒙古人领之，清领之，其终归中国。在今之新疆喀什一带。为丝绸之路南道与北道的交点，遂是亚洲文明交流的门户或驿站。

库车　久为龟兹所统，并是龟兹之中心。汉隶西域都护府，唐隶安西都护府，为安西四镇的龟兹所辖。在今之新疆阿克苏东端。当丝绸之路北道的要冲。

姑墨　西域之国族。在历史上多有变化，初属匈奴，汉隶西域都护府。南北朝时呼姑默，唐时呼跋禄迦、亟墨，设姑墨州，隶安西都护府。在今之新疆阿克苏与拜城之间。

尉头　西域之国族。弱小，遂为龟兹兼并。在今之新疆阿合奇以西。

拘弥　西域之国族。也呼扜弥、扜罕、宁弥、扞弥。弱小，遂为于阗兼并。在今之新疆于田一带。

温宿　西域之国族。弱小，遂为龟兹兼并。在今之新疆乌什一带。

危须　西域之国族。大约三国时为焉耆兼并。在今之新疆和硕以东。

尉犁　西域之国族。大约三国时为焉耆兼并。在今之新疆焉耆与库尔勒之间。

柳中城　汉属车师前国，唐设柳中县，隶安西都护府，为高昌郡所辖。在今之新疆鄯善西南鲁克沁。

突厥　西域之国族。6 世纪初游牧金山西南草原。先破铁勒，再攻柔然，立突厥汗国。曾经东至辽海，西达里海或咸海，南抵阿姆河，北越贝加尔湖，掌握了丝绸之路的贸易。以争立分裂，突利可汗部降隋，隋文帝遂封为启民可汗。始毕可汗，就是启民可汗之子，其乘隋乱，率众骤然复兴。唐立，其猖獗掠渭，威胁长安。唐太宗兴师灭之，残余迁今之黄河河套一带。

天竺　西域之国族。也呼天笃、贤豆、身毒、印度。处南亚次大陆，在今之印度一带。

拂菻　西域之国族。也呼拂林、拂壈、拂懔、拂临、蒲林、普岚、伏卢尼，几近是拜占庭帝国或东罗马帝国。

大秦　西域之国族。也呼海西国。中国丝绸之路贸易的主要市场。或指罗马帝国。

乌弋山离　西域之国族。也呼乌弋、排特。或指帕提亚帝国阿利亚省的亚历山大里亚，今之阿富汗西北的赫拉特，或指帕提亚帝国德兰吉亚那省的亚历山大里亚，今之阿富汗西南的锡斯坦。公元1世纪为贵霜王朝兼并。

底格里斯河　西亚之河，源于土耳其，经伊拉克，汇幼发拉底河，成为阿拉伯河，入波斯湾。它与幼发拉底河共同界定美索不达米亚。

幼发拉底河　西南亚之河，源于土耳其，经叙利亚和伊拉克，纳底格里斯河，成为阿拉伯河，入波斯湾。它与底格里斯河共同界定美索不达米亚。

地中海　居于亚洲、欧洲和非洲之间，是世界上最大的陆间海。

墨西拿海峡　位于亚平宁半岛与西西里岛之间，是过地中海，往来第勒尼安海与爱奥尼亚海的通道。

泰西封　古城遗址。初为希腊人抵抗塞琉古王国的驻军之地。在今之伊拉克巴格达东南三十二公里一带。

伊拉克　西域之国族。处美索不达米亚平原。在历史上多有变化，1958 年成立伊拉克共和国。

塞琉古　也称塞琉西王国。由亚历山大大帝部将塞琉古所建的希腊化国家，首都安条克，大约在公元前 305 年至公元前 64 年。以叙利亚为中心，遂又称叙利亚王国。中国典籍谓之条支。

伊朗　西域之国族。也呼安息、波斯。处西亚，南邻波斯湾。1979 年成立伊朗伊斯兰共和国。丝绸之路贸易的中转之地。

亚美尼亚　处黑海与里海之间，亚美尼亚高原东北一带，素为大国控制，也是亚洲与欧洲文明的交集之地。1991 年从苏联独立，成立亚美尼亚共和国。

西海　也呼卑禾羌海、鲜水海，就是青海湖。藏语称雅莫塘，蒙古语称库库诺尔。处青藏高原东北一带，今之青海西部。丝绸之路南道及唐蕃古道过此。

伊吾　初呼伊吾卢，是东西交通之门户。在今之新疆哈密一带。

蒲类海　亦呼婆悉海，就是巴里坤湖。这一带有蒲类，是西域之国族，尝属匈奴。又以得罪匈奴，迁居天山。在今之新疆巴里坤西北一带。

铁勒部　中国北方的游牧部落联盟，隋至唐颇为活跃。薛延陀部落和回纥部落，都属铁勒部。

突厥可汗庭　指突厥政权所在地。公元6世纪中叶，突厥汗国在漠北崛起。这是一个以游牧为主的部落联盟，由突厥人建立政权。以隋的文治武功，将突厥分裂为突厥和西突厥。至唐，先亡突厥，再亡西突厥。公元7世纪后半叶，突厥又复国近乎二百余年，终亡于9世纪后半叶。

高昌　西域之国族。汉以屯田设高昌壁，前凉又设高昌郡。5世纪以来有高昌国，唐灭之，置西昌州，旋改西州，隶安西都护府。9世纪40年代回鹘有一支迁西州，遂有西州回鹘或高昌回鹘。13世纪初附蒙古。明呼其为吐鲁番。在今之新疆吐鲁番东南一带。西域交通枢纽，当丝绸之路北道的要冲。

钹汗　西域之国族。也呼拔汗那、破洛那、怖捍、跋贺那、浩罕，处中亚锡尔河中游谷地，在今之吉尔吉斯斯坦费尔干纳一带。

苏对沙那国　西域之国族。也呼窣堵利瑟那、堵利瑟那、率都沙那、劫布呾那、苏都识匿、西曹国、何国，在今之乌兹别克斯坦撒马尔罕西北一带。

康国　西域之国族。唐长安的胡旋舞，便出自康国。昭武九姓胡之一，在今之乌兹别克斯坦撒马尔罕一带。

曹国　西域之国族。昭武九姓胡之一，在今之乌兹别克斯坦撒马尔罕北部。

何国　西域之国族。昭武九姓胡之一，在今之乌兹别克斯坦撒马尔罕西北一带。

安国　西域之国族。昭武九姓胡之一，在今之乌兹别克斯坦布哈拉一带。

穆国　西域之国族。昭武九姓胡之一，王姓昭武氏。

朱俱波　西域之国族。也呼朱驹波国、悉居半国、西夜国。在今之新疆叶城南部阿克河一带。

喝磐陀　西域之国族。也呼朅盘陀、喝盘陀、渴磐陀、汉盘陀、渴饭檀、诃盘陀。在今之新疆塔什库尔干一带。

护密　西域之国族。也呼休蜜、钵和、伽倍、胡密多，就是瓦罕。在阿富汗东部帕米尔山区。

吐火罗　西域之国族。也呼吐呼罗、吐豁罗、睹货罗、覩货罗、兜佉勒。公元前2世纪，吐火罗人攻取巴克特里亚，渐为吐火罗，并建贵霜王朝。或指大夏。

挹怛　西域之国族。也呼挹阗国、厌怛国、挹达国、悒怛国、滑国。以游牧为生，也务农业。强盛一时，6世纪为突厥和波斯联军所灭。在今之阿富汗伐济纳巴德一带。

帆延　西域之国族。

漕国　西域之国族。也呼漕矩吒国、漕矩国、漕利国、谢国、诃达罗支国。在今之阿富汗东部加兹尼。

北婆罗门　西域之国族。指北印度。

东女国　西域之国族。大约在公元6世纪至7世纪所立，社会以女性为中心。在今之四川阿坝、甘孜丹巴和西藏昌都一带。

南婆罗门　西域之国族。指南印度。

吐谷浑　西域之国族。鲜卑人，西晋时由辽东徒河一带，今之辽宁锦州一带西迁，至阴山，又南下，经陇山，至枹罕，今之甘肃临夏，再西行，再南行，征服今之甘肃甘南一带、四川西北一带及青海一带，兼并羌人部落和氐人部落，在公元 4 世纪中叶建立吐谷浑谷。吐谷浑是其开始西迁南下的首领。游牧为生，也务农业。强盛一时，公元 7 世纪中叶为吐蕃所灭。当丝绸之路南道的要冲。

党项　也呼党项羌。源于西羌，初在今之四川至青海河曲一带游牧，隋时有降隋的，唐时有降唐的，也有附吐谷浑的。以吐蕃所逼，走今之宁夏、甘肃东部及陕西北部。唐置行政机构，以羁縻且统之。安史之乱以后，又走今之山西北部及内蒙古南部，居夏州。在今之陕西靖边一带的，为平夏部。其以夏州为中心，曾经控制着东西交通。

鲜卑　谓之东胡，以居鲜卑山而名。其初游牧于大兴安岭中部和北部一带，至公元 1 世纪，鲜卑之名始显。公元前 3 世纪至公元前 2 世纪初，鲜卑属匈奴。汉败匈奴，鲜卑遂分头向西南而迁。东汉以来，其先迁塞外，再迁匈奴故地。通婚于匈奴、丁零、乌桓，属于混血部落。西晋至十六国，鲜卑数有政权建立。隋唐以降，渐亡。曾经在丝绸之路贸易上有一定作用发挥。

婆罗门　负责神职的祭司谓之婆罗门。或指印度。

中天竺　西域之国族。指中印度。

吐蕃　西域之国族。初在西藏高原游牧，公元 6 世纪至公元 7 世纪崛起，8 世纪扩张，既南击天竺，又西战大食，尤其攻唐。公元

9世纪中叶，其骤然瓦解。一度为中国与中亚、南亚的交通枢纽。

泥婆罗　也呼尼波罗、尼华罗。处南亚，在今之尼泊尔一带。

东天竺　西域之国族。指东印度。

南天竺　西域之国族。指南印度。

西天竺　西域之国族。指西印度。

耆阇崛　也呼耆阇多、伊沙堀、揭梨驮罗鸠胝、姞栗陀罗矩吒，是一座鹫头形之山，在中印度摩揭陀国王舍城东北方向，佛教的圣地。

婆栗阇　在今之印度达班加北部。

罽宾　西域之国族。也呼凛宾、劫宾、羯宾。其终为贵霜王朝所灭。在今之喀布尔河流域，克什米尔西部。当丝绸之路的要冲。

吠舍厘　也呼毗耶离、鞞舍离、维耶、维耶离、鞞舍隶夜、薛舍离，佛教在印度的一个圣地。

回鹘　西域之国族。也呼袁纥、韦纥、回纥。初在鄂尔浑河和色楞格河一带游牧，隶突厥。以反突厥，几方联盟而为回纥，并卒据有突厥之旧土，从而势大。东起今之兴安岭，西至阿尔泰山，控制大漠，甚至达中亚费尔干纳盆地。回纥与唐久为联盟，合作甚多。安史之乱以后，助唐收复长安和洛阳，并平史朝义。在唐德宗时，请唐改回纥为回鹘。公元9世纪30年代，以天灾和内乱，回鹘汗国崩溃。曾经把唐之丝绸输送中亚和西亚，以至欧洲，又将中亚和西亚及欧洲珠宝、香料诸物输送于唐，促进了东西贸易和文化交流。

大食　西域之国族。也呼大石、大寔、多氏。自唐至宋，对阿拉伯人、阿拉伯帝国的专称，也是对波斯语穆斯林的泛称。其有白衣大食、黑衣大食、绿衣大食。公元 7 世纪上半叶，大食从阿拉伯半岛上崛起，信仰伊斯兰教。

阿尔泰山　就是金山，也呼台山。在今之新疆北部，其为西北—东南走向，斜跨今之中国、哈萨克斯坦、俄罗斯和蒙古。游牧之地，也是丝绸贸易必经之地。

漠北　就是幕北，指今之蒙古高原大沙漠以北地区。反之，漠南就是幕南，指今之蒙古高原大沙漠以南地区。

石国　西域之国族。唐长安的柘枝舞和胡腾舞，皆出自石国。昭武九姓胡之一，在今之乌兹别克斯坦塔什干一带。

安西都护府　唐管理西域的行政机构之一，府治先在交河城，后移龟兹，保障了丝绸之路的畅通。安史之乱以后，吐蕃陷而废之。

北庭都护府　唐管理西域的行政机构之一，府治庭州，保障了丝绸之路的畅通。安史之乱以后，吐蕃陷而废之。

陇右道　唐置十道之一，在陇山以西。或出长安，经今之陕西凤翔，陕西陇县，出萧关，今之宁夏固原东南一带，翻六盘山，至陇西。或由今之陕西陇县出陇关，经今之甘肃秦安，沿渭水北侧至陇西。过了陇西可以走河西道，也可以往今之青海西宁，从大通北部一带至今之甘肃张掖，以合河西道。

车师　西域之国族。也呼姑师。在历史上多有变化，汉分之为车师前王国与车师后王国，前王治交河城，今之新疆吐鲁番交河一带，后王治务涂谷，今之新疆吉木萨尔南山一带。隶西域都护府。公元5世纪中叶，北凉残余势力攻而灭之，故地遂归高昌。

西突厥　西域之国族。游牧于金山以西。强盛之际，据有西域诸国地区，控制了东西交通，垄断了丝绸贸易。唐在西域置安西都护府和北庭都护府，积极经营，终于灭之。

金山　阿尔泰山的蒙古语和突厥语之称，也是中国典籍所称。

弓月　西域之国族。居碎叶以东，属西突厥五咄陆部。

乌拉泊　或指唐庭州轮台县治，有遗址，在今之新疆乌鲁木齐南部一带。

破城子　或指唐庭州防塞，有遗址，在今之新疆昌吉北部一带。

罗马城　也呼洛马，处地中海亚平宁半岛拉丁平原上，横跨台伯河两岸。以营建于七个山包上，还呼七丘之城。公元前5世纪至公元前3世纪，罗马以一个城邦统一意大利，卒成罗马帝国。公元476年，罗马帝国才告结束。近乎千年之间，它是地中海沿岸的名城，也为丝绸之路的终点。现在是意大利共和国的首都。

拜占庭城　公元前6世纪，波斯帝国扩张至巴尔干半岛，博斯普鲁斯海峡南口之西岸。公元前4世纪，这一带又为马其顿王国据有，其由亚历山大大帝所打下。马其顿王国在此殖民，遂建希腊化的拜占庭城。从公元395年至1453年，它又是东罗马帝国的首都。基于以君士坦丁大帝在拜占庭故地所造，遂又呼君士坦丁堡。实际上它还是拜占庭城。拜占庭是东罗马帝国的希腊语，也是拜占庭帝国的自谓。不过在1435年以前，西欧总是呼其为东罗马帝国。那时候，君士坦丁堡属于东罗马帝国或拜占庭帝国的中心。在公元7世纪，它与唐长安并列，是世界上最重要最繁华的城市。唐呼东罗马为拂菻，彼此交往。13世纪，欧洲天主教十字军一度占领此域。1454年，建立奥斯曼帝国，土耳其收回了君士坦丁堡，并改之为伊斯坦布尔，为其首都。1923年，成立土耳其共和国，迁都于安卡拉。伊斯坦布尔是今之土耳其最大的城市及港口。大约1557年，拜占庭帝国这一概念才出现在西欧的典籍之中，以用它区分古罗马帝国和中世纪罗马帝国。用此概念，源于在君士坦丁堡之前有其拜占庭城。17世纪以后，经孟德斯鸠一批学者所使，拜占庭帝国这一概念才为西欧历史学家广泛接受。

巴格达城　其处美索不达米亚平原，横跨底格斯里河，距幼发拉底河不过三十公里，在今之伊拉克中部。这里有巴比伦王朝的遗存，不过巴格达是公元762年，以阿拉伯帝国阿拔斯王朝哈里发曼苏尔把首都从大马士革迁此而显赫历史的。巴格达意为神所赐予的城。从大约公元786年到公元833年，此城是阿拉伯世界政治、经济、宗教的中心，也是国际贸易中心。凡拜占庭、印度、埃及和中国的商贾多云集于斯，中国的丝绸、瓷器和纸张颇受欢迎。1258年，巴格达遭蒙古旭烈兀洗劫，1401年，又遭蒙古帖木儿洗劫，1534年，受土耳其占领，1558年，受波斯占领，1638年以后，受奥斯曼帝国统治，1917年，为英国殖民军所占领。1921年，伊拉克独立，遂以巴格达为首都。

西州　唐灭高昌，置西昌州，易之西州，是唐在西城的行政区。

庭州　初为车师后王庭。唐置庭州，为其在西城的行政区，辖金满、蒲类、轮台三县，治金满。在今之新疆吉木萨尔。

波斯　西域之国族。中国典籍呼萨珊王朝为波斯。实际上它初为波斯的一个省，也是伊朗人的一支。不过曾经有阿契美尼王朝出于其中，并统一了波斯。以波斯名其萨珊王朝，因为萨珊王朝也出于此。萨珊王朝自谓伊朗，意为雅利安人之乡，不过他者往往以波斯称之。击鞠就是打马球，由波斯传至唐长安，凡皇帝、权贵及文士，无不喜欢。波斯就是安息、伊朗。丝绸之路贸易的重镇。

高丽　公元 9 世纪末，新罗渐衰，出现了后百济和后高句丽。公元 918 年，后高句丽有王建，以拥立为王，随之将高句丽改之为高丽，并迁都松都或松岳，今之朝鲜开城。高丽在公元 935 年灭新罗，在公元 936 年又灭后百济，基本统一了朝鲜半岛。1392 年，朝鲜王朝取而代之。在今之朝鲜半岛。

百济　公元前 1 世纪初，百济已经立国。公元 4 世纪以后，它与高句丽与新罗并存。公元 660 年，唐与新罗联军灭百济。公元 9 世纪末，后百济应新罗式微而生。公元 936 年，高丽平后百济。在今之朝鲜半岛。

新罗　公元 503 年立国，名曰新罗。7 世纪中叶，新罗与唐为同盟，先亡百济，再亡高句丽，统一了朝鲜半岛。公元 9 世纪末，新罗分裂而弱，遂由高丽统一。在今之朝鲜半岛。

日本　也呼倭。有使者到唐来，祝贺平高丽，其略懂汉语，表示讨厌倭之名，改之为日本，意为日出之国，太阳神所造。处太平洋群岛上，在今之东亚。

粟特　西域之国族。也呼粟弋、属繇、苏薤。初居祁连山以北的昭武城，在今之甘肃张掖一带，为匈奴所迫，迁中亚，活动在阿姆河与锡尔河之间，泽拉夫尚河流域。粟特人基本上就是昭武九姓人，昭武九姓胡也应该就是粟特胡。

凉州　汉武帝所置，是十三刺史部之一。十六国时，有前凉、后凉和北凉在此建都。在历史上，以改朝换代，其辖境多有变化。凉州是丝绸之路的重镇，文化交流及民族融合的中心。在今之甘肃武威。

后凉国　六国时氐人吕光在凉州所建之政权。

康居国　西域之国族。为月氏人，游牧为生。张骞通西域以后，其交于汉。在今之中亚巴尔喀什湖与咸海之间，已经融合于哈萨克人、乌兹别克人和卡拉卡尔帕克人之中。

狮子国　也呼师子国、师子州、僧伽罗，在今之斯里兰卡。

建康　也呼建业、建邺。东吴、东晋、南朝宋、齐、梁、陈六朝之都，南宋的行都，明的陪都。在今之江苏南京。

乐都　十六国时前凉所置郡。在今之青海海东一带。

西平　汉所置郡。在今之青海西宁一带。

焉夷国　西域之国族。也呼焉耆国。

於摩国　西域之国族。也呼于摩国、於麾国、盘陀国、葱岭国。在今之叶尔羌河上游与喀喇昆仑山之间。

摩诃毗诃罗　阿育王之子摩哂陀，奉阿育王之命，至狮子国传佛，在阿耨罗陀补罗城大眉伽林所造寺院。在今之斯里兰卡大眉伽林。

屈茨国　西域之国族。也呼龟兹国。

瓜州　北魏所置。在历史上，也曾经为吐蕃、回纥——回鹘和西夏先后据有。明废之。处河西走廊西端，在今之甘肃酒泉一带。

那烂陀寺　也呼那兰陀寺、阿兰陀寺，全称为那烂陀僧伽蓝，中印度摩揭陀国首都王舍城的寺院。在今之印度比哈尔邦巴腊贡。

曲女城　也呼羯若鞠阇。法显指罽饶夷城。在今之印度北方邦的卡瑙季。

巴克特里亚　西域之国族。也呼希腊·巴克特里亚王国、大夏。初为波斯之一省，后属亚历山大帝国及塞琉古王国。公元前3世纪中叶，塞琉古王国衰落，有狄奥多托斯宣布独立，并在巴克特拉建都，汉人谓之大夏，希腊人谓之巴克特里亚。处兴都库什山和阿姆河中上游一带，在今之阿富汗北部。

林邑　也呼环王、占城。在今之越南中部一带。

真腊　也呼占腊。在今之柬埔寨一带。

骠　也呼剽、僄、缥、漂越。处伊洛瓦底江流域，向达认为骠是公元4世纪以来的缅甸。

丹丹　也呼单单。在今之马来西亚吉兰丹州一带，或今之新加坡附近。

盘盘　在今之马来半岛东岸，暹罗湾附近。

堕和罗　也呼独和罗。在今之湄南河或昭披耶河下游一带。

室利佛逝　也呼佛逝、佛齐、三佛齐。在今之印度尼西亚苏门答腊岛南部巨港一带。

堕婆登　处南海，其北接林邑。

诃陵　也呼社婆、阇婆。处南海，其北接真腊。

婆利　处南海，在林邑东南一带。

师子　也呼师子州、狮子国、僧伽罗，今之斯里兰卡。

大勃律、小勃律　西域之国族。吐蕃崛起，进攻勃律，勃律王遂西北迁娑夷水流域，今之克什米尔吉尔吉特河谷，谓之小勃律。留居巴勒提斯坦的勃律余部，谓之大勃律。大勃律与小勃律相距三百里。在今之克什米尔北部印度河上游一带。

宁远　西域之国族。也呼拔汗那、破洛那、怖悍、跋贺那、浩罕。相当于汉时的大宛。处中亚锡尔河中游谷地，在今之吉尔吉斯斯坦费尔干纳一带。

箇失蜜　西域之国族。也呼迦湿弥罗、羯湿弭罗、迦叶弥罗、迦毕试。相当于汉时的罽宾。在今之克什米尔一带，喀布尔河流域。

昭武九姓　西域之国族。九国族皆以王姓昭武氏。初居祁连山北昭武城，今之甘肃张掖一带。为匈奴所迫，逾葱岭，至中亚繁衍，遂立九国族，是康、安、曹、米、何、石、史、戊地、火寻。穆固小，也算昭武支庶。

米国　西域之国族。昭武九姓胡之一，在今之乌兹别克斯坦撒马尔罕东南一带。

云南　有国族滇，初居在此。汉征西南夷，设益州郡，置二十四县，其中之一为云南县，或取意彩云之南。元设云南行中书省，得以沿用。其扼西南夷道。

勃律　西域之国族。也呼波伦、钵卢勒、钵露勒、钵露罗、钵罗。公元 7 世纪分为大勃律、小勃律。扼印度次大陆、中亚细亚和青藏高原西北一带要冲，在今之克什米尔北部印度河上游一带。

陁拔罗　西域之国族。也呼陀跋吐罗、随拔罗。在今之里海南岸一带。

契丹　西域之国族。辽河上游之民，五代十国时期，公元 907 年，有耶律阿保机统一契丹各部称汗，国号契丹。公元 947 年，有耶律德光率兵南下灭五代后晋，改国号大辽。1125 年，其为金所灭。耶律阿保机是辽太祖，耶律德光是辽太宗。辽朝曾经在中亚一带建国西辽，影响甚大，中亚诸国遂以契丹称华北或中国，欧洲也以契丹称中国。

乌弋山离　西域之国族。也呼乌弋。曾经是安息东部的德兰癸亚那郡和阿拉科细亚郡。出玉门关和阳关，走丝绸之路南道，可以至此。在今之阿富汗南部一带。

史　西域之国族。昭武九姓胡之一，在今之乌兹别克斯坦沙赫里萨布兹一带。

俱密　西域之国族。也呼俱蜜，玄奘曰拘谜陀。在今之塔吉克斯坦杜尚别东北一带。

参考书目

1. 司马迁:《史记·卷八·高祖本纪第八》，中华书局 1982 年版。

2. 司马迁:《史记·卷九·吕太后本纪第九》，中华书局 1982 年版。

3. 司马迁:《史记·卷十·孝文本纪第十》，中华书局 1982 年版。

4. 司马迁:《史记·卷十一·孝景本纪第十一》，中华书局 1982 年版。

5. 司马迁:《史记·卷十二·孝武本纪第十二》，中华书局 1982 年版。

6. 司马迁:《史记·卷三十·平淮书第八》，中华书局 1982 年版。

7. 司马迁:《史记·卷八十四·屈原贾生列传第二十四》，中华书局 1982 年版。

8. 司马迁：《史记·卷九十九·刘敬叔孙通列传第三十九》，中华书局 1982 年版。

9. 司马迁：《史记·卷一百九·李将军列传第四十九》，中华书局 1982 年版。

10. 司马迁：《史记·卷一百十·匈奴列传第五十》，中华书局 1982 年版。

11. 司马迁：《史记·卷一百一十一·卫将军骠骑将军列传第五十一》，中华书局 1982 年版。

12. 司马迁：《史记·卷一百二十三·大宛列传第六十三》，中华书局 1982 年版。

13. 司马迁：《史记·卷一百二十七·日者列传第六十七》，中华书局 1982 年版。

14. 司马迁：《史记·卷一百二十九·货殖列传第六十九》，中华书局 1982 年版。

15. 班固：《汉书·卷六·武帝纪第六》，中华书局 1962 年版。

16. 班固：《汉书·卷七·昭帝纪第七》，中华书局 1962 年版。

17. 班固：《汉书·卷八·宣帝纪第八》，中华书局 1962 年版。

18. 班固：《汉书·卷二十四上·食货志第四上》，中华书局 1962 年版。

19. 班固：《汉书·卷二十四下·食货志第四下》，中华书局 1962 年版。

20. 班固:《汉书 · 卷二十八上 · 地理志第八上》，中华书局 1962 年版。

21. 班固:《汉书 · 卷二十八下 · 地理志第八下》，中华书局 1962 年版。

22. 班固:《汉书 · 卷四十三 · 郦陆朱刘叔孙传第十三 · 娄敬》，中华书局 1962 年版。

23. 班固:《汉书 · 卷四十八 · 贾谊传第十八》，中华书局 1962 年版

24. 班固:《汉书 · 卷四十九 · 爰盎晁错传第十九 · 晁错》，中华书局 1962 年版。

25. 班固:《汉书 · 卷五十五 · 卫青霍去病传第二十五 · 卫青霍去病》，中华书局 1962 年版。

26. 班固:《汉书 · 卷五十六 · 董仲舒传第二十六》，中华书局 1962 年版。

27. 班固:《汉书 · 卷六十一 · 张骞李广利传第三十一 · 张骞李广利》，中华书局 1962 年版。

28. 班固:《汉书 · 卷六十六 · 公孙刘田王杨蔡陈郑传第三十六 · 刘屈氂》，中华书局 1962 年版。

29. 班固:《汉书 · 卷七十 · 傅常郑甘陈段传四十 · 傅介子》，中华书局 1962 年版。

30. 班固:《汉书 · 卷七十 · 傅常郑甘陈段传四十 · 郑吉》，中华书局 1962 年版。

31. 班固:《汉书·卷九十四上·匈奴传第六十四上》，中华书局1962年版。

32. 班固:《汉书·卷九十四下·匈奴传第六十四下》，中华书局1962年版。

33. 班固:《汉书·卷九十五·西南夷两粤朝鲜传第六十五》，中华书局1962年版。

34. 班固:《汉书·卷九十六上·西域传第六十六上》，中华书局1962年版。

35. 班固:《汉书·卷九十六下·西域传第六十六下》，中华书局1962年版。

36. 范晔:《后汉书·卷四·孝和孝殇帝纪第四·和帝》，中华书局1965年版。

37. 范晔:《后汉书·卷四十七·班梁列传第三十七·班超》，中华书局1965年版。

38. 范晔:《后汉书·卷八十八·西域传第七十八》，中华书局1965年版。

39. 魏征等撰:《隋书·卷三·帝纪第三炀帝上》，中华书局2008年版。

40. 魏征等撰:《隋书·卷四·帝纪第四炀帝下》，中华书局2008年版。

41. 魏征等撰:《隋书·卷二十九·志第二十四地理上》，中华书局1973年版。

42. 魏征等撰:《隋书·卷三十·志第二十五地理中》，中华书局1973年版。

43. 魏征等撰:《隋书·卷三十一·志第二十六地理下》，中华书局1973年版。

44. 魏征等撰:《隋书·卷六十七·列传第三十二裴矩》，中华书局1973年版。

45. 魏征等撰:《隋书·卷八十三·列传第四十八西域》，中华书局1973年版。

46. 魏征等撰:《隋书·卷八十四·列传第四十九北狄》，中华书局1973年版。

47. 刘昫等撰:《旧唐书·卷二·本纪第二太宗上》，中华书局1975年版。

48. 刘昫等撰:《旧唐书·卷三·本纪第三太宗下》，中华书局1975年版。

49. 刘昫等撰:《旧唐书·卷四·本纪第四高宗上》，中华书局1975年版。

50. 刘昫等撰:《旧唐书·卷五·本纪第五高宗下》，中华书局1975年版。

51. 刘昫等撰:《旧唐书·卷六·本纪第六则天皇后》，中华书局1975年版。

52. 刘昫等撰:《旧唐书·卷八·本纪第八玄宗上》，中华书局1975年版。

53. 刘昫等撰：《旧唐书·卷九·本纪第九玄宗下》，中华书局1975年版。

54. 刘昫等撰：《旧唐书·卷十·本纪第十肃宗》，中华书局1975年版。

55. 刘昫等撰：《旧唐书·卷十一·本纪第十一代宗》，中华书局1975年版。

56. 刘昫等撰：《旧唐书·卷十二·本纪第十二德宗上》，中华书局1975年版。

57. 刘昫等撰：《旧唐书·卷十三·本纪第十三德宗下》，中华书局1975年版。

58. 刘昫等撰：《旧唐书·卷三十八·志第十八地理一》，中华书局1975年版。

59. 刘昫等撰：《旧唐书·卷三十九·志第十九地理二》，中华书局1975年版。

60. 刘昫等撰：《旧唐书·卷四十·志第二十地理三》，中华书局1975年版。

61. 刘昫等撰：《旧唐书·卷四一·志第二十一地理四》，中华书局1975年版。

62. 刘昫等撰：《旧唐书·卷六十三·列传第十三裴矩》，中华书局1975年版。

63. 刘昫等撰：《旧唐书·卷六十八·列传第十八尉迟敬德》，中华书局1975年版。

64. 刘昫等撰:《旧唐书·卷八十三·列传第三十三郭孝恪苏定方》，中华书局 1975 年版。

65. 刘昫等撰:《旧唐书·卷八十四·列传第三十四裴行俭》，中华书局 1975 年版。

66. 刘昫等撰:《旧唐书·卷九十三·列传第四十三王孝杰》，中华书局 1975 年版。

67. 刘昫等撰:《旧唐书·卷九十七·列传第四十七郭元振》，中华书局 1975 年版。

68. 刘昫等撰:《旧唐书·卷九十八·列传第四十八杜暹》，中华书局 1975 年版。

69. 刘昫等撰:《旧唐书·卷一百三·列传第五十三郭虔瓘张嵩》，中华书局 1975 年版。

70. 刘昫等撰:《旧唐书·卷一百四·列传第五十四高仙芝封常清哥舒翰》，中华书局 1975 年版。

71. 刘昫等撰:《旧唐书·卷一百九·列传第五十九阿史那社尔》，中华书局 1975 年版。

72. 刘昫等撰:《旧唐书·卷一百二十·列传第七十郭子仪》，中华书局 1975 年版。

73. 刘昫等撰:《旧唐书·卷一百六十·列传第一百一十韩愈》，中华书局 1975 年版。

74. 刘昫等撰:《旧唐书·卷一百九十一·列传第一百四十一方伎僧玄奘》，中华书局 1975 年版。

75. 刘昫等撰：《旧唐书·卷一百九十四上·列传第一百四十四上突厥上》，中华书局 1975 年版。

76. 刘昫等撰：《旧唐书·卷一百九十四下·列传第一百四十四下突厥下》，中华书局 1975 年版。

77. 刘昫等撰：《旧唐书·卷一百九十五·列传第一百四十五回纥》，中华书局 1975 年版。

78. 刘昫等撰：《旧唐书·卷一百九十六上·列传第一百四十六上吐蕃上》，中华书局 1975 年版。

79. 刘昫等撰：《旧唐书·卷一百九十下·列传第一百四十六下吐蕃下》，中华书局 1975 年版。

80. 刘昫等撰：《旧唐书·卷一百九十七·列传第一百四十七南蛮西南蛮》，中华书局 1975 年版。

81. 刘昫等撰：《旧唐书·卷一百九十八·列传第一百四十八西戎》，中华书局 1975 年版。

82. 刘昫等撰：《旧唐书·卷一百九十九上·列传第一百四十九上东夷》，中华书局 1975 年版。

83. 刘昫等撰：《旧唐书·卷一百九十九下·列传第一百四十九下北狄》，中华书局 1975 年版。

84. 欧阳修宋祁撰：《新唐书·卷二百六·列传第一百三十一外戚杨国忠》，中华书局 1995 年版。

85. 欧阳修宋祁撰：《新唐书·卷二百一十五上·列传第一百四十上突厥上》，中华书局 1995 年版。

86. 欧阳修宋祁撰:《新唐书·卷二百一十五下·列传第一百四十下突厥下》，中华书局1995年版。

87. 欧阳修宋祁撰:《新唐书·卷二百一十六上·列传第一百四十一上吐蕃上》，中华书局1995年版。

88. 欧阳修宋祁撰:《新唐书·卷二百一十六下·列传第一百四十一下吐蕃下》，中华书局1995年版。

89. 欧阳修宋祁撰:《新唐书·卷二百一十七上·列传第一百四十二上回鹘上》，中华书局1995年版。

90. 欧阳修宋祁撰:《新唐书·卷二百一十七下·列传第一百四十二下回鹘下》，中华书局1995年版。

91. 欧阳修宋祁撰:《新唐书·卷二百一十九·列传第一百四十四北狄》，中华书局1995年版。

92. 欧阳修宋祁撰:《新唐书·卷二百二十·列传第一百四十五东夷》，中华书局1995年版。

93. 欧阳修宋祁撰:《新唐书·卷二百二十一上·列传第一百四十六上西域上》，中华书局1995年版。

94. 欧阳修宋祁撰:《新唐书·卷二百二十一下·列传第一百四十六下西域下》，中华书局1995年版。

95. 欧阳修宋祁撰:《新唐书·卷二百二十二上·列传第一百四十七上南蛮上》，中华书局1995年版。

96. 欧阳修宋祁撰:《新唐书·卷二百二十二中·列传第一百四十七中南蛮中》，中华书局1995年版。

97. 欧阳修宋祁撰：《新唐书·卷二百二十二下·列传第一百四十七下南蛮下》，中华书局 1995 年版。

98. 欧阳修宋祁撰：《新唐书·卷二百二十三上·列传第一百四十八上奸臣上》，中华书局 1995 年版。

99. 欧阳修宋祁撰：《新唐书·卷二百二十四上·列传第一百四十九上叛臣上仆固怀恩》，中华书局 1995 年版。

100. 欧阳修宋祁撰：《新唐书·卷二百二十五上·列传第一百五十上逆臣上安禄山》，中华书局 1995 年版。

101. 沙门释法显撰，章巽校注：《法显传校注》，中华书局 2012 年版。

102. 董志翘译注：《大唐西域记》，中华书局 2012 年版。

103. 向达：《唐代长安与西域文明》，河北教育出版社 2001 年版。

104. 中国汉传佛教陕西祖庭调研组：《陕西·中国汉传佛教祖庭研究》，陕西人民出版社 2006 年版。

105. 何清谷：《三辅黄图校释》，中华书局 2006 年版。

106. 程大昌撰，黄永年点校：《雍録》，中华书局 2002 年版。

107. 葛洪撰，周天游校注：《西京杂记》，三秦出版社 2006 年版。

108. 武伯纶：《西安历史述略》，陕西人民出版社 1979 年版。

109. 武复兴：《唐长安旧事》，上海文化出版社 1987 年版。

110. 周谷城：《中国通史》，上海人民出版社 1957 年版。

111. 国家图书馆善本部敦煌吐鲁番学资料研究中心：《敦煌与丝路文化学术讲座（第二辑）》，北京图书馆出版社 2005 年版。

112. 胡振华主编：《中亚五国志》，中央民族大学出版社 2006 年版。

113. ［日］足立喜六著，王双怀、淡懿诚、贾云译：《长安史迹研究》，三秦出版社 2003 年版。

114. ［法］伯希和等著，耿昇译：《伯希和西域探险记》，人民出版社 2011 年版。

115. ［法］列维等著，冯承钧译：《王玄策使印度记》，中国国际广播出版社 2013 年版。

116. ［法］阿里·玛扎海里著，耿昇译：《丝绸之路——中国—波斯文化交流史》，中国藏学出版社 2014 年版。

117. ［瑞典］斯文·赫定著，孙仲宽译，杨镰整理：《我的探险生涯》，新疆人民出版社 2013 年版。

118. ［瑞典］斯文·赫定著，江红、李佩娟译：《丝绸之路》，新疆人民出版社 2013 年版。

119. ［英］奥利尔·斯坦因著，向达译：《斯坦因西域考古记》，新疆人民出版社 2013 年版。

120. ［日］橘瑞超著，柳洪亮译：《橘瑞超西行记》，新疆人民出版社 2013 年版。

121. ［美］比尔·波特著，马宏伟、吕长清译：《丝绸之路》，四川文艺出版社 2013 年版。

122. 同伟洲、丁景泰主编：《丝绸之路大辞典》，陕西人民出版社 2006 年版。

后记

对长安的考察，一旦深入，就会碰到长安与丝绸之路的关系问题。虽然复杂，也不可回避，因为脱离了丝绸之路，长安遂缺乏完整。

此书便围绕长安与丝绸之路而作。倾其所知叙述，略有所论，仍是一种散文吧！

中国与西域既远又近，远是距离上的，近是文化上的。汉通西域以来，中国得利甚盛，中国对世界的贡献也颇多。中国强大，才通西域；通西域，中国才强大。

中国的典籍里只存西域，没有丝绸之路。丝绸之路是德国人的概念，不过它总结的是中国人通西域的壮举。世界公认，中国的四大发明，包括造纸术、印刷术、指南针和火药，改变了世界。这是对的，然而不能忘了，丝绸之路也是改变世界的一种中国创造。

我觉得此书写了很久，现在总算可以交稿了。所有的文章，都是我写在本子上的。帮助我输入电脑的，有学生朱艳、陈威彤、荣彩婷和姚艾，谢谢她们。

多年以来，一直是我的妻子欣源在电脑上输入我的作品。此书的绝大部分，也仍是她所工作。始终没有感谢她，心疚极深。为家为我，她无一日不是忙忙碌碌、辛辛苦苦，而且任劳任怨。一声感谢，何以平之！

2017 年 2 月 7 日，窄门堡

修订版后记

此书 2017 年 5 月由生活·读书·新知三联书店出版，当年 8 月重印了一次，现在置于这个系列丛书，不亦宜乎？

虽然拙作已经行世三年，不过我还是审读了一遍。内容未动，只是修改了一些句子和词语。这是必要的，我心里也踏实了。一个作家只有对自己高度负责，才会对读者高度负责。

正是在此间的审读中，我发现三联书店编辑王秦伟和刁俊娅对原稿的修改显示了难能可贵的水平。他们照顾到了我的句子的形式、语气，甚至用词之嗜好。我感受到了他们的耐心及其对文字的敏感，由此也使拙作在语言上更准确、更简洁。我暗中惊叹，也由衷地感谢！

此书揭示丝绸之路的真相，叙述汉唐长安与丝绸之路的关联，展现唐长安的信仰、唐的邦交关系及其胡人对唐长安的影响。长安是丝绸之路的起点吗？是的，此书对其进行了斩钉截铁的论证。此书还有一个意外发现：谁来掌握丝绸之路的贸易，其斗争十分激烈，甚至涉及国家的生存。国家的兴衰之道，显然也反映在丝绸之路的开辟、捍卫和断绝的历史之中了。我一再慨叹，国家要强大。

我提供了一个书目，随便排列，只不过是证明我的叙述无一没有出处而已。不是学问，然而我下的功夫比做学问下的功夫要大。

我对陕西人民出版社深有感情，因为我的职业生涯是从这里开始的，更因为这里的编辑、设计及校对甚为谨重。这是一种难得优秀的传统，我曾经领受此传统，学习此传统，并一直推崇此传统。这里的营销工作也努力之至，且越来越好。

由衷感谢关宁女士，感谢韩琳女士！一经她们之手，此书必有荣幸。

2020 年 10 月 31 日，窄门堡